Novos olhares sobre a
POLÍTICA EXTERNA BRASILEIRA

A Editora não é responsável pelo conteúdo dos capítulos deste livro.
O Organizador e os Autores conhecem os fatos narrados, pelos quais
são responsáveis, assim como se responsabilizam pelos juízos emitidos.

As opiniões dos diplomatas que contribuíram para o livro
são de caráter essencialmente pessoal e não refletem
as posições do Ministério das Relações Exteriores.

Consulte nosso catálogo completo e últimos lançamentos em **www.editoracontexto.com.br**.

GUSTAVO WESTMANN (ORG.)

Novos olhares sobre a POLÍTICA EXTERNA BRASILEIRA

editoracontexto

Ilustração de capa
Gabriel Pardal

Montagem de capa e diagramação
Gustavo S. Vilas Boas

Ilustrações de miolo
Gabriel Pardal
Guilherme Jotapê Rodrigues

Preparação de textos
Daniela Marini Iwamoto

Revisão
Gisele Folha Mós

Dados Internacionais de Catalogação na Publicação (CIP)
Andreia de Almeida CRB-8/7889

N848
Novos olhares sobre a política externa brasileira / Felipe Antunes de Oliveira ... [et al.] ; organizado por Gustavo Westmann ; ilustrado por Gabriel Pardal e Guilherme Jotapê Rodrigues. – São Paulo : Contexto, 2017.
272 p. : il.

Bibliografia
ISBN 978-85-7244-986-1

1. Política internacional – Brasil 2. Diplomacia
3. Brasil – Relações exteriores 4. Cooperação internacional
I. Oliveira, Felipe Antunes II. Westmann, Gustavo
III. Pardal, Gabriel IV. Rodrigues, Guilherme Jotapê

16-0615 CDD 948

Índices para catálogo sistemático:
1. Brasil – Relações exteriores

2017

Editora Contexto
Diretor editorial: Jaime Pinsky

Rua Dr. José Elias, 520 – Alto da Lapa
05083-030 – São Paulo – SP
PABX: (11) 3832 5838
contexto@editoracontexto.com.br
www.editoracontexto.com.br

SUMÁRIO

sobrepõe ao dever de
sigilo nas operações
MAIS TRANSPARÊNCIA
A existência de indícios de irregularidades nas operações de financiamento para reconstrução do Porto de Mariel, cujos contratos se pretende exibir, sobrepõe-se ao dever de sigilo sobre as referidas operações", escreveu o juiz Marcelo Rebello Pinheiro, da 16ª Vara Federal do Distrito Federal, em decisão do
que obrigou o BNDES a repassar algumas informações ao Tribunal de Contas da União (TCU), o banco anunciou medidas para ampliar a transparência.
o projeto de terceirização que tramita no Congresso não será recolocado em pauta, como chegou a ser defendido pelo ministro chefe da Casa Civil, Eliseu Padilha.

INTRODUÇÃO

Quais as prioridades de política externa do Brasil para os próximos anos? Como o país pretende afirmar sua inserção na nova ordem global? Que papel pretende assumir? Qual imagem deve passar? Quais serão os maiores desafios a superar? Tudo indica que as respostas para essas questões ainda não foram claramente identificadas.

A sucessão de governos democráticos nas últimas décadas, somada a um contexto internacional favorável para os países emergentes, permitiu inédito salto de desenvolvimento na história do Brasil e criou condições ideais para a reestruturação de seu modelo de inserção na arena global.

Identificado como grande demais para ficar de fora do complexo equilíbrio de poder mundial, mas ainda pequeno para nele "atuar sozinho", o país viu-se em meio a uma geometria variável de poder, que permitiu a diversificação de sua agenda, a formação de novas alianças e uma participação mais ativa nos principais centros de decisão.

Não obstante os indiscutíveis avanços realizados, as crises dos últimos anos e o atraso de reformas estruturais em nossas instituições desmascararam vícios do passado e revelaram a persistência de importantes desafios a superar, entre os quais a ausência de um planejamento estratégico de longo prazo para a agenda internacional brasileira. A atual sensação de falta de rumos de nossa política externa é o reflexo mais imediato desta realidade.

Com o objetivo de aprofundar a discussão sobre a inserção do Brasil na ordem global e os principais obstáculos que deverão ser afrontados nos próximos anos, o livro *Novos olhares sobre a política externa brasileira* busca envolver uma nova geração de diplomatas, jornalistas, professores e representantes do setor privado nos debates sobre os rumos da agenda internacional do país, visando compreender como avaliam o momento atual e as contribuições que poderão trazer para os formuladores de nossa política externa.

Os participantes foram estimulados a desenvolver análises a título pessoal, sem o necessário rigor ou formalidades acadêmicas, com base em leituras críticas e estruturais sobre áreas de crescente interesse para o Brasil, da diplomacia pública à cooperação para o desenvolvimento, da governança da internet ao desenvolvimento sustentável, da política externa para a África à necessidade de reformas no Itamaraty.

Ao contrário da literatura tradicional sobre o tema, que muitas vezes torna o assunto árido e de difícil leitura, ao longo das próximas páginas o leitor irá deparar-se com análises modernas e pragmáticas, baseadas em experiências concretas, desvinculadas de ideias preestabelecidas e, acima de tudo, propositivas.

Vivemos um período de rápidas e crescentes transformações, que criam importantes desafios, mas também grandes oportunidades. Embora o Brasil tenha todas as credenciais para assumir renovado papel de liderança na ordem mundial, o país ainda carece de espaços inclusivos de discussão sobre política externa, que permitam contornar a superficialidade e polarização dos debates atuais e definir um planejamento estratégico de longo prazo, em sintonia com autênticos interesses de nossa sociedade.

Contornar velhas mentalidades, avessas a mudanças e reativas à modernidade, será um dos maiores desafios a superar nas décadas por vir. Trata-se de difícil tarefa, mas que deverá ser constantemente perseguida e aprimorada. O presente projeto é mais um esforço neste sentido.

Para atingir os objetivos propostos, o livro foi organizado em dois grandes eixos temáticos. Os primeiros textos consistem em reflexões mais amplas e gerais sobre a diplomacia e a política externa brasileira. Na segunda parte, o leitor encontrará análises específicas sobre a atuação do Brasil em torno de temas que vêm ganhando crescente importância no cenário internacional do século XXI. Os debates foram complementados e enriquecidos por ilustrações de dois grandes artistas, que dialogam visualmente com os conteúdos narrativos.

Como fio condutor, a necessidade de urgentes reformas no processo de construção da agenda de política externa brasileira, que se reflete na preocupação dos autores com a insuficiência de debates transparentes sobre o tema, a falta de coordenação entre seus principais atores e a carência de mecanismos eficientes de prestação de contas à sociedade, para citar apenas alguns exemplos. Estas preocupações não são por acaso; sinalizam, ao contrário, graves problemas estruturais, que continuam impedindo o Brasil de tirar maiores proveitos de sua atuação global.

De modo a facilitar a leitura dos textos, o livro tem início com excelente análise de Felipe Antunes sobre os diferentes modelos de desenvolvimento adotados pelo Brasil nas últimas décadas e como eles têm influenciado os rumos da política externa. Segundo o autor, embora a busca pelo desenvolvimento seja uma constante em nossa agenda internacional, os caminhos para atingi-lo continuam objeto de disputa entre elites burocráticas, econômicas e políticas que não necessariamente refletem as aspirações da maioria da população brasileira, do que decorre a premência de democratizar os debates sobre nosso papel no mundo contemporâneo e de repensar os modelos de inserção a seguir.

O texto do professor Guilherme Casarões, "A crise brasileira numa ordem global em transformação", diferentemente, avalia o processo de deterioração da política externa brasileira a partir de inflexões sobre recentes mudanças nas dinâmicas regionais de poder, no equilíbrio entre grandes potências e na configuração estratégica das parcerias brasileiras. Além de propor soluções alternativas para a crise atual, Casarões também apresenta comentários sobre o período de instabilidade pelo qual o Brasil está passando, e alerta para mudanças de rumo que vêm sendo verificadas, com impactos negativos ainda pouco compreendidos.

Na mesma linha crítica e construtiva, o diplomata Gustavo Westmann introduz um debate atual sobre as recentes transformações da ordem global e suas consequências para a atividade diplomática tradicional. Ao indicar as dificuldades enfrentadas pelo Brasil para atender às demandas emergentes, o autor divide com o leitor suas opiniões sobre os avanços e retrocessos da política externa brasileira e sobre a crise do Itamaraty, sugerindo novos caminhos para a atuação do país no cenário internacional.

Em "Notas sobre os fundamentos aristocráticos (e oligárquicos) da política externa brasileira", o professor Dawisson Belém Lopes baseia-se em vasto conhecimento acadêmico para desmascarar o elitismo político na diplomacia brasileira, indicando que nossa política externa continua sendo pensada e implementada por fração diminuta da sociedade e orientada por referenciais normativos ultrapassados, que dificultam a democratização do debate.

"Pensando devagar em diplomacia", de Tiago Santos, afasta-se da literatura tradicional para abordar de maneira inovadora o processo de construção do conhecimento diplomático. Efetivamente, o autor questiona se esse conhecimento seria essencialmente pautado pela experiência ou por teorização e conclui que, apesar da primeira continuar sendo fundamental para as atividades de nossos diplomatas, nos dias de hoje é imprescindível associá-la a estratégias modernas de pesquisa e análise de bases teóricas e evidências empíricas.

Hayle Gadelha, por sua vez, apresenta breve reflexão sobre as noções de *soft power* e diplomacia pública, analisando seus alcances e os benefícios que o Brasil poderá inferir de sua utilização planejada. De acordo com Gadelha, ao contrário de países como o Reino Unido, o governo brasileiro ainda não se vale de estratégias definidas para incrementar o potencial das reservas de *soft power* de que goza ou para converter esse poder em influência internacional. Defende, nesse sentido, uma diplomacia moderna, flexível e integrada à sociedade de rede, que seja capaz de implementar, em conjunto com a sociedade, abrangente plano de ação para o exercício do poder brando do país.

O segundo eixo do livro tem início com a pragmática leitura da jornalista Patrícia Campos Mello, autora que dispensa apresentações, sobre a política externa do Brasil para a África, indicando as perdas que o país vem sofrendo desde o desmantelamento da estratégia de Lula para o continente. O texto intitulado "O recuo do Brasil na África: o desmantelamento da ofensiva de *soft power* do governo Lula" argumenta a favor de uma política externa mais sólida e consistente para o continente, recordando não haver *soft power* sem recursos, planejamento e vontade política.

Outro continente que vem assumindo importância central no sistema internacional e que, por isso mesmo, não poderia ficar de fora deste livro é a Ásia. E ninguém melhor do que um jovem diplomata residente no continente para discutir o tema. Em "Brasil, país Pacífico", Flávio Campestrin Bettarello analisa a atuação do Brasil na vertente do Pacífico, evidenciando as limitações da agenda brasileira para a região e sugerindo que, não obstante a distância geográfica e as barreiras linguísticas e culturais, a Ásia deverá necessariamente receber maior atenção de nossos formuladores de política externa.

Felipe Krause dá continuidade ao livro por meio da apresentação de sólidos argumentos a favor da reforma e expansão das atividades do governo brasileiro nos campos da cooperação técnica e desenvolvimento internacional. Sustenta, por conseguinte, a criação de uma grande agência para o desenvolvimento internacional, com legislação e orçamento próprios, que permitam a elaboração de efetivo planejamento de longo prazo para a cooperação brasileira, ao contrário do que se observa atualmente.

Em sintonia com as análises anteriores, Candice Sakamoto Vianna divide sua experiência profissional com o leitor para discutir mais amplamente a segurança alimentar e nutricional na diplomacia brasileira, apontando para importantes avanços do Brasil nesta agenda, apesar de ainda sujeitos a revezes. Ao criticar construtivamente a fragmentação do sistema de cooperação brasileiro e seus impactos na área de segurança alimentar, a autora reforça a necessidade de promover debates internos mais consistentes, que permitam avaliar os ganhos e perdas que uma política externa ativa na área poderá trazer para nossa sociedade.

Roberta Lima introduz, em seguida, importante transição temática para abordar uma das pautas centrais do discurso internacional do Brasil nas últimas décadas: a promoção do desenvolvimento sustentável. Em "Por um novo paradigma: a diplomacia brasileira para o desenvolvimento sustentável", a autora comenta os bastidores de grandes negociações internacionais sobre o tema e avalia a participação brasileira na evolução da Agenda 2030 e nos Acordos de Paris. Destaca, contudo, que, apesar dos significativos avanços alcançados na construção mais democrática das posições brasileiras, ainda há muito espaço para ampliar e institucionalizar os canais de diálogo com outros órgãos da administração pública e da sociedade civil.

Diretamente relacionado à agenda de desenvolvimento, mas sem com ela se confundir, o regime de mudança do clima é tratado por Ilan E. Cuperstein com singular clareza e objetividade. "Legitimidade por natureza: a política externa brasileira e o regime climático" vai além do debate usual sobre o protagonismo brasileiro na área ambiental para alertar que a evolução do tema vem exigindo a revisão das posições adotadas pelo país no passado, com impactos significativos em nossas políticas para o setor. Cuperstein aproveita a oportunidade para discorrer sobre as principais convenções que regulam o regime climático e refletir sobre os novos desafios e oportunidades que se apresentam à nossa política externa.

Os últimos dois capítulos têm como elemento comum suas referências às Nações Unidas, desvendando temas não tradicionais em sua agenda, embora cada vez mais determinantes da conformação de poder global. Em tempos de críticas aos atrasos no cumprimento de nossas obrigações financeiras internacionais e de rediscussão sobre a participação do Brasil em diversos fóruns multilaterais, Fernando Zelner revela os mecanismos de *agenda setting* nas Nações Unidas com o conhecimento de quem lida diariamente com o tema e aprofunda a discussão sobre a relevância da participação financeira do Brasil em organismos internacionais.

Para encerrar o livro com um assunto que nos últimos anos vem atraindo grande atenção da mídia brasileira, dois jovens especialistas, Bruno de Moura Borges e Maurício Santoro, foram convidados a discorrer sobre a liderança do Brasil no processo de definição das regras globais de governança da internet. "Do marco civil às resoluções da ONU sobre privacidade digital: a política externa brasileira para a governança da internet como um jogo de dois níveis" permite compreender não apenas a relevância desta nova agenda, mas também os avanços logrados desde a criação do Marco Civil da internet, evidenciando que nossas posições ainda não estão consolidadas, sujeitas às incertezas da política nacional.

Diante da necessidade premente de democratizar o debate sobre a política externa brasileira, de forma fundamentada e para além de análises superficiais, espera-se que este livro possa contribuir para despertar o interesse do leitor sobre uma variedade de temas que vêm ganhando renovada importância na agenda internacional do país e que, em plena era global, deverão afetar crescentemente a vida diária de cada um de nossos cidadãos. Mais do que um convite à leitura, este livro pretende se afirmar como um convite à reflexão.

trib. previdenciária*
regados e avulsos**
IR na fonte
Faixas de contribuição
ncipais receitas tributárias
es em R$ bilhões
Imposto de Renda Pe
Pagamento das quotas - 2016

PARTE I

Cenário político e juros elevados explicam mudanças nas estimativas
CENÁRIO PARA A COTAÇÃO NO FIM DO ANO
PROJEÇÕES PARA A MOEDA, SEGUNDO O BOLETIM FOCUS
R$ 4,00
R$ 3,72
R$ 3,68
R$ 3,46
01/abril
06/Mai
03/Jun
01/Jul
HOJE
Os bancos revisaram para baixo as suas expectativas para a divisa americana no fim do ano
Itaú Unibanco
R$ 3,25
Bradesco
R$ 3,20
Fonte: Focus e bancos
Editoria de Arte
"Não vai ser fácil evitar uma apreciação adicional da taxa de câmbio, que tende a se manter em R$ 3,20.
— Os fundamentos domésticos permitem ao Brasil participar de um movimento globalizado de comportamento do dólar. Quando se olha o balanço de pagamentos, realmente temos forças de apreciação cambial a curto prazo. Temos forte diferencial de juros. Mesmo com a expectativa de redução de pelo menos quatro pontos percentuais da taxa, o juro está zero no resto no mundo

POLÍTICA EXTERNA E DESENVOLVIMENTO

Que horas o desenvolvimento chega? Uma nova política externa para uma nova estratégia de desenvolvimento

Felipe Antunes de Oliveira

"Que horas ela volta?" - pergunta Fabinho (Michel Joelsas) para Val (Regina Casé), na primeira cena do premiado longa de Anna Muylaert, ecoando o título do próprio filme.

A ausência denunciada pela fala do menino não é, no entanto, exatamente a mesma sugerida no letreiro do cinema. A palavra "ela", no título do filme, refere-se não apenas à patroa de Val e mãe do menino da primeira cena. Refere-se também, e principalmente, à propria Val. Deixando a filha pequena para trás, no Nordeste, Val foi para São Paulo ainda jovem. Lá, trabalhou anos como empregada doméstica na bela casa modernista de uma família da elite paulista, locação onde a maior parte da ação do filme se passa. Os primeiros vinte minutos do longa-metragem mostram uma rotina de trabalho totalmente naturalizada. Acostumada ao seu papel subalterno, Val parece não conseguir - ou não querer - perceber o quanto sua situação é opressiva e injusta. Afinal, Val é "quase" parte da família. Logo, no entanto, a rotina é desestabilizada pela chegada a São Paulo da filha de Val, Jéssica (Camila Márdila). O estranhamento no olhar de Jéssica permite à diretora descortinar as relações de exploração e alienação às quais Val é submetida; relações essas que Jéssica se recusa a aceitar passivamente.

O belo filme de Anna Muylaert suscita duas ideias com as quais quero começar esse pequeno ensaio crítico sobre a política externa brasileira e o papel do Itamaraty na sociedade. A primeira é justamente a questão da ausência. Historicamente, o objetivo maior da política externa brasileira - a promoção do desenvolvimento - projeta nossa aspiração coletiva de emancipação em um futuro indefinido, que tarda demais em chegar. Como Fabinho e Jéssica na primeira metade do filme, nosso presente é esvaziado de sentido; em nossa impotência, só nos resta perguntar: "que horas o desenvolvimento chega?" A ausência também é elemento fundamental para a conformação de Val a sua rotina de trabalho, e isso me leva à segunda ideia. Originalmente, a intenção de Val era juntar dinheiro e voltar a morar com sua filha, ou trazê-la para São Paulo. A expectativa de futuro permitiu que ela aceitasse subordinar sua vontade à da elite, mesmo que isso significasse objetivamente sacrificar seus talentos e deixar suas verdadeiras prioridades - a filha - em segundo plano. Com o tempo, no entanto, o futuro desvaneceu-se, e ficou apenas a rotina de subordinação, repetida mecanicamente "porque as coisas sempre foram assim". O leitor arguto entenderá o sentido dessa segunda metáfora ao longo do texto.

Meu argumento neste ensaio é simples: precisamos repensar a política externa à luz de um novo modelo de desenvolvimento. Para tanto, é fundamental democratizar o debate sobre o próprio conceito de desenvolvimento e sobre política externa, até aqui monopólio de elites burocráticas, econômicas e políticas, que não necessariamente refletem as aspirações da grande maioria da população brasileira.

Ao longo dos últimos setenta anos, dois grandes modelos de desenvolvimento têm medido forças no Brasil: (neo)liberalismo e (neo)desenvolvimentismo. O desenvolvimentismo de Getúlio Vargas, Juscelino Kubitschek e João Goulart deu lugar a reformas liberais imediatamente após o golpe de Estado de 1964, para depois retornar com uma roupagem autoritária. Com o choque do petróleo na década de 1970 e a subsequente crise da dívida na década de 1980, o modelo desenvolvimentista foi declarado "exaurido". Seguiram-se as reformas neoliberais da década de 1990 - abertura econômica, privatizações, desregulamentações. A partir de 2003, a administração do Partido dos Trabalhadores (PT) trouxe de volta o protagonismo do Estado, em um modelo que vem sendo chamado de "neodesenvolvimentista".[1]

Para cada estratégia de desenvolvimento, uma política externa. Mais precisamente, a busca pelo "desenvolvimento" permaneceu uma constante na política externa brasileira desde o pós-Guerra; o que se entende por "desenvolvimento" e como atingir esse grande objetivo, no entanto, são questões em permanente disputa. Na década de 1990, a "busca pela legitimidade" e a "autonomia pela participação" formaram parte integral da estratégia neoliberal de inserção internacional. Mais recentemente, a visão de um Brasil no centro de um "polo de poder" sul-americano, em meio a um contexto internacional marcado pela competição entre "gigantes", complementou a estratégia neodesenvolvimentista com uma perspectiva global.

No restante deste ensaio, meu argumento é desenvolvido em dois passos. Primeiro, exploro em maiores detalhes as expressões contemporâneas das duas estratégias de desenvolvimento que atualmente polarizam o debate sobre política externa, dando destaque para a obra de seus mais importantes intérpretes: os embaixadores Gelson Fonseca Jr. e Samuel Pinheiro Guimarães. Em seguida, convido o leitor a ir além das estratégias tradicionais e pensar uma política externa baseada em um novo conceito de desenvolvimento. Uma política externa a serviço da transformação social.

O DISCURSO DIPLOMÁTICO EM DOIS TEMPOS: A "RENOVAÇÃO DE CREDENCIAIS" E A "ERA DOS GIGANTES"

O discurso diplomático brasileiro valoriza mais as permanências do que as rupturas. Motivos para isso não faltam: as inquestionáveis vitórias do passado; a existência de uma sólida instituição responsável pela condução da política externa; um corpo profissional coeso e cioso das suas atribuições; o respeito e a consideração que a sociedade brasileira deposita nos profissionais da diplomacia; o caráter de longo prazo da política externa. Sem negar as razões que podem fundamentar a postura tradicionalmente conservadora da diplomacia brasileira no nível discursivo, uma análise sociológica dos determinantes da política externa deve levar em conta um fato raramente mencionado: o Ministério das Relações Exteriores (MRE) nunca contrariou frontalmente os interesses das classes dominantes, sendo, em última análise, um dos setores do Estado historicamente mais eficientes na sustentação do consenso social que mantém a secular hegemonia de uma pequena elite sobre o conjunto da população brasileira.

Essa continuidade fundamental explica por que, mesmo em momentos de mudança de paradigma, evita-se abandonar, negar ou criticar o passado. Em vez disso, o passado é constantemente ressignificado, de modo a servir como ponto de legitimação para as políticas adotadas no presente. A coerência discursiva da diplomacia brasileira é garantida, ainda, pela constante referência a um objetivo final: o desenvolvimento. Essa ideia mágica, repetida em inúmeros discursos, mas nunca definida com um mínimo de precisão, projeta em um futuro indefinido a realização das mais altas expectativas da sociedade brasileira, conciliando interesses que, no presente, se mostram radicalmente divergentes. O desenvolvimento aparece, portanto, como o interesse nacional por excelência. Quando chegarmos a essa Pasárgada, onde todos são amigos do rei, trabalhadores, mulheres, nordestinos, negros, índios - enfim, as classes e grupos sociais historicamente oprimidos em uma sociedade marcada pela desigualdade - finalmente poderão ter acesso ao que hoje é privilégio de poucos. Como corolário, uma visão idealizada do "Primeiro Mundo" ou do "Mundo Desenvolvido" aparece como estágio final a ser alcançado por qualquer sociedade - e a nossa não seria diferente. Cito apenas dois exemplos, retirados

dos primeiros discursos dos presidentes Fernando Henrique Cardoso e Luiz Inácio Lula da Silva.

> Recuperamos a confiança no desenvolvimento [...]. Este ano será melhor, ano que vem, melhor ainda. [...] Eu acredito que o Brasil tem um lugar reservado entre os países bem-sucedidos do planeta, no próximo século.[2]

> Para repor o Brasil no caminho do crescimento [...] carecemos de um autêntico pacto social pelas mudança e de uma aliança que entrelace objetivamente o trabalho e o capital produtivo [...] de modo a que o Brasil supere a estagnação atual e para que o país volte a navegar no mar aberto do desenvolvimento econômico e social.[3]

A política externa tem um papel-chave em nossa eterna fuga para o futuro. Diferentes projetos de desenvolvimento pedem diferentes perspectivas internacionais. Por um lado, qualquer estratégia de desenvolvimento está incompleta sem uma perspectiva internacional; por outro, fazer parte de uma estratégia de desenvolvimento confere à política externa um conteúdo mínimo para a noção de interesse nacional. Embora as estratégias de desenvolvimento definidas pelas elites política, econômica e burocrática possam mudar, o objetivo a ser alcançado é permanente, o que tem tornado possível ao discurso diplomático aferrar-se a continuidades, mesmo quando define ações fundamentalmente divergentes - e até mesmo contraditórias. A relação entre o discurso diplomático e o desenvolvimento pode ser apreendida com clareza na recente disputa política entre os modelos neoliberal e neodesenvolvimentista adotados, respectivamente, por PSDB e PT quando no comando do poder Executivo federal.

A estratégia neoliberal de desenvolvimento colocada em prática no governo do presidente Fernando Henrique Cardoso tem no embaixador Gelson Fonseca Jr. seu mais interessante e original intérprete em termos de política externa. Em seu influente livro *A legitimidade e outras questões internacionais*, o embaixador Gelson Fonseca Jr.

argumenta que o fim da Guerra Fria e a redemocratização criaram a necessidade de "repensar" a política externa.[4] Se antes a defesa do interesse nacional podia eventualmente tomar a forma do distanciamento com relação a regimes internacionais, a fim de garantir espaço para políticas nacionais de desenvolvimento, a partir da década de 1990 a melhor defesa do interesse nacional passaria pelo ativo engajamento nesses regimes. "A autonomia, hoje, não significa mais 'distância' dos temas polêmicos para resguardar o país de alinhamentos indesejáveis. Ao contrário, a autonomia se traduz por 'participação'".[5]

Para realizar seu potencial de participação nos mais diversos regimes internacionais - da não proliferação ao meio ambiente, passando pelos direitos humanos -, o Brasil precisaria realizar uma "renovação de credenciais". País sem "excedente de poder", na expressão do ex-chanceler Saraiva Guerreiro evocada pelo embaixador Gelson Fonseca Jr., a inserção internacional do Brasil dependeria fundamentalmente da "legitimidade" de suas posições.[6] A mudança nas condições de legitimidade com a transformação da sociedade internacional ao fim da Guerra Fria deveria, portanto, ensejar um reavaliação das posições tradicionais do país, levando a um maior engajamento em compromissos internacionais antes evitados.

Apesar de representar um giro estratégico significativo em relação à tradicional diplomacia desenvolvimentista das décadas anteriores, a tese do embaixador Gelson Fonseca Jr. é apresentada na chave da continuidade, e não da ruptura. Ao contrário do que se verificava ao mesmo tempo na Argentina, em que o "realismo periférico" de Carlos Escudé era enunciado como antítese da política externa não alinhada praticada até o início do governo Menem,[7] no Brasil a "renovação de credenciais" aparece simplesmente como uma atualização dos métodos para a consecução da finalidade permanente da diplomacia brasileira: a promoção do desenvolvimento. A elasticidade deste objetivo permite, no entanto, que mesmo medidas claramente neoliberais sejam defendidas sem maiores dificuldades discursivas:

> Sabemos que, em medida decisiva, as condições de competição dependem da "arrumação da casa", da adaptação da economia nacional às novas condições internacionais. Políticas como a da liberalização comercial [...], privatização, a regularização de contatos com a comunidade financeira e a preservação da estabilidade são requisitos necessários para criar condições de "saúde econômica" com repercussão sobre o desempenho internacional da economia.[8]

Não surpreende que essas considerações sejam tecidas após o autor propor a pergunta retórica: "o que pode a diplomacia fazer para garantir que está servindo ao desenvolvimento?".[9] Como o conceito de "desenvolvimento" nunca é definido com clareza, políticas objetivamente contrárias ao tradicional modelo nacional-desenvolvimentista podem ser justificadas também com base no desenvolvimento. Em resumo, a apologia da "legitimidade" proposta pelo embaixador Gelson Fonseca Jr. é, por sua vez, legitimada por um apelo à continuidade estrutural da política externa brasileira, que se revela na busca incessante do desenvolvimento.

Uma perspectiva diametralmente oposta aparece na obra do embaixador Samuel Pinheiro Guimarães, o melhor intérprete em termos de política externa da mudança de modelo de desenvolvimento que se produziu na passagem do governo do presidente Fernando Henrique Cardoso para o governo do presidente Lula. O monumental *Desafios brasileiros na era dos gigantes*, obra maior do embaixador Samuel Pinheiro Guimarães, sintetiza com rara clareza a estratégia internacional neodesenvolvimentista adotada a partir de 2003. Mal compreendida por acadêmicos das Relações Internacionais contemporâneos pelo seu quase completo alheamento com relação às correntes teóricas dominantes na disciplina, a proposta estratégica do embaixador Pinheiro Guimarães parte da avaliação de que a conjuntura internacional no início do século XXI "saiu de uma situação de 'aparente unipolaridade' para uma situação de 'crescente multipolaridade'".[10]

Como consequência, as possibilidades de desenvolvimento estariam intrinsecamente relacionadas à capacidade brasileira de constituir um polo de poder sul-americano em um mundo cada vez mais competitivo. Ao contrário do tímido modelo neoliberal, cujo improvável sonho seria transformar o Brasil em um pequeno país rico em um mundo pós-moderno essencialmente não conflitivo, o embaixador Pinheiro Guimarães percebe que, dados nosso tamanho, nossa importância econômica e nosso peso demográfico, a única forma de construir um projeto consistente de desenvolvimento nacional seria assumir uma posição entre os "gigantes" do mundo contemporâneo. Só assim, o país estaria em condições de vencer os desafios que se colocam no caminho de seu pleno desenvolvimento. Nas palavras do embaixador Pinheiro Guimarães:

> Essa ascensão brasileira à condição de grande potência não deve ser considerada uma utopia, mas sim um objetivo nacional necessário, porque sua não realização corresponderia ao fracasso em enfrentar aqueles desafios com que se defronta o Brasil.[11]

Apesar de negar e inverter totalmente os pressupostos de sua predecessora neoliberal, a ousada política externa neodesenvolvimentista tampouco assume, no nível do discurso oficial, um caráter de ruptura com o passado. Embora reconhecendo a novidade histórica representada pela chegada do PT ao poder, o embaixador Pinheiro Guimarães mapeia as "visões estratégicas" em disputa no Brasil e identifica pontos positivos do que identifica como "estratégia desenvolvimentista" e "diplomacia tradicional".[12] Em *Quinhentos anos de periferia*, o autor é mais explícito, e classifica como "extraordinários" os resultados obtidos historicamente pela política externa brasileira, apesar da posição sistemicamente periférica do país.[13] Em entrevistas, o chanceler Celso Amorim definiu as mudanças com relação ao período anterior como uma questão de "prioridades", ou mesmo "questões de ênfase".[14] Olhando mais longe do que o passado recente, as continuidades com outros momentos históricos da política externa brasileira, em especial a Política Externa Independente (PEI), são marcantes.[15]

Sem dúvidas os resultados materiais das estratégias neoliberal e neodesenvolvimentista - e de suas respectivas políticas externas - foram qualitativamente distintos. Em vez de entrar no válido debate sobre os méritos de cada estratégia, o ponto que quero levantar neste capítulo é de outra natureza. Para além de diferenças muitas vezes substanciais em termos de ações concretas e resultados, as próprias estruturas argumentativas das estratégias neoliberal e neodesenvolvimentista guardam semelhanças inauditas. Em ambos os casos, o "desenvolvimento" é tomado acriticamente como o objetivo final a ser alcançado. O mundo é visto fundamentalmente como um cenário de cooperação ou competição entre potências, cujos interesses estão dados. Finalmente, e mais importante, o desenvolvimento do Brasil nesse mundo cooperativo/competitivo depende das ações de sua elite - representada pela eficiente burocracia do MRE e pelos setores econômicos e políticos que têm acesso ao Estado. Às classes populares cabe o papel secundário de pacientemente esperar que o futuro um dia se materialize - de preferência, sem contestar a ordem social vigente, pois isso pode retardar ainda mais a chegada do desenvolvimento.

PARA ALÉM DO ELITISMO: UMA POLÍTICA EXTERNA A SERVIÇO DA TRANSFORMAÇÃO SOCIAL

Ambos os embaixadores Gelson Fonseca Jr. e Pinheiro Guimarães reconhecem que o Brasil é um país marcado pela profunda desigualdade social. Para o primeiro, trata-se de um contraste doloroso, que exige superação;[16] para o segundo, a eliminação das disparidades internas é o primeiro grande desafio da sociedade brasileira.[17]

A estratégia neoliberal de desenvolvimento, no entanto, prevê que a superação das desigualdades será consequência da atuação desimpedida das forças modernizantes do mercado. A "arrumação da casa", que não raro inclui corte de gastos, perda de direitos e outras medidas objetivamente contrárias ao interesse das classes oprimidas, eventualmente levaria à eficiente alocação dos recursos escassos do Estado, gerando desenvolvimento e, assim, produzindo uma sociedade mais justa. Já a estratégia neodesenvolvimentista subordina a possibilidade de redução das desigualdades ao crescimento sustentado da economia como um todo. A acumulação acelerada de capital permitiria que todos os setores da sociedade ganhassem de modo absoluto, abrindo espaço para graduais ganhos relativos das classes historicamente oprimidas. Trata-se de uma expressão do "reformismo fraco", que André Singer vê como característica do governo do presidente Lula.[18] Para tornar possível o crescimento acelerado da economia, no entanto, os interesses da fração produtiva do capital nacional têm que ser priorizados em caso de choque com os interesses de outros setores sociais.

Neoliberalismo e neodesenvolvimentismo envolvem, portanto, uma contradição inescapável, comum, na verdade, a todas as teorias de desenvolvimento centradas no papel das elites. Para, num futuro indeterminado, promover o interesse das classes subalternas, as próprias condições das desigualdades sociais são reafirmadas.[19] A exploração, a alienação e o desempoderamento político da esmagadora maioria da população não são questionados. Em troca da expectativa sempre renovada de desenvolvimento, as classes oprimidas são "convidadas" a confiar na direção que as elites dão à ação estatal, mesmo quando as prioridades sociais claramente são deixadas em segundo plano.

Na política externa, o elitismo se revela em uma agenda que confunde o interesse do grande empresariado com o interesse nacional. Durante o ciclo neoliberal, a escolha estratégica dos donos de capital no Brasil foi pela associação dependente ao capitalismo avançado, em particular aos Estados Unidos, baseada na esperança de abertura de seu gigantesco mercado a produtos brasileiros. No ciclo neodesenvolvimentista, essa escolha estratégica foi revertida. Os setores mais produtivos e dinâmicos do capital nacional - empreiteiras e exportadores de *commodities* - desenvolveram interesses verdadeiramente globais e fizeram do Itamaraty seu veículo de expansão. Embora a corajosa proposta de política externa neodesenvolvimentista contivesse, na sua origem, importantes elementos de contestação da ordem social estabelecida, a falta de uma visão crítica sobre o processo de desenvolvimento e, principalmente, a insuficiência de canais permanentes e efetivos de participação social na definição da política externa permitiram que a mesma fosse instrumentalizada por grandes grupos privados, com seu acesso sempre privilegiado às esferas de poder. Nesse ponto, é possível identificar a continuidade mais fundamental entre os modelos neoliberal e neodesenvolvimentista de política externa: o Itamaraty continuou desempenhando sua função histórica como instrumento para a realização dos interesses particulares de grandes grupos privados.

A escolha entre os modelos neodesenvolvimentista e neoliberal - na política externa como em outras áreas - nos leva a uma série de falsos dilemas: apoiar a redução do MRE à condição de braço estatal da estratégia de internacionalização do grande capital nacional ou fazer eco às críticas neoliberais clamando por abertura de mercados e pela defesa dos interesses dos capitais estrangeiros? Insistir num processo de integração regional eternamente incompleto que beneficia em primeiro lugar as montadoras de carros ou acompanhar a retórica colonizada (e eventualmente racista) dos intelectuais orgânicos neoliberais, que pregam incessantemente o esvaziamento do Mercosul e o afastamento dos vizinhos "bolivarianos"? Perpetuar uma lógica geopolítica conflituosa e reificar o grande jogo de poder entre nações ou aceitar que somos um país de segunda classe, incapaz de determinar os rumos do sistema internacional?

Esses dilemas são falsos porque partem justamente da premissa de que os Estados são agentes unitários, cujos interesses nacionais estão dados. Ao contrário, as ações internacionais dos

Estados devem ser analisadas tendo sempre em consideração os efeitos distributivos que elas acarretam em suas respectivas sociedades. Em outras palavras, a política externa pode ter um papel emancipatório para as classes historicamente oprimidas ou pode reforçar as estruturas sociais existentes. O mérito das iniciativas de política externa deve ser avaliado, como consequência, não à luz de interesses particulares impostos por diferentes frações do grande capital como interesses nacionais, mas sim pelo impacto que essas iniciativas podem causar na superação das desigualdades sociais.

É exatamente neste ponto que a formulação de um novo conceito de desenvolvimento torna-se fundamental. A expectativa de desenvolvimento sustenta e legitima retoricamente tanto a estratégia neoliberal quanto a neodesenvolvimentista. Embora nunca sejam suficientemente específicas, as promessas de desenvolvimento apontam vagamente na direção da convergência aos padrões de consumo dos países considerados desenvolvidos. Ser desenvolvido é ser como os Estados Unidos, a Europa ou, mais recentemente, como os tigres asiáticos; o caminho para o desenvolvimento já foi definido por outras sociedades, só nos cabe trilhá-lo.

Os limites morais e epistemológicos desta visão eurocêntrica e etapista - derivada diretamente de teorias clássicas da modernização[20] - foram claramente apontados por teóricos pós-estruturalistas. Nas palavras de Esteva, "para aqueles que hoje compõem dois terços da população mundial, pensar em desenvolvimento - em qualquer tipo de desenvolvimento - envolve em primeiro lugar uma percepção de si mesmos como subdesenvolvidos, com toda a carga conotativa que isso carrega". Como resposta, o autor defende que nos desfaçamos do conceito de desenvolvimento, pois "do cadáver insepulto do desenvolvimento, todo tipo de praga começou a se espalhar".[21]

Rejeitar totalmente o conceito de desenvolvimento, no entanto, não parece ser uma alternativa politicamente válida para os setores sociais que aspiram à justiça social. O desejo de desenvolvimento tem em si mesmo um potencial transformador, pois expressa uma insatisfação com o presente e uma perspectiva de superação de condições materialmente injustas. Em vez de reprimir esse legítimo desejo, com sua comprovada capacidade de mobilizar corações e mentes, o desafio está em resistir à banalização das promessas de desenvolvimento quando estas tomam formas concretas insatisfatórias.[22] Posto de outra forma, é preciso apoderar-se do conceito de desenvolvimento e redefini-lo de acordo com as prioridades das classes oprimidas. Propostas teóricas recentes nesse sentido incluem a ideia de "desenvolvimento como liberdade"[23] e o conceito de "desenvolvimento centrado no trabalho".[24] No Brasil, talvez por causa da persistência do debate entre neoliberalismo e neodesenvolvimentismo, a definição de um conceito crítico de desenvolvimento, adequado aos nossos problemas sociais específicos, segue como um desafio teórico a ser enfrentado.

O que significa desenvolvimento para nós? Para onde queremos ir enquanto sociedade? Quais são as nossas verdadeiras prioridades? Responder a essas perguntas excede em muito o objetivo do deste capítulo. Mais do que isso; se quisermos respostas válidas, capazes de guiar a elaboração e a execução de política públicas, pois política externa é política pública, essas perguntas não devem ser respondidas apenas por indivíduos. Ao contrário, as perguntas devem ser objeto de permanente deliberação democrática coletiva. O desenvolvimento jamais virá de cima para baixo, como uma concessão generosa de elites esclarecidas. Para que tenha um sentido verdadeiro, o desenvolvimento deve ser construído e conquistado.

Finalmente, a pergunta do título deste ensaio pode ser respondida: Afinal, "que horas o desenvolvimento chega?" Hora nenhuma. O desenvolvimento não chega. Nós temos que ir atrás dele.

O FUTURO É AGORA: ROMPENDO ESTRUTURAS SOCIAIS INJUSTAS

A proposta de construção coletiva de uma política externa a serviço da transformação social - baseada em um novo modelo de desenvolvimento - pode parecer um sonho distante a essa altura. Parafraseando um parágrafo do embaixador Pinheiro Guimarães anteriormente citado, longe de uma utopia, trata-se de um objetivo nacional necessário para que nossa sociedade possa enfrentar e vencer os seus desafios.

Felizmente, há sinais animadores, dentro e fora do Itamaraty. A comunidade epistêmica de Relações Internacionais no Brasil tem crescido. Centros de pensamento crítico, como o Instituto de Estudos Sociais e Políticos da Universidade Estadual do Rio de Janeiro (IESP-UERJ), o Departamento de Relações Internacionais da Universidade Federal do ABC (UFABC) e o Grupo de Reflexão sobre Relações Internacionais (GR-RI), têm contribuído para a diversificação do debate para além da disputa entre neoliberalismo e neodesenvolvimentismo. Movimentos sociais e organizações da sociedade civil têm aprendido a aproveitar os limitados espaços já existentes de participação. Apesar de sua atual crise de representatividade, os partidos políticos começam a desenvolver programas consistentes de política externa, afinados com suas respectivas ideologias.

No Itamaraty, a geração de diplomatas que ingressou na carreira após a redemocratização - e, em especial, durante expansão de quadros promovida na administração do embaixador Celso Amorim - demonstra verdadeiro espírito público e compromisso com os ideais cidadãos da Constituição de 1988. Está em franca extinção a cultura patriarcal e patrimonialista que, num passado não tão remoto, era associada ao serviço exterior - principalmente por setores mais modernos do Estado brasileiro.

Ainda não é suficiente. Estruturas sociais injustas têm grande capacidade de adaptação; não raro em nossa história tudo muda para permanecer o mesmo, como indicado pela banalização entre nós do uso do conceito de revolução.[25]

Em *Que horas ela volta?*, a chegada inesperada de Jéssica desestabiliza as relações naturalizadas de dominação às quais Val era submetida. Talvez estejamos nesse ponto com relação aos nossos modelos de desenvolvimento e de política externa. O olhar de novos atores sociais e de novas gerações revelam as injustiças e as contradições contidas no que antes parecia normal. O ciclo de dominação (ou de subdesenvolvimento) só é rompido, no entanto, quando Val aceita o desafio trazido por Jéssica: torna-se uma agente da própria história e toma o futuro nas mãos.

NOTAS

1 Uso os termos "neoliberalismo" e "neodesenvolvimentismo" aqui seguindo uma crescente tendência da literatura crítica especializada nas reformas de Estado pelas quais a América Latina passou nas últimas décadas (Boito Jr, Saad-Filho, Berringer, Mariña-Flores, Katz, entre outros). Não é o foco deste ensaio discutir se o governo do presidente Fernando Henrique Cardoso foi "realmente" neoliberal ou se o do presidente Lula da Silva foi "realmente" neodesenvolvimentista. No contexto deste capítulo, quero simplesmente demarcar as diferenças entre uma estratégia de desenvolvimento baseada fundamentalmente no dinamismo dos mercados ("neoliberalismo") e outra baseada na centralidade da ação do Estado ("neodesenvolvimentismo"). O entendimento do neoliberalismo como estratégia de desenvolvimento é inspirado em Raewyn Connell e Nour Dados.

2 Fernando Henrique Cardoso, "Discurso de posse", 1995.

3 Lula da Silva, *Discursos selecionados do presidente Luiz Inácio Lula da Silva*, Brasília, Funag, 2014.

4 Gelson Fonseca Jr., *A legitimidade e outras questões internacionais*, São Paulo, Paz e Terra, 1998, p. 363.

5 Idem, p. 368.

6 Idem, p. 358.

7 Carlos Escudé, *Realismo periférico: fundamentos para la nueva política exterior argentina*, Buenos Aires, Planeta, 1992.

8 Gelson Fonseca Jr., op cit., pp. 372-3.

9 Idem, ibidem.

10 Samuel Pinheiro Guimarães, *Desafios brasileiros na era dos gigantes*, 1. ed., Rio de Janeiro, Contraponto, 2008, p. 255.

11 Idem, pp. 265-6.

12 Idem, pp. 48-71.

13 Samuel Pinheiro Guimarães, *Quinhentos anos de periferia*, 5. ed., Porto Alegre, Contraponto, 2007, p. 171.

14 Celso Amorim, "Entrevista do embaixador Celso Amorim à revista CNI – *Indústria Brasileira*".

15 Eduardo Brigidi de Mello, Nova PEI, uma questão de ênfase, Austral, 2014, p. 247.

16 Gelson Fonseca Jr., 1998, op. cit., p. 353.

17 Samuel Pinheiro Guimarães, 2008, op cit., p. 259.

18 André Singer, *Os sentidos do lulismo*, São Paulo, Companhia das Letras, 2012.

19 Benjamin Selwyn, "Elite Development Theory: A Labour-Centred Critique", em *Third World Quarterly* 37 (5), 2016a, pp. 781-99.

20 A referência clássica aqui é Rostow, cuja noção de "estágios" definidos de desenvolvimento continua sendo acriticamente usada por boa parte da literatura econômica. Versões contemporâneas menos eurocêntricas, mas ainda etapistas, incluem Ha-Joon Chang e Atul Kohli.

21 Gustavo Esteva, "Development", em *The Development Dictionary: A Guide to Knowledge as Power*, London/New Jersey, Zed Books, 1992.

22 Pieter de Vries, "Don't Compromise Your Desire for Development! A Lacanian/Deleuzian Rethinking of the Anti-Politics Machine", em *Third World Quarterly* 28 (1), 2007, pp. 25-43.

23 Amartya Sen, *Development as Freedom*, New York, Knopf, 1999.

24 Benjamin Selwyn, "Theory and Practice of Labour-Centred Development", em *Third World Quarterly* 37 (6), 2016b, pp. 1035-52.

25 Luiz Werneck Vianna, "Caminhos e descaminhos da revolução passiva à brasileira", em *Dados* 39 (3), 1996.

REFERÊNCIAS

AMORIM, Celso. Entrevista do embaixador Celso Amorim à revista *Indústria Brasileira*, Brasília, 1/10/2003. Disponível em: <http://www.mundorama.net/2003/10/01/entrevista-do-embaixador-celso-amorim-a-revista-cni-industria-brasileira-brasilia-01102003/>. Acesso em: 20 jun. 2016.

BOITO JR., Armando; BERRINGER, Tatiana. "Social Classes, Neodevelopmentalism, and Brazilian Foreign Policy under Presidents Lula and Dilma". *Latin American Perspectives*. 41 (5), 2014, pp. 94-109.

______; Armando; SAAD-FILHO, Alfredo. "Brazil: The Failure of the PT and the Rise of the 'New Right'". *Socialist Register*. 52 (52), 2015. Disponível em: <http://socialistregister.com/index.php/srv/article/view/25598>. Acesso em: 26 dez. 2016.

______. "State, State Institutions, and Political Power in Brazil". *Latin American Perspectives*, January, 2016.

CARDOSO, Fernando Henrique. "Discurso de posse, 1995". Disponível em: <http://www.biblioteca.presidencia.gov.br/ex-presidentes/fernando-henrique-cardoso/discursos-de-posse/discurso-de-posse-1o-mandato/view>. Acesso em: 10 fev. 2016.

CHANG, Ha-Joon. *Kicking Away the Ladder?* Economic Development in Historical Perspective. London: Anthem, 2002 (Anthem World Economics Series).

CONNELL, Raewyn; DADOS, Nour. "Where in the World Does Neoliberalism Come From?" *Theory and Society*. 43 (2), 2014, pp. 117-38.

DA SILVA, Luiz Inácio Lula. *Discursos selecionados do presidente Luiz Inácio Lula da Silva*. Brasília: Funag, 2014.

DE MELLO, Eduardo Brigidi. "Nova PEI, uma questão de ênfase". *Austral*. v. 3, n. 5, 2014, pp. 247-71.

ESCOBAR, Arturo. *Encountering Development*: The Making and Unmaking of the Third World. Princeton: Princeton University Press, 2012.

ESCUDÉ, Carlos. *Realismo periférico:* fundamentos para la nueva política exterior argentina. Buenos Aires: Planeta, 1992.

______. *El realismo de los estados débiles:* la política exterior del primer gobierno Menem frente a la teoría de las relaciones internacionales. Buenos Aires: Grupo Editor Latinoamericano, 1995.

ESTEVA, Gustavo. Development. *The Development Dictionary*: A Guide to Knowledge as Power. London/New Jersey: Zed Books, 1992.

FONSECA JR., Gelson. *A legitimidade e outras questões internacionais*. São Paulo: Paz e Terra, 1998.

PINHEIRO GUIMARÃES, Samuel. *Quinhentos anos de periferia*. 5. ed. Rio de Janeiro: Contraponto, 2007.

______. *Desafios brasileiros na era dos gigantes*. 1. ed. Rio de Janeiro: Contraponto, 2008.

KATZ, Claudio. *Neoliberalismo, desarrollismo o socialismo*. Buenos Aires: Ediciones Cooperativas, 2014.

KOHLI, Atul. *State-Directed Development*: Political Power and Industrialization in the Global Periphery. Cambridge/New York: Cambridge University Press, 2004.

MARIÑA-FLORES, Abelardo. Beyond Neoliberalism and New Developmentalism in Latin America: Towards an Anti-Capitalist Agenda. In: PRADELLA, Lucia; MAROIS, Thomas. *Polarizing Development*: Alternatives to Neoliberalism and the Crisis. London: Pluto Press, 2015, pp. 145-56.

MILANI, Carlos R. S.; PINHEIRO, Leticia. "The Politics of Brazilian Foreign Policy and Its Analytical Challenges". *Foreign Policy Analysis*. April, 2016.

MUYLAERT, Anna. *Que horas ela volta?* São Paulo: Gullane Filmes; Africa Filmes; Globo Filmes, 2015.

RIST, Gilbert. *The History of Development*: From Western Origins to Global Faith. 3. ed. London: Zed, 2002.

ROSTOW, W. W. "The Stages of Economic Growth". *The Economic History Review*. New Series, 12 (1), 1959, pp. 1-16.

______. *The Stages of Economic Growth*: A Non-Communist Manifesto. 3. ed. Cambridge, UK: Cambridge University Press, 1997.

SELWYN, Benjamin. "Elite Development Theory: A Labour-Centred Critique". *Third World Quarterly*. 37 (5), 2016a, pp. 781-99.

______. *The Global Development Crisis*. Cambridge, UK: Polity Press. 2014.

______. "Theory and Practice of Labour-Centred Development". *Third World Quarterly*. 37 (6): 2016b, pp. 1035-52.

SEN, Amartya. *Development as Freedom*. New York: Knopf, 1999.

SINGER, André. *Os sentidos do lulismo*. São Paulo: Companhia das Letras, 2012.

VIANNA, Luiz Werneck. "Caminhos e descaminhos da revolução passiva à brasileira". *Dados*. 39 (3), 1996.

VRIES, Pieter De. "Don't Compromise Your Desire for Development! A Lacanian/Deleuzian Rethinking of the Anti-Politics Machine". *Third World Quarterly*. 28 (1), 2007, pp. 25-43.

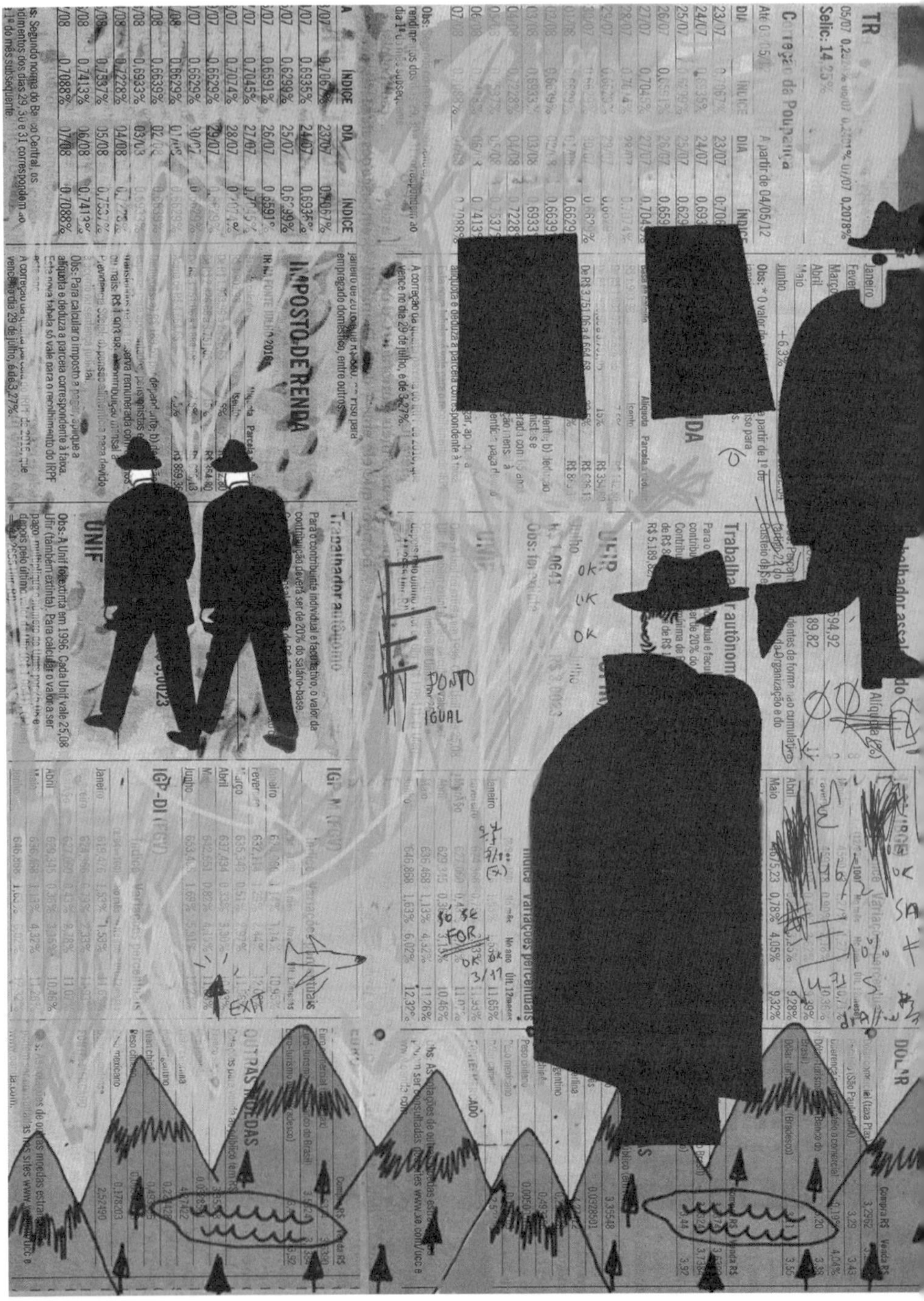
IMPOSTO DE RENDA
UNIF
OUTRAS MOEDAS
PONTO IGUAL
EXIT

INSERÇÃO INTERNACIONAL EM UM CENÁRIO DE CRISE

A crise brasileira numa ordem global em transformação

Guilherme Casarões

Como a crise atual afeta a posição internacional do Brasil? A resposta óbvia - e fácil - é que a combinação de escândalos de corrupção, instabilidade política crescente e resultados econômicos pífios colocam em xeque a credibilidade do país frente aos interlocutores externos. A queda de investimentos e comércio levou o Brasil ao isolamento, agravando um quadro doméstico já desfavorável. Para piorar, um governo interino frágil, cuja legitimidade é questionada dentro e fora do país, mostra dificuldade no enfrentamento dos desafios de um mundo cada vez mais hostil às nossas ambições globais.[1]

Mas essa é somente parte da história. A bem da verdade, a faceta internacional da crise brasileira coincide, em linhas gerais, com a chegada de Dilma Rousseff ao poder e possui um componente global e um doméstico. No plano externo, o Brasil sofreu os efeitos tardios da recessão financeira mundial e das transformações geopolíticas em curso, sobretudo em regiões sensíveis aos interesses brasileiros. Quanto ao aspecto econômico, os sinais de desaceleração desde 2012 eram sintomáticos dos limites das políticas expansionistas que fizeram o país passar incólume à turbulência inicial. Politicamente, tensões crescentes no Oriente Médio, na Ucrânia e na Venezuela comprometeram nossa estratégia de cooperação Sul-Sul, outrora bem-sucedida.

No plano doméstico, caiu por terra o tripé que deu sustentação à bem-sucedida política externa do governo Lula. Por quase uma década, presidente, partido e burocracia alinharam-se para assegurar a ascensão global do Brasil. Tratava-se, é claro, de um equilíbrio delicado, que envolveu alguma divisão de competências (Marco Aurélio Garcia, por exemplo, limitou-se a determinadas agendas latino-americanas), bem como um generoso aporte de recursos ao Itamaraty, que se beneficiou da expansão da rede de embaixadas e do corpo diplomático, tudo isso galvanizado pelo voluntarismo presidencial.

Ao contrário de seu antecessor, Dilma Rousseff não se mostrou interessada por política externa, muito menos em esperar ao "tempo da diplomacia" para levar sua agenda adiante. Ausentes *virtù* e *fortuna* à nova presidente (e aos seus chanceleres), o Itamaraty acabou sendo colocado para escanteio, com muito menos recursos e prerrogativas. Outros ministérios, particularmente aqueles comandados pelo Partido dos Trabalhadores (PT), entraram numa batalha pelos espólios da diplomacia. Originou-se daí o que, em outras oportunidades, chamei de "ciência-sem-fronteirização" da política externa: a submissão das prioridades diplomáticas aos interesses setoriais – no caso, de um programa de capacitação científica capitaneado pelo Ministério da Educação. Processos semelhantes ocorreram em outras pastas, como Defesa, Saúde e Indústria, Desenvolvimento e Comércio Exterior.

Se a combinação desses fatores fortaleceu alguns setores de nossa política externa,[2] ela acabou por trazer resultados externos frágeis durante o primeiro mandato da presidente Dilma. A conjuntura internacional agravou o processo de deterioração da política externa brasileira que analisarei a seguir a partir de três grandes inflexões: (1) a mudança das dinâmicas regionais; (2) a mudança do equilíbrio de poder entre as grandes potências, mormente Estados Unidos e China; (3) a mudança na configuração geoestratégica e econômica das parcerias brasileiras. As novas circunstâncias globais dificultaram a deseja da retomada da política externa a partir do segundo mandato, e a crise doméstica acabou por obstruir qualquer ação diplomática efetiva. A título conclusivo, buscarei oferecer alguns comentários sobre as perspectivas do governo interino em matéria de política externa – um misto de desconstrução do legado do governo anterior com o desejo de conferir novos rumos à inserção internacional do país.

A LIDERANÇA REGIONAL BRASILEIRA CONTRA A PAREDE

A liderança brasileira na América do Sul vinha sendo construída desde o processo de redemocratização e tinha como principais alicerces as instituições de integração regional, mormente o Mercosul. O governo Lula deu novos ares a esse projeto, seja pelo aprofundamento de iniciativas já existentes, como a Iniciativa de Integração de Infraestrutura Regional Sul-Americana (IIRSA) e as novas estruturas do Mercosul, como o Fundo para a Convergência Estrutural do bloco (Focem), seja pela construção de novas instâncias de coordenação política, como a União de Nações Sul-Americanas (Unasul) e, mais tarde, a Comunidade de Estados Latino-Americanos e Caribenhos (Celac).

Os desafios à posição brasileira eram conhecidos: resistência argentina ao aprofundamento da integração econômica, sobretudo após a prolongada crise econômica do país iniciada em fins da década de 1990; resistência venezuelana ao protagonismo brasileiro, que se tornou visível com a criação da Aliança Bolivariana para os Povos de Nossa América (Alba); resistência de países como Paraguai e Bolívia aos termos da integração energética com o Brasil, como observado na renegociação dos valores de Itaipu, encabeçada pelo presidente Fernando Lugo, e na nacionalização das operações de petróleo e gás por parte do governo Evo Morales; finalmente, o renovado ímpeto norte-americano de "bilateralizar" as relações comerciais com países como Chile (2004), Peru (2009) e Colômbia (2012), após o colapso das negociações da Área de Livre Comércio das Américas (Alca).

No governo Dilma, a questão mais delicada referente à integração regional dizia respeito à entrada da Venezuela no Mercosul. O protocolo de adesão venezuelano havia sido assinado em 2005, no auge da força de Hugo Chávez. Passados sete anos, o ingresso do país dependia da aprovação do Senado paraguaio, cuja relutância dava-se sob o argumento de que o país não atendia aos critérios democráticos do bloco. Em junho de 2012, uma reviravolta: o Paraguai foi suspenso do Mercosul, à luz do Protocolo de Ushuaia, após um processo-relâmpago de *impeachment* contra o presidente Fernando Lugo.

Na mesma reunião, em Mendoza, os presidentes de Brasil, Argentina e Uruguai autorizaram a pronta entrada da Venezuela - mesmo contrariamente às recomendações do Itamaraty. Especulou-se, à época, que a manobra precipitara a demissão do embaixador Samuel Pinheiro Guimarães do cargo de alto representante do Mercosul.[3] Sintomaticamente, quem fez a defesa pública da posição brasileira não foi o chanceler Antonio Patriota, mas o advogado-geral da União, Luís Inácio Adams.[4]

A querela envolvendo Paraguai e Venezuela expôs divisões internas dentro do Mercosul, bem como desavenças fundamentais entre as posições do PT e do Itamaraty.[5] Do projeto original de união aduaneira, centrado na dimensão comercial, restou uma disputa política que acabou por comprometer resultados econômicos, criando obstáculos à posição regional do Brasil. Os fluxos comerciais entre o país e os três sócios originais do Mercosul observaram vertiginosa queda, de US$ 47,2 bilhões em 2011 para US$ 37,6 bilhões em 2014. Em 2015, as trocas intrabloco diminuíram quase 20% em relação ao mesmo período do ano anterior. Se a Venezuela for incluída na conta, o retrocesso é ainda mais alarmante.

Ao mesmo tempo, a mesma cláusula democrática que foi utilizada para alijar o Paraguai em 2012 não foi capaz de evitar que a Venezuela fosse tragada para uma crise política e econômica sem precedentes que se seguiu à morte de Chávez, no início de 2013. A situação no nosso vizinho ao norte foi mais um teste importante à política externa brasileira, colocando o Brasil num dilema entre não intervenção e democracia na região.[6] Mas talvez o efeito mais pernicioso dessas dificuldades tenha sido a polarização política em torno das ações regionais do Brasil, que redundou no reducionismo do debate: setores de oposição aos governos do PT chegaram a rotular o Mercosul como "delírio megalomaníaco"[7] e até mesmo a pedir seu fim,[8] esquecendo-se da importância das instituições de integração como projeto brasileiro (e sul-americano) de longo prazo.[9]

Por fim, as relações do Brasil com a América Latina também foram colocadas à prova. O estabelecimento da Aliança do Pacífico em 2012 - composta por Chile, Colômbia, México e Peru - desafiou as aspirações econômicas brasileiras ao redor do hemisfério.[10] O comércio com a região latino-americana e caribenha caiu para níveis semelhantes aos de 2007, de US$ 95 bilhões para US$ 66 bilhões nos últimos cinco anos. A maior iniciativa do governo Dilma no Caribe, o bilionário Porto de Mariel em Cuba, ainda aguarda pela reaproximação cubano-americana para mostrar resultados concretos. Muito pouco restou do institucionalismo regional e dos projetos de cooperação técnica que marcaram os governos anteriores. Ainda assim, observou-se, em 2015, uma tentativa de compensar essa perda de protagonismo por meio dos Acordos de Cooperação e Facilitação de Investimentos (ACFI) com México, Colômbia e Chile.[11] Seus efeitos, contudo, ainda eram incipientes quando do afastamento da presidente Dilma.

UMA TENTATIVA DE EQUIDISTÂNCIA ENTRE POTÊNCIAS?

Em conjunção à busca pela liderança regional, durante o governo Lula e parte do primeiro mandato de Dilma, prevaleceu a retórica do Brasil como potência emergente. Ela levou o país a ampliar, de maneira inédita, sua rede diplomática ao redor do mundo, bem como os recursos investidos em iniciativas políticas e projetos de cooperação, sobretudo no eixo Sul-Sul. Exemplo bem consolidado desse novo momento das relações internacionais do Brasil é o agrupamento Brics, composto por Brasil, Rússia, Índia, China e, a partir de 2011, África do Sul.

Em 2006, quando o grupo foi formado, tratava-se de um *clube de iguais*, unidos "em torno de projetos comuns em favor da paz, do multilateralismo e do respeito ao direito internacional" de modo a "democratizar a ordem internacional" daquele início de século.[12] Ainda que fossem claras as diferenças de capacidade militar ou econômica, o movimento ascendente de tais nações parecia ser o cimento daquela iniciativa de geometria variável, bem como motor de uma nova ordem mundial - que a diplomacia brasileira chamaria, mais tarde, de multipolaridade benigna.[13] Nela, o sistema internacional se beneficiaria da "existência de múltiplos polos de poder e distintas perspectivas", fazendo com que um maior número de atores participasse dos processos decisórios globais, "aprimorando a representatividade dos mecanismos de gestão da governança global".[14]

A desaceleração econômica dos emergentes e a eclosão de crises regionais revelou a face dos Brics que eles sempre negaram: a de um arranjo pragmático, exclusivamente centrado em questões econômicas e liderado pela China. Foi dos chineses que vieram as duas grandes iniciativas concretas do bloco, na Cúpula de Fortaleza, em 2014: o Novo Banco de Desenvolvimento e o Acordo Contingente de Reservas. Elas complementam ações mais abrangentes e ambiciosas, como o Banco Asiático de Investimento em Infraestrutura (BAII). Além de ser o principal fiador dessas iniciativas, a China também é a parte mais interessada, dados seus esforços em tentar redesenhar a arquitetura financeira global e manter seus patamares de crescimento.

O quadro de liderança chinesa ficou ainda mais evidente com a mudança de prioridades geopolíticas da Rússia, que se envolveu em conflitos com a Ucrânia e com a Síria. Isso levou o Brasil a, paulatinamente, mudar a estratégia com a China, reforçando os vínculos bilaterais e buscando administrar a maciça entrada de capitais chineses na América Latina a seu favor. Entre os marcos dessa nova abordagem estão a realização da Cúpula Celac-China e a visita do premiê Li Keqiang ao Brasil, durante a qual foram assinados 35 acordos, especialmente ligados ao setor de infraestrutura, perfazendo investimentos de aproximadamente US$ 53 bilhões.[15]

Como forma de compensar, em parte, a crescente dependência brasileira com relação à China, houve esforços para restabelecer as boas relações com os Estados Unidos. Dilma já havia realizado um ensaio de reaproximação no começo de sua gestão, buscando deixar para trás os estranhamentos entre Lula e Obama em questões espinhosas como Honduras ou Irã. A nomeação para a chancelaria do ex-embaixador em Washington, Antonio Patriota,[16] bem como a decisão deliberada de esfriar relações com o governo de Mahmoud Ahmadinejad,[17] caminhava nessa direção.

A tarefa, contudo, não foi simples: a despeito de um início alvissareiro, marcado pela visita oficial do presidente norte-americano ao Brasil em março de 2011 e cercado de expectativas sobre o apoio americano à candidatura brasileira a um assento permanente no Conselho de Segurança da ONU,[18] as posições do governo Dilma sobre assuntos de segurança internacional não estavam afinadas com os interesses das potências ocidentais. As abstenções brasileiras nas questões líbia (Resolução 1973 do Conselho de Segurança das Nações Unidas (CSNU), que autorizou o estabelecimento de uma zona de exclusão aérea amparada pela Otan) e síria (vetada por Rússia e China) desagradaram os Estados Unidos. Sobre o caso sírio em particular, o jornal *The New York Times* chamou de "vergonhosa" a cumplicidade do Brasil e demais emergentes ao regime de Assad, sugerindo que isso poderia até mesmo comprometer aspirações futuras a uma cadeira permanente no CSNU.[19]

As tentativas de aproximação brasileiras foram finalmente interrompidas pelo escândalo da espionagem norte-americana contra o Brasil, em 2013. A presidente chegou a adiar uma visita de Estado que faria aos Estados Unidos em setembro daquele ano, alegando que "as práticas ilegais de interceptação das comunicações de dados de cidadãos, empresas e membros do governo brasileiro constituem fato grave, atentatório à soberania nacional e aos direitos individuais, e incompatível com a convivência democrática entre países amigos".[20] Ainda que não tenha oficializado um pedido de desculpas pelo ocorrido, o governo Obama fez importantes movimentos, ainda que sutis, no sentido de normalizar as relações bilaterais: o vice-presidente dos EUA, Joe Biden, visitou o Brasil em duas ocasiões, em junho de 2014 e na posse da presidente Dilma, seis meses mais tarde. Em outubro de 2014, os dois países chegaram a um Memorando de Entendimento (DS-267) que pôs fim ao contencioso do algodão que se arrastava há mais de uma década. Tudo indica que a visita de Dilma aos EUA, em junho passado, marcou a volta por cima, ainda que a passos lentos. De todo modo, percebe-se a intenção brasileira em estabelecer certa equidistância entre as duas superpotências econômicas para ampliar seus ganhos de longo prazo em um jogo ainda incerto.

REDEFININDO OS PARCEIROS ESTRATÉGICOS

A última transformação diz respeito ao eixo global dos relacionamentos brasileiros. Ao contrário do padrão universalista que balizou a política externa nos anos Lula, o governo Dilma Rousseff foi mais seletivo em relação aos parceiros estratégicos. As parcerias que ganharam corpo sob a batuta de Dilma estiveram relacionadas a dois grandes motes: ciência e tecnologia, no primeiro mandato, e comércio e investimentos, a partir de 2015. Isso explica a aproximação brasileira de países como Alemanha, França e Reino Unido, destinos importantes do (já falecido) programa Ciência Sem Fronteiras e atores centrais nas negociações do Acordo de Associação entre Mercosul e União Europeia (UE). Pelas mesmas razões, o Brasil saiu em busca de contato com os países escandinavos, o que se materializou em visitas presidenciais na Suécia e na Finlândia, em 2015.[21]

Uma das mais expressivas mudanças relacionadas a parcerias se deu com o Japão. Sexto parceiro comercial do Brasil, quinto maior investidor estrangeiro e aliado estratégico em diversas áreas, o governo japonês resolveu elevar as relações bilaterais conosco ao nível de Parceria Estratégica Global, em 2014. Mesmo com a "gafe" diplomática de Dilma, desmarcando duas vezes consecutivas sua ida a Tóquio – em função das manifestações, em 2013, e pelo agravamento da crise política e orçamentária, em 2015 –, o Japão aparecia como pivô da diplomacia de resultados do governo Dilma Rousseff. A *estratégia asiática* brasileira incluía, para além do Japão, importantes atores regionais como Indonésia, Vietnã e Cingapura.[22] Todos têm em comum, além do dinamismo econômico, o fato de que vêm se articulando em torno do Acordo Transpacífico.[23]

Se tais movimentos refletiram um equilíbrio entre escolhas estratégicas e necessidades imediatas, outras transformações na política externa do governo Dilma foram o resultado de fatores imponderáveis, fora da alçada brasileira, como os efeitos de longo prazo daquela que um dia foi conhecida como "Primavera Árabe". A instabilidade do Oriente Médio - região marcada por guerras civis na Síria e no Iêmen, conflitos sectários no Iraque e no Líbano, ascensão do terrorismo com aspirações territoriais (materializados no Grupo Estado Islâmico ou Daesh), além do agravamento do conflito israelo-palestino (como observado nas duas guerras em Gaza, em 2012 e 2014) - desmantelou os legados políticos do governo Lula para a região. Ainda que na defesa de princípios corretos, a prevalência dos interesses do PT sobre a posição tradicional do Itamaraty gerou uma crise diplomática com Israel em 2014[24] - no contexto da qual o Brasil foi chamado de "anão diplomático" por um porta-voz do governo Benjamin Netanyahu - e um impasse com relação à nomeação do embaixador israelense, que se arrastou por quase um ano e trouxe consequências econômicas e políticas para o Brasil.[25]

O único parceiro no Oriente Médio com perspectivas otimistas para o relacionamento bilateral é o Irã. Desde o fim das sanções, que vinham sendo aliviadas pelos países ocidentais desde a assinatura de um acordo nuclear entre o regime dos aiatolás e as grandes potências (P5+Alemanha), o Brasil buscou explorar aquilo que Mauro Vieira chamou de "uma grande avenida de cooperação".[26] De fato, o comércio com o Irã foi um dos poucos que cresceu em 2015 em comparação com os anos anteriores, com saldo fortemente positivo para o Brasil, amparado por visitas oficiais de Mauro Vieira e do ministro do Desenvolvimento, Armando Monteiro, a Teerã. As circunstâncias políticas no Brasil, entretanto, colocam em risco o aprofundamento das relações, uma vez que a presidente Dilma, agora afastada, viajaria ao Irã no segundo semestre deste ano.

Na África, o desequilíbrio do tripé decisório da política externa reduziu visivelmente o ativismo brasileiro. O solidarismo decorrente da "dívida histórica" tão frequentemente evocada por Lula e Celso Amorim, que justificou centenas de projetos de cooperação técnica no continente, deu lugar a um pragmatismo guiado pelos gigantes nacionais de construção civil, petróleo, mineração e siderurgia. Sem as viagens presidenciais, que ficaram mais esparsas e menos assertivas sob Dilma, perdeu-se a capacidade de abertura de novas oportunidades de negócios. Algumas grandes corporações chegaram a contratar ninguém menos que o ex-presidente Lula para promover seus interesses no continente africano por meio do Instituto Lula.[27] Sem os recursos do Itamaraty, por sua vez, as embaixadas africanas transformaram-se na vitrine do descaso do governo com a diplomacia.[28]

Nos dezesseis meses à frente do Itamaraty, o chanceler Mauro Vieira buscou retomar as relações prósperas com o continente africano, realizando dois périplos longos e três viagens mais curtas à região, além de negociar, junto com o Ministério da Indústria, Comércio Exterior e Serviços (MDIC), a assinatura de três ACFI – com Angola, Malauí e Moçambique. Os desafios, contudo, permanecem. Mais recentemente, o avanço da Operação Lava Jato paralisou ou reduziu as atividades de determinadas empresas na África, como é o caso de Angola, cujo presidente, José Eduardo dos Santos, é acusado de participação no escândalo de corrupção que envolve Odebrecht, o ex-marqueteiro do PT, João Santana, e contratos de campanhas eleitorais angolanas.[29] Esse lado particularmente pernicioso da inserção internacional do Brasil revela, de maneira clara, os limites da expansão por meio de seus expoentes empresariais e a imbricada relação entre o doméstico e o global que caracteriza a política externa brasileira.[30]

O QUE ESPERAR DO PERÍODO DE TRANSIÇÃO?

Retomando o ponto inicial do artigo, a crise da política externa brasileira não se sobrepõe perfeitamente às crises política e econômica dos últimos tempos. Enquanto a estratégia internacional do Brasil que marcou a primeira década do século XXI já dava sinais de esgotamento desde o início do governo Dilma, os turbilhões mais recentes coincidiram com uma tentativa - ainda que limitada - de conferir novos ares à política externa brasileira, no marco do que se chamou de "diplomacia de resultados". Esse descompasso, como se vê, impediu que o Brasil aproveitasse as oportunidades externas que ainda se colocavam, sobretudo durante o primeiro mandato, e limitou drasticamente o alcance das iniciativas brasileiras - outrora bem-sucedidas - no marco da cooperação Sul-Sul. Em algum sentido, a reativação diplomático-comercial do país em 2015 já foi uma resposta ao agravamento da crise que se avizinhava. Com mais liberdade de ação e sem tantas disputas políticas a prendê-lo, o Itamaraty conseguiu construir um alinhamento construtivo com o MDIC e traçar alguns novos caminhos em circunstâncias globais e domésticas desfavoráveis - naquilo que Matias Spektor chamou, não sem ironia, de "ginástica na cela".[31]

Infelizmente, as turbulências dos últimos meses impediram, concretamente, que a política externa seguisse seu caminho. Ela foi tragada pela polarização política e utilizada, tanto pelo governo Dilma quanto pelo então vice-presidente e neo-oposicionista Michel Temer, como forma de legitimar narrativas cada vez mais divergentes sobre o processo de *impeachment* que havia se instaurado.[32] É nesse contexto, por exemplo, que surgem articulações diplomáticas por parte de países como Venezuela, Cuba, Bolívia,[33] bem como manifestações dos secretários-gerais da Unasul, Ernesto Samper,[34] e da Organização dos Estados Americanos (OEA), Luís Almagro,[35] em apoio à presidente Dilma Rousseff. O Itamaraty, por sua vez, optou por manter uma postura "institucional", que evitasse identificações partidárias e que permitisse uma transição indolor do comando da política externa quando o momento chegasse (o que, em parte, reflete a dificílima relação construída entre a instituição e a presidente).[36]

A transição finalmente ocorreu em maio, com o afastamento de Dilma e a chegada de Temer ao poder como presidente interino. O senador José Serra (PSDB-SP) assumiu a chancelaria com a promessa de reaver os recursos da pasta e de "desideologizar" a política externa - dissipando, de uma vez por todas, o legado petista nas relações internacionais do Brasil. Para empreender uma guinada diplomática (alegadamente) sem ideologias, o novo ministro tomou duas providências imediatas: em primeiro lugar, exigiu a transformação do desenho institucional da política externa, submetendo ao Itamaraty toda a área de promoção comercial - por meio da incorporação da Agência Brasileira de Promoção de Exportações e Investimentos (Apex-Brasil), outrora vinculada ao MDIC - e conferindo à chancelaria poderes sobre a política comercial, ao aproximar-se da Câmara de Comércio Exterior (Camex), agora atrelada à Presidência da República.[37]

Em segundo lugar, Serra promoveu uma ofensiva diplomática contra os principais críticos do *impeachment*. Três dias de governo foram suficientes para que o novo ministro, antes mesmo da cerimônia de posse, lançasse três duras notas públicas em nome do Ministério das Relações Exteriores: a primeira atacando os governos de Venezuela, Cuba, Bolívia, Equador e Nicarágua, além da Aliança Bolivariana para os Povos da Nossa América/Tratado de Comércio dos Povos (Alba/TCP), por "opinar e propagar falsidades sobre o processo político interno do Brasil" (Nota n. 176); a segunda criticando os argumentos "errôneos, infundados e preconceituosos" de Ernesto Samper, da Unasul (Nota n. 177); a terceira condenando a decisão do governo de El Salvador de suspender contatos oficiais com o Brasil, com base em "amplo e profundo desconhecimento sobre a Constituição e a legislação brasileiras" (Nota n. 179).

Se os primeiros atos de José Serra à frente da chancelaria evidenciam de maneira bastante eloquente o estilo de sua política externa, ainda é cedo para avaliá-la em termos substantivos. O discurso de posse, que traz dez diretrizes pontuais sobre a nova atuação internacional do Brasil, é uma referência limitada. Dele, depreende-se a disposição do governo interino em desfazer-se do legado dos anos Lula-Dilma, não somente na dimensão ideológica ou partidária, mas também no tocante aos eixos estratégicos fundamentais da inserção brasileira. A suposta frente bolivariana a que o Brasil teria se associado nos últimos anos deverá ser substituída por relações mais profundas com países da orla do Pacífico, como México, Colômbia, Peru e Chile. A associação com os Brics dará lugar renovado aos "parceiros tradicionais" do país, como Estados Unidos, Europa e Japão. Os temas de segurança internacional perderão ênfase em benefício das questões de comércio, meio ambiente e direitos humanos, e a bandeira do multilateralismo abrirá espaço para relações mais flexíveis de natureza bilateral ou inter-regional.[38]

Há de se ter clareza, contudo, de que certos projetos de longo prazo do Brasil não podem ser simplesmente abandonados em nome de uma "limpeza" ideológica. No limite, toda política externa - até mesmo por se tratar de atividade eminentemente política - envolve escolhas pautadas por ideologias. Deve-se fazer um diagnóstico, portanto, dos erros e acertos dos últimos quinze anos, à luz das circunstâncias domésticas e sistêmicas que hoje se impõem. Serra pode até mudar a chave da narrativa diplomática, afastando o Brasil da aspiração de potência emergente que caracterizou os anos de PT no poder, mas não poderá mudar o fato de que grande parte do que ele próprio propõe como agenda internacional do Brasil já vinha sendo colocada em prática nos últimos tempos (até mesmo com a OCDE o Brasil já vinha fortalecendo laços desde o ano passado). Levando-se em conta que o atual chanceler é candidato natural à corrida presidencial de 2018, seu grande dilema na busca do resgate da política externa é manter um equilíbrio entre a agressividade do político - de olho no resultado das urnas daqui a dois anos - e a serenidade do estadista - preocupado com as implicações de longo prazo de suas decisões. Em tempos de tamanha polarização, trata-se de trabalho árduo, mas não impossível.

NOTAS

1 Texto previamente publicado na *Revista Sapientia*, ano 5, n. 28, 2016. Agradeço aos comentários de Paulo Roberto de Almeida e Bruno Graça Simões versões anteriores deste texto. Os argumentos contidos aqui são de minha inteira responsabilidade.

2 Ver, por exemplo, Celso Amorin, "Hardening Brazil's Soft Power", em *Project Syndicate*, 16 jul. 2013.

3 Disponível em: <http://www.sul21.com.br/jornal/nao-ha-compreensao-da-importancia-do-mercosul-defende-samuel-pinheiro-guimaraes/>. Acesso em: 27 dez. 2016.

4 Luís Inácio Adams, "Mercosul e as sanções no direito comunitário", em *Folha de S.Paulo*, 6 jul. 2012. Disponível em: <http://www1.folha.uol.com.br/fsp/opiniao/52903-mercosul-e-as-sancoes-no-direito-comunitario.shtml>. Acesso em: 27 dez. 2016.

5 Ver Marco Aurélio Garcia, "Paraguai, Brasil e o Mercosul", em *Política Externa*, v. 21, n. 3, 2013.

6 João Castro Neves, Matias Specktor e Oliver Stuenkel, "O Brasil na Venezuela", em *Folha de S.Paulo*, 2 mar. 2015. Disponível em: <http://www1.folha.uol.com.br/opiniao/2015/03/1596197-joao-augusto-de-castro-neves-oliver-stuenkel-e-matias-spektor-o-brasil-na-venezuela.shtml>. Acesso em: 27 dez. 2016.

[7] Disponível em: <http://www.brasilpost.com.br/2016/05/03/serra-mercosul-delirio_n_9829396.html>. Acesso em: 27 dez. 2016.

[8] Disponível em: <http://www.valor.com.br/politica/3509098/no-rio-grande-do-sul-aecio-neves-propoe-o-fim-do-mercosul>. Acesso em: 27 dez. 2016.

[9] Para um debate mais qualificado sobre o papel e o legado do Mercosul, ver Antonio Patriota et al., "Mercosul - 20 anos que transformaram o Cone Sul", em *O Estado de S. Paulo*, 26 mar. 2011; Mauro Vieira, "Os 25 anos de Mercosul: momento de reconhecer os ganhos", em *Folha de S.Paulo*, 26 mar. 2016; Rubens Barbora, "Mercosul, 25 anos", em *O Estado de S. Paulo*, 12 abr. 2016.

[10] Ver "Trade Pacts: Latin America's New Faultline", em *Financial Times*, 24 maio 2016. Disponível em: <http://www.ft.com/cms/s/3/8791458a-1eac-11e6-b286-cddde55ca122.html>. Acesso em: 27 dez. 2016. O atual chanceler, José Serra, contestou a matéria em Nota à Imprensa n. 194, disponível em:: <http://www.itamaraty.gov.br/PT-BR/notas-a-imprensa/14105-resposta-do-ministro-jose-serra-ao-jornal-financial-times-a-proposito-de-artigo-sobre-o-mercosul>. Acesso em: 27 dez. 2016.

[11] Ver Guilherme Casarões, "Comércio e investimentos: o novo caminho da PEB", em *Sapientia*, v. 26, 2016.

[12] Celso Amorim, "Os Brics e a reorganização do mundo", em *Folha de S.Paulo*, 8 jun. 2008. Disponível em: <http://www1.folha.uol.com.br/fsp/opiniao/fz0806200807.htm>. Acesso em: 27 dez. 2016.

[13] Disponível em: <http://www1.folha.uol.com.br/mundo/892760-patriota-e-dilma-lancam-multipolaridade-benigna.shtml>. Acesso em: 27 dez. 2016.

[14] Celso Amorim, "Uma visão brasileira do panorama estratégico global", em *Contexto Internacional*, v. 33, n. 2, 2011.

[15] Disponível em: <http://www1.folha.uol.com.br/mercado/2015/05/1630920-brasil-e-china-assinam-acordos-de-mais-de-us-53-bilhoes.shtml>. Acesso em: 27 dez. 2016.

[16] Ver Antonio Patriota, "O Brasil e a política externa dos EUA no governo Obama", em *Política Externa*, jul./ago. 2008.

[17] Antes mesmo de tomar posse, a presidente Dilma já criticava abertamente as práticas "medievais" do regime iraniano. Ver "An Interview with Dilma Rousseff, Brazil's President-Elect", em *The Washington Post*, 3 dez. 2010.

[18] Celso Amorim, "Let Us In", em *Foreign Policy*, 14 mar. 2011.

[19] "Isolating Assad", em *The New York Times*, 31 ago. 2011.

[20] Disponível em: <http://blog.planalto.gov.br/visita-oficial-aos-estados-unidos-sera-adiada/>. Acesso em: 27 dez. 2016.

[21] Ver Guilherme Casarões, "O Brasil e as potências médias: um ano depois", em *Sapientia*, v. 24, 2015.

[22] Juliano Aragusuku, "Qual o resultado da visita à Ásia?" Blog do GR-RI, 13 ago. 2015.

[23] Cingapura é membro fundador do Trans-Pacific Strategic Economic Partnership, estabelecido em 2005, e o Vietnã participa do acordo desde 2008, quando se iniciaram as negociações expandidas (envolvendo, entre outros, EUA, Japão e México). A Indonésia vem demonstrando interesse em juntar-se ao acordo, conforme declarações recentes do presidente Joko Widodo.

[24] Guilherme Casarões, "Continuidade na mudança: as relações entre Brasil e Israel no governo Dilma Rousseff", em *Revista do NIEJ*, ano 5, n. 8, 2015.

[25] Ver Guilherme Casarões, "Brasil, Israel e a fabricação de uma crise", em *Sapientia*, v. 27, 2016.

[26] Mauro Vieira, "O melhor caminho para a paz", em *Folha de S.Paulo*, 27 set. 2015.

[27] Disponível em: <http://www1.folha.uol.com.br/fsp/poder/99839-quase-metade-das-viagens-de-lula-e-paga-por-empreiteiras.shtml>. Acesso em: 27 dez. 2016.

[28] Disponível em: <http://www1.folha.uol.com.br/mundo/2015/01/1578402-faltam-luz-e-agua-em-embaixadas-brasileiras-dizem-diplomatas.shtml>. Acesso em: 27 dez. 2016.

[29] Disponível em: <http://www.BBC.com/portuguese/noticias/2016/02/160223_odebrecht_angola_jf>. Acesso em: 27 dez. 2016.

[30] Ver, a esse respeito, Roberto Simon, "Brazil's Foreign Policy Failures".

[31] Matias Spektor, "Ginástica na cela", em *Folha de S.Paulo*, 18 fev. 2015.

[32] Matias Spektor, "Diplomacia do impeachment", em *Folha de S.Paulo*, 24 mar. 2016.

[33] Disponível em: <http://agenciabrasil.ebc.com.br/politica/noticia/2016-04/presidentes-de-venezuela-e-bolivia-criticam-abertura-de-impeachment-de>. Acesso em: 3 jan. 2017.

[34] Disponível em: <http://exame.abril.com.br/mundo/noticias/unasul-expressa-preocupacao-sobre-impeachment-de-dilma>. Acesso em: 27 dez. 2016.

[35] Disponível em: <http://brasil.elpais.com/brasil/2016/05/11/politica/1462918205_067734.html>. Acesso em: 27 dez. 2016.

[36] Letícia Pinheiro e Maria Regina Soares de Lima, "Itamaraty e o impeachment: equidistância pragmática?", em Blog do GR-RI, 29 abr. 2016. O Itamaraty chegou a advertir o embaixador Milton Rondó Filho por circular, sem autorização superior, um telegrama alertando as representações brasileiras para a possibilidade de um golpe político no Brasil.

[37] Disponível em: <http://epoca.globo.com/tempo/noticia/2016/05/como-fica-o-itamaraty-com-jose-serra-ministro-das-relacoes-exteriores.html>. Acesso em: 27 dez. 2016.

[38] "Discurso do Ministro José Serra por ocasião da cerimônia de transmissão do cargo de ministro de Estado das Relações Exteriores", 18 maio 2016. Disponível em: <http://www.joseserra.com.br/discurso-cerimonia-de-transmissao-de-cargo-do-MRE/>. Acesso em: 27 dez. 2016.

REFERÊNCIAS

ADAMS, Luís Inácio. "Mercosul e as sanções no direito comunitário". *Folha de S.Paulo*, 6 jul. 2012. Disponível em: <http://www1.folha.uol.com.br/fsp/opiniao/52903-mercosul-e-as-sancoes-no-direito-comunitario.shtml>. Acesso em: 27 dez. 2016.

AMORIM, Celso. "Os Brics e a reorganização do mundo". *Folha de S.Paulo*, 8 jun. 2008. Disponível em: <http://www1.folha.uol.com.br/fsp/opiniao/fz0806200807.htm>. Acesso em: 27 dez. 2016.

______. "Uma visão brasileira do panorama estratégico global". *Contexto Internacional*. v. 33, n. 2, 2011.

______. "Let Us In". *Foreign Policy*, 14 mar. 2011.

______. "Hardening Brazil's Soft Power". *Project Syndicate*, 16 jul. 2013.

ARAGUSUKU, Juliano. "Qual o resultado da visita à Ásia?". Blog do GR-RI, 13 de agosto de 2015. Disponível em: <http://www.cartacapital.com.br/blogs/blog-do-grri/qual-o-resultado-da-visita-a-asia-7205.html>. Acesso em: 11 jan. 2017.

BARBORA, Rubens. "Mercosul, 25 anos". *O Estado de S. Paulo*, 12 abr. 2016.

CASARÕES, Guilherme. "O Brasil e as potências médias: um ano depois". *Sapientia*, v. 24, 2015.

______. "Continuidade na mudança: as relações entre Brasil e Israel no governo Dilma Rousseff". *Revista do NIEJ*, ano 5, n. 8, 2015.

______. "Comércio e Investimentos: o novo caminho da PEB". *Sapientia*. v. 26, 2016.

______. "Brasil, Israel e a fabricação de uma crise". *Sapientia*, v. 27, 2016.

CASTRO NEVES, João; SPECKTOR, Matias; STUENKEL, Oliver. O Brasil na Venezuela. *Folha de S.Paulo*, 2 mar. 2015. Disponível em: <http://www1.folha.uol.com.br/opiniao/2015/03/1596197-joao-augusto-de-castro-neves-oliver-stuenkel-e-matias-spektor-o-brasil-na-venezuela.shtml>. Acesso em: 27 dez. 2016.

GARCIA, Marco Aurélio. "Paraguai, Brasil e o Mercosul". *Política Externa*. v. 21, n. 3, 2013.

PATRIOTA, Antonio. "O Brasil e a política externa dos EUA no governo Obama". *Política Externa*. jul./ago. 2008.

______. et al. "Mercosul - 20 anos que transformaram o Cone Sul". *O Estado de S. Paulo*, 26 mar. 2011.

PINHEIRO, Letícia; LIMA, Maria Regina Soares de. "Itamaraty e o impeachment: equidistância pragmática?" Blog do GR-RI, 29 abr. 2016. Disponível em: <http://www.cartacapital.com.br/blogs/blog-do-grri/qual-o-resultado-da-visita-a-asia-7205.html>. Acesso em: 11 jan. 2017.

SIMON, Roberto. "Brazil's Foreign Policy Failures". *Foreign Affairs*. Disponível em: <https://www.foreignaffairs.com/articles/brazil/2016-01-05/brazils-foreign-policy-failures>. Acesso em: 11 jan. 2017.

SPEKTOR, Matias. "Ginástica na cela". *Folha de S.Paulo*, 18 fev. 2015.

______. "Diplomacia do *impeachment*". *Folha de S.Paulo*, 24 mar. 2016.

VIEIRA, Mauro. "O melhor caminho para a paz". *Folha de S.Paulo*, 27 set. 2015.

______. Os 25 anos de Mercosul: momento de reconhecer os ganhos. *Folha de S.Paulo*, 26 mar. 2016.

Outras projeções para 2017
Estados
Rombo de
R$ 1
bilhão
PIB:
Crescimento de
1,2%
União recorre
Palácio
Itamaraty

OS NOVOS DESAFIOS DA DIPLOMACIA BRASILEIRA

Reflexões sobre a diplomacia brasileira em tempos de globalização

Gustavo Westmann

Durante a Copa do Mundo de 1970, os brasileiros criaram um hino que dizia: "90 milhões em ação, para frente Brasil, salve a seleção", referindo-se a seus 90 milhões de nacionais. Quarenta e quatro anos depois, enquanto o país organizava a Copa do Mundo de 2014, sua população já passava de 200 milhões. Se no mundo habitava cerca de 1 bilhão de indivíduos em 1800, nos anos 2000 esse número chegou a 7 bilhões. Apenas entre 1961 e 2011, foi acrescentado à população mundial um contingente maior do que em todo o período evolutivo anterior, e estima-se que, até 2050, esta tendência exponencial será mantida.

No mesmo período, teve início uma das mais importantes revoluções da história evolutiva humana, com implicações, *inter alia,* no meio ambiente, na saúde, em questões de segurança, na multiplicação da riqueza e na própria organização do espaço: a revolução das tecnologias de informação e comunicação, acompanhada pela emergência da era digital.

Meios de comunicação mais eficientes e o advento dos computadores e da internet permitiram que distâncias encolhessem e que o tempo fosse relativizado. Redes transnacionais superaram as barreiras geográficas, e a informação começou a circular com velocidade quase instantânea por todos os cantos do planeta.

Para facilitar deslocamentos em massa dos indivíduos pelo território, aviões permitiram superar montanhas e oceanos a mais de 900 km/h, ferrovias e estradas expandiram-se, interconectando regiões cada vez mais distantes, e os navios em circulação se multiplicaram, bem como os carros, que, em 1904, eram cerca de 60 mil em todo o mundo, contra aproximadamente 90 milhões produzidos apenas em 2015.

O exponencial aumento da população mundial, associado a novos avanços tecnológicos, resultou na multiplicação da riqueza como nunca antes visto, mas também implicou graves problemas ambientais e energéticos, grande desigualdade de distribuição de renda e de acesso a oportunidades, crises migratórias e renovadas ameaças de destruição por meio de armas nucleares e atentados terroristas.

Em poucas décadas, acontecimentos locais passaram a influenciar eventos distantes e a ser por eles modelados, gerando desafios até então desconhecidos. Na ausência de um substancial corpo de normas e princípios de direito internacional que pudessem regular as demandas emergentes, houve significativa proliferação de acordos bilaterais e multilaterais entre Estados, ao mesmo passo que as práticas de agências internacionais, empresas, organizações não governamentais e mesmo indivíduos passaram a estabelecer valores globais e vincular decisões nos mais diversos setores, da economia aos direitos humanos.

Gradativamente, as atividades e funções dos Estados começaram a fundir-se com aquelas de novos grupos sociais na definição dos rumos da ordem internacional, permitindo que temas antes restritos à coexistência pacífica entre soberanias se expandissem para a modelagem ativa das condições de bem-estar de toda a humanidade.

Os principais sistemas políticos e culturais do mundo continuam, entretanto, compatíveis com a observância de um mínimo de condições de coexistência, em termos de diplomacia tradicional, restando às gerações presentes e futuras o desafio de promover os esforços necessários para atender às novas, e cada vez mais rápidas, demandas globais de cooperação e integração.

É nesse inédito e complexo contexto que se insere a necessidade de redefinição do escopo e dos propósitos da política externa e da diplomacia brasileira. A carência de debates inclusivos e consistentes sobre novos projetos para a agenda internacional do país continua, contudo, um dos maiores obstáculos aos necessários avanços que o Brasil ainda precisa fazer na arena global.

A NOVA DINÂMICA DA ATIVIDADE DIPLOMÁTICA

A diplomacia como conhecemos nos dias de hoje remete suas origens ao século XVII, quando os chamados Acordos de Vestfália determinaram a criação do Estado moderno e do princípio de territorialidade. Desde então, a diplomacia desenvolveu-se para atender a diferentes interesses nacionais, buscando a promoção do entendimento entre povos e a solução pacífica de controvérsias.

Mas em que consiste, de fato, a atividade diplomática? Em linhas gerais, pode-se dizer que representa um dos elementos centrais da política externa, influenciando o processo decisório e oferecendo as ferramentas necessárias para seu planejamento e execução. No Brasil, o Ministério das Relações Exteriores (MRE), conhecido como Itamaraty, é o principal órgão responsável por auxiliar a Presidência da República na formulação e execução da política externa.

Originalmente, as funções essenciais de um diplomata resumiam-se a informar, negociar e representar. E a história demonstra que tiveram muito êxito nestas atividades. Basta lembrarmos de nomes como Metternich, Talleyrand, ou o famoso Barão de Rio Branco e seu papel determinante na consolidação das fronteiras nacionais do Brasil.

Ao longo dos séculos, no entanto, grandes guerras, novas descobertas científicas e importantes ameaças transformaram o mundo radicalmente, sem que os métodos e práticas da atividade diplomática fossem capazes de acompanhá-los. Confrontada pela própria necessidade de redefinição dos limites da soberania estatal e pela participação de novos atores e interesses na arena global, a diplomacia como nossos avós conheceram começou a entrar em grave crise estrutural, que atualmente se manifesta por meio da proliferação de conflitos armados, do agravamento da questão migratória, dos fracassos em negociações multilaterais abrangentes na OMC ou da incapacidade da ONU em atender à multiplicação de demandas globais, para citar apenas alguns exemplos.

Em parte, tal crise deriva de rápidas e recentes mudanças que ainda não puderam ser amplamente compreendidas, e que geram desafios de nova magnitude, para além dos modelos tradicionais de Estado-nação e prática diplomática. Por outro lado, são resultado da perpetuação de métodos arcaicos, da manutenção de obstáculos à democratização dos processos decisórios globais, da relativa falta de diálogo entre chancelarias e sociedades civis mundo afora e da dificuldade de coordenação entre uma multitude de iniciativas em expansão.

No Brasil, as incertezas que atualmente permeiam a atividade diplomática têm como principal consequência a dificuldade de elaboração e implementação de um planejamento estratégico de longo prazo para a agenda internacional do país, que permita trazer resultados concretos para nossa sociedade. Sem saber onde queremos chegar e o papel que pretendemos assumir na nova ordem global, continuaremos incapazes de estabelecer diretrizes suficientemente claras para nossas linhas de ação.

No mesmo sentido, a diplomacia brasileira vem demonstrando pouco apta a coordenar a multiplicidade de iniciativas que conformam a agenda internacional do país e relativa baixa disposição para promover debates mais democráticos e inclusivos sobre os rumos da política externa. Esse quadro é agravado pelo atraso na reformulação na própria estrutura do MRE, visando a sua modernização e a renúncia de fórmulas do passado, que deixaram de ser suficientes para nortear a resolução dos problemas do presente. Todos esses pontos serão mais bem explorados nas próximas páginas.

* * *

Afinal, o que significa informar, negociar e representar nos dias de hoje? Qualquer pessoa interessada na crise da Síria, por exemplo, poderá entrar no Google e, em segundos, obter milhares de informações atualizadas sobre os mais recentes acontecimentos, sem nenhuma necessidade do auxílio de diplomatas. Para alguém que pretende fazer negócios em outro país, basta enviar alguns e-mails a potenciais interlocutores e estabelecer contatos diretos, ignorando por completo as estruturas de apoio governamental, como ocorria no passado. Atualmente, qualquer ministério, instituição, organização não governamental, empresário ou cidadão pode fazer política externa e diplomacia. E, mesmo sem perceber, por vezes o fazem mais do que muitos diplomatas.

A importância do diplomata como "informante", contudo, não deve ser desprezada, já que, beneficiado por redes de contatos e estruturas de apoio em diferentes países, ele tem condições singulares para produzir análises críticas, fazer *advocacy* e desenvolver reflexões que, quando bem elaboradas, ultrapassam em muito meras reproduções de notícias das mídias locais.

No que se refere ao aspecto negociador, apesar de os Estados, e seus diplomatas, continuarem como atores centrais nos grandes debates internacionais, há muito tempo deixaram de ser os únicos nesse papel. À multiplicação de atores na arena global somou-se o alargamento dos temas tratados e a consequente ampliação da agenda negociadora. Gradativamente, a regulação da coexistência entre Estados expandiu-se para a discussão de questões ambientais, financeiras, jurídicas e sociais, que exigem conhecimentos técnicos específicos.

Nesse novo contexto, os diplomatas ainda contam com a vantagem de transitar com segurança e habilidade nos ambientes negociadores, de conhecer suas regras não escritas e de falar outros idiomas. Entretanto, diante de novas demandas técnicas, que dependem de *experts* para serem encaminhadas, isso deixou de ser suficiente. Diplomatas, em geral, não são especialistas, uma questão que precisa ser seriamente rediscutida nos dias de hoje, em particular em chancelarias como a brasileira, em que a política de recursos humanos e de alocação de pessoal é pouco eficiente e nomeações continuam baseadas em critérios paternalistas.

Representação, por sua vez, embora continue sendo uma das funções centrais da prática diplomática, também merece ser objeto de análise. Embaixadas e consulados ainda são importantes pontos de referência para seus nacionais e interlocutores estrangeiros, mas começam a dividir a função com outros atores que, inclusive, já possuem capacidade de alterar, em poucos gestos ou declarações, toda a imagem de um país.

Os corpos diplomáticos, em sua maioria, pelas próprias especificidades e dificuldades que suas carreiras impõem, ainda tendem a viver muito fechados entre si, em pequenas "sociedade de corte", o que não mais se justifica. A representação, em plena era global, deve transcender círculos elitistas e meramente institucionais, para atingir um número cada vez maior de interlocutores, que constituirão o verdadeiro motor do processo de integração nas próximas décadas.

* * *

Essas considerações não devem ser compreendidas como sinal de que a diplomacia tenha deixado de ser importante. Ao contrário, reforçam a necessidade de modernização das práticas diplomáticas para adequarem-se a uma ordem internacional em transformação. A imagem distorcida dos diplomatas com seus "punhos de renda" demonstra falta de conhecimento sobre a real importância da diplomacia e dos benefícios que uma política externa bem estruturada pode trazer a diferentes sociedades e à humanidade como um todo.

No caso do Brasil, por exemplo, as acertadas decisões de aprofundar a integração com os países da América do Sul, de assumir papel de protagonismo no G20, de eleger candidatos brasileiros para as direções-gerais da FAO e da OMC e mesmo de sediar conferências internacionais como a Rio+20 foram decisões consistentes de política externa que trouxeram benefícios incontestáveis para o país.

Ao negociar acordos comercias e de investimentos, diplomatas abrem oportunidades de mercado com impactos concretos nas economias nacionais e na criação de empregos, mesmo que muitas vezes não sejam contabilizados. Por conhecerem diferentes idiomas, culturas e interlocutores, além de estarem presentes no terreno, diplomatas estão sempre entre os primeiros a atuar em situações de catástrofes naturais, emergências humanitárias e crises políticas. Sem nossos diplomatas, as fronteiras do Brasil não seriam as mesmas, o país estaria fora das grandes negociações políticas e comerciais da atualidade, não faríamos parte do Mercosul, da Unasul, do Brics e, muito possivelmente, não teríamos nos tornado um efetivo ator global.

NOVOS HORIZONTES E REFORMAS ESTRUTURAIS: OS DESAFIOS PARA A DIPLOMACIA E PARA A POLÍTICA EXTERNA BRASILEIRA NOS PRÓXIMOS ANOS

Falta de rumos?

A diplomacia brasileira sempre foi considerada uma referência mundial, por sua habilidade negociadora e qualidade de seus funcionários. Sem qualquer demérito aos nossos grandes diplomatas do passado, no entanto, foi apenas nas últimas décadas que o Brasil assumiu definitivamente um papel de ator global, podendo influenciar os rumos dos mais importantes temas da agenda internacional.

Em que pese a ativa participação brasileira na criação da ONU e do G77, na fundação do Estado de Israel, nas negociações sobre desarmamento ou nos processos de independência de países africanos, até o recente processo de democratização os temas centrais da política externa, de maneira muito simplificada, giraram em torno da liderança geopolítica na América do Sul, do alinhamento ou não com os Estados Unidos, da atração de investimentos e empréstimos estrangeiros, da gestão das dívidas e da defesa de um vago e maleável conceito de desenvolvimentismo.

Em 2001, quando Jim O'Neil cunhou o termo Bric - na época ainda sem contar a África do Sul -, a letra B do acrônimo foi recebida com reticência por investidores e outros países. Poucos anos depois, o Brasil representava a oitava economia do planeta, o motor da integração regional e agente determinante nas negociações globais sobre comércio, agricultura, meio ambiente e segurança alimentar.

Efetivamente, a sucessão dos governos de FHC e Lula permitiu singulares avanços no processo de consolidação democrática, acompanhados por um salto de qualidade nunca antes visto no país. Nessa época econômica e politicamente estável, com as principais variáveis macroeconômicas controladas, foi possível implementar políticas sociais inovadoras e elevar à classe média milhões de pessoas.

Essas condições, somadas a um contexto internacional favorável para os países emergentes, criaram o cenário ideal para a reestruturação do modelo de inserção do país na arena global. Ao constatar que o Brasil é grande demais para ficar de fora do complexo jogo de forças mundial, mas ainda pequeno para nele "brincar sozinho", a chancelaria brasileira teve o mérito de identificar uma geometria variável de poder geográfico, que permitiu ao país diversificar sua agenda, formar novas alianças e participar das principais decisões globais.

Não obstante os indiscutíveis avanços realizados, as recentes crises internacionais, as oscilações na política interna e o atraso de reformas estruturais há muito tempo necessárias desmascararam vícios do passado e revelaram a persistência de importantes desafios, que deverão ser prontamente superados para permitir a continuidade de uma inserção qualitativa do Brasil na nova ordem mundial.

Afinal, quais as prioridades do Brasil para as próximas décadas? Como o país pretende afirmar sua inserção na nova ordem global? Qual o papel que pretende assumir? Qual imagem quer passar? Quais serão os maiores desafios a superar? Tudo indica que as respostas para essas questões ainda não estão claras.

Entre avanços e retrocessos, pode-se dizer que faltou à politica externa desenvolvida nos últimos anos amparar suas diretrizes em bases mais sólidas, que transcendessem lideranças específicas, envolvessem múltiplos atores e permitissem dar continuidade a amplo projeto de inserção internacional do país. Faltou, ainda, promover as reformas necessárias na estrutura de governança da política externa brasileira, visando a modernização do serviço exterior e a capacitação de novos atores para agirem na arena global.

Carente de objetivos bem definidos e de coordenação entre complexas redes de interesses, a política externa brasileira corre o risco de ser rebaixada à situação incompatível com a grandeza do país, o que já se reflete na precária situação orçamentária de nossa chancelaria. De modo a contornar esta situação, será inicialmente indispensável que o Itamaraty estabeleça um diálogo franco e direto com as demais pastas de Esplanada, com governos locais, com o setor privado, a mídia e a sociedade civil, posicionando-se de forma mais transparente e assertiva para justificar sua importância e da própria agenda externa do país.

Se antigamente o Itamaraty podia se dar ao luxo de decidir com considerável autonomia as diretrizes da política externa brasileira e esperar passivamente que outros interessados fossem a ele pedir apoio, hoje praticamente todas as grandes instituições e empresas possuem setores que se ocupam de relações internacionais, ONGs exigem a democratização dos debates sobre temas de seu interesse e indivíduos demandam respostas e resultados.

A melhoria do nível de instrução da população brasileira, associada à revolução das tecnologias de informação e de comunicação, permitiu que mais pessoas tenham opiniões sobre a política comercial para a Argentina, a imigração de haitianos e sírios para o país ou as acusações de violação de direitos humanos na Venezuela. Essas mesmas pessoas também têm suas vidas crescentemente afetadas pelas influências do mercado global, de empresas transnacionais, de movimentos migratórios e da opinião pública internacional, que determinam novos *standards* em áreas como direitos humanos, meio ambiente ou comércio.

É natural, por conseguinte, que elas queiram aproximar-se dos processos decisórios sobre a atuação internacional do país ou, ao menos, compreendê-los, cabendo ao MRE criar espaços democráticos de debate, informar a população e esclarecer eventuais meias-verdades divulgadas pela mídia.

Gradualmente, a política externa tornou-se um elemento importante para a sociedade civil e para a política interna, razão pela qual a chancelaria brasileira deverá reorientar-se, o mais rapidamente possível, para uma participação proativa e consistente nesse complexo jogo de forças e de poder, conciliando interesses, reduzindo custos e otimizando resultados.

Por uma política externa mais transparente

Com relação à política externa brasileira propriamente dita, pode-se dizer que nos últimos anos sua agenda desenvolveu-se em contexto econômico internacional de baixo crescimento e em ambiente político marcado por grandes desafios, que colocaram em evidência a indefinição do país sobre temas de maior relevância na arena global. Caso pretenda assumir um verdadeiro papel de *global player*, será inevitável que o Brasil posicione-se mais assertivamente sobre questões de grande interesse mundial, em consonância com um planejamento estratégico de longo prazo, a ser elaborado em conjunto com toda a sociedade.

Historicamente, a diplomacia brasileira foi orientada para uma postura conciliatória e moderada, que trouxe benefícios para o país no passado, mesmo que muitas vezes tenha sido confundido com "ficar em cima do muro". Em tempos de intensificação de conflitos no Oriente Médio, da ascensão do Estado Islâmico, de instabilidades regionais e de reiteradas violações aos direitos humanos mundo afora, no entanto, países com pretensões de liderança global não podem continuar furtando-se de suas responsabilidades.

No plano regional, será preciso definir até que ponto estamos realmente dispostos a impulsionar o processo de integração. Nada simboliza melhor a perda de dinamismo da política externa brasileira do que a apatia de nossa política regional. Se a América do Sul for confirmada como prioridade, será necessário disponibilizar novos recursos para ampliar sua infraestrutura, a cooperação com países menos desenvolvidos, o arcabouço institucional do Mercosul e a dinamização do comércio intrarregional. A única certeza que temos é que o Brasil é o único país na América do Sul com condições de articular e aprofundar o processo de integração; e isso requer amplos debates sobre o tipo de liderança que estamos dispostos a exercer em nosso entorno.

A África manteve-se na pauta de prioridades do Brasil nas últimas décadas, mas a desconstrução da visão geopolítica desenvolvida nos anos 2000 tem gerado uma espécie de vácuo de metas e objetivos, que se manifestam, por exemplo, na drástica redução do orçamento destinado à cooperação internacional brasileira para o continente, com impactos não apenas nos projetos em andamento, mas também em relações bilaterais construídas ao longo de anos.

Embora tenha sido adotado o Plano de Ação Conjunta 2015-2021 com a China, e iniciado o processo de adesão ao Banco Asiático de Investimento em Infraestrutura, o Brasil continua carente de uma politica externa consistente para a Ásia, o que deverá ter consequências de médio e longo prazo ainda pouco compreendidas. Pode-se dizer com todas as letras que estamos desperdiçando uma janela de oportunidades única junto aos parceiros que impulsionarão a economia do planeta nas décadas por vir.

À exceção parcial de alguns países, as representações do Brasil na Ásia seguem sem diretrizes claras de Brasília, com grandes dificuldades em implementar agendas mais densas e compatíveis com a renovada importância da região no mundo. Mesmo na China, segunda economia do planeta e principal parceiro comercial do Brasil, ainda não fomos capazes de desenvolver estruturas modernas de *advocacy*, que permitam influenciar a tomada de decisões a favor dos interesses nacionais. Tampouco existem mecanismos de *accountability*, que possibilitem avaliar o desempenho das representações diplomáticas no continente e mensurar resultados. Basta uma mudança de embaixador e tudo pode mudar de um dia para o outro.

Embora os EUA sempre tenham estado na pauta de prioridades da nossa agenda externa, por razões óbvias, preocupa o fato de que, se alguém perguntar para um diplomata brasileiro quais as linhas de ação de médio e longo prazo para o país, possivelmente não terá uma resposta satisfatória. Ainda assim, é preciso reconhecer que foram logrados avanços, entre os quais a importante ratificação do Acordo de Cooperação em Defesa e do Acordo sobre Intercâmbio de Informação Confidencial com os EUA, que permitiu lançar as bases para facilitar o processo de autorização da exportação de tecnologias avançadas para o Brasil. A mesma situação aplica-se às missões diplomáticas do Brasil na Europa, o que tem impedido, ou prejudicado, avanços bilaterais significativos no continente.

Na esfera multilateral, as conquistas da política externa foram mais evidentes e deverão ser aprofundadas nos próximos anos. Um dos temas que mais ganhou forças foi o dos Brics, com a aprovação de tratados que criaram o Novo Banco de Desenvolvimento e o Arranjo Contingente de Reservas. Também merecem destaque as negociações sobre a agenda global de desenvolvimento sustentável, com o Brasil sediando a Conferência Rio+20 e liderando o processo de adoção da Agenda 2030, bem como a participação ativa do país nos debates sobre mudança do clima, que resultaram nos Acordos de Paris. José Graziano da Silva foi reeleito diretor-geral da FAO; Roberto Azevedo passou ao comando da OMC; o Brasil foi eleito para sediar a Copa do Mundo e as Olimpíadas; e o país manteve a liderança na missão de paz no Haiti, além de participação ativa na Unifil, no Líbano.

A atuação junto aos organismos internacionais poderá, contudo, ser reforçada por meio de mais ampla participação de quadros diplomáticos, representantes de governo e funcionários brasileiros nas estruturas de governança que as regem. Da mesma forma, caberá ao Brasil confirmar a liderança em seus processos de reforma, incluindo-se o Conselho de Segurança das Nações Unidas, cenário em que tem plenas condições de servir como elemento de equilíbrio.

O mundo não pode mais depender de um seleto grupo de países para decidir o futuro de vastas regiões e da própria humanidade, e o

Brasil não pode esquivar-se de suas responsabilidades com o resto do mundo, independentemente de momentos de instabilidade interna. A crise política e econômica pela qual o país está passando pouco altera a dinâmica das relações internacionais ou das instituições globais, cabendo a nossas lideranças renovar, e aprofundar, a estratégia brasileira de atuação nos principais foros decisórios mundiais.

Breves considerações sobre a diplomacia comercial e a promoção da marca-país

A escolha da OMC como foro privilegiado para a discussão de assuntos comerciais e agrícolas fez muito sentido nas últimas décadas, mas o difícil momento pelo qual o órgão está passando exige que essa orientação seja complementada por novos acordos bilaterais de livre comércio e pela diversificação de parceiros, com destaque para os membros do Brics e do continente asiático em geral.

Evidentemente, em um país com tantas dificuldades para fazer política industrial, é difícil identificar setores prioritários a defender e aqueles em que é preciso ceder. A nova ordem global oferece, todavia, condições singulares para que países emergentes possam dar um inigualável salto de desenvolvimento, ao abrir janelas de oportunidades que não durarão muito tempo. A inclinação agrícola do país não pode ser negada, mas as novas possibilidades de inserção qualitativa no comércio mundial exigem a ampliação dos debates internos sobre a agregação de valor à pauta exportadora, a competitividade nacional e as vantagens que se podem obter das cadeias globais de valor, o que dependerá, para seu pleno sucesso, de participação mais ativa dos formuladores de política externa nas discussões econômicas internas e vice-versa.

Aprimorar a coordenação entre os atores do sistema comercial brasileiro será, desta forma, essencial para a formulação de novas posições negociadoras, identificação de mercados, prospecção de financiamentos internacionais para projetos de infraestrutura, energia, inovação e pesquisa, bem como para discutir o processo de atração de imigrantes qualificados, em paralelo ao desenvolvimento de estruturas de apoio humanitário.

A promoção da "marca-país" é outro importante desafio de política externa e diplomacia ser afrontado nos próximos anos, embora o conceito ainda seja pouco compreendido no Brasil. Se, por um lado, existe um clima externo favorável de aceitação do Brasil, nem sempre essa avaliação positiva reflete-se em conhecimento qualificado sobre o país ou estende-se para seus produtos. Nossa imagem continua muito associada a estereótipos tradicionais como samba, carnaval, praia, favelas, violência urbana e futebol. Raramente é associada à qualidade de um produto nacional, à tecnologia, aos avanços do país ou ao espírito empreendedor.

Associar a imagem externa do Brasil à modernidade e transformação, a produtos de alta qualidade, a tecnologias avançadas e à sustentabilidade seguramente contribuirá para consolidar uma percepção ainda mais positiva do país junto aos seus parceiros globais. Isso dependerá, no entanto, de esforços conjuntos nas áreas da cultura, comércio, turismo e imprensa. É frustrante ver como um país com tanta aceitação internacional positiva seja tão incapaz de articular estratégias sólidas e coerentes de implementação de uma marca desvinculada de estereótipos.

A REFORMA DA "CASA"

O último, e não menos complexo, desafio que merece destaque reside na necessidade de reestruturação do próprio Ministério das Relações Exteriores, que há muitos anos não passa por reformas estruturais. Os contextos favoráveis, interna e internacionalmente, do início dos anos 2000 permitiram adiar este debate por mais de uma década, mas conforme as novas dinâmicas das relações internacionais e da política interna colocaram em xeque o próprio papel e as funções essenciais do Itamaraty, tornou-se inevitável a retomada de discussões para a modernização de seus arcaicos procedimentos, sistemas de gestão e estruturas organizacionais.

A tão aguardada reforma administrativa

Entre os ajustes necessários, um dos mais urgentes reside na implementação de uma reforma administrativa no Ministério. Diplomatas, em geral, têm pouca experiência nas áreas de finanças, gestão de pessoas e planejamento interno. Ainda assim, as lideranças da "casa" continuam reticentes em transferir para as mãos de especialistas a prerrogativa de administrar a instituição.

O modelo de gestão atualmente em prática, que pouco sofreu alterações em décadas, logrou incontestável sucesso no passado. Entretanto, em plena era da internet, da emergência de sistemas inovadores de negócios, do alargamento da agenda de política externa e da participação de novos atores na arena global, uma mudança de mentalidade em direção à maior eficácia, eficiência e transparência não pode mais ser adiada.

Os problemas começam com a gestão financeira do MRE, tanto na Secretaria de Estado, em Brasília, como nos postos no exterior: poucos diplomatas sabem gerir planilhas de Excel ou fazer controles de fluxos orçamentários. Imaginem, então, quantos são capazes realizar cronogramas de desembolso e planejamento contábil para uma instituição que emprega milhares funcionários e possui mais de 200 missões diplomáticas no exterior?

Em teoria, há gestores, oficiais de chancelaria (ofchans) e assistentes de chancelaria (achans) selecionados por meio de concursos públicos altamente disputados para desempenharem tais funções. Por que então não o fazem? Porque aos diplomatas não interessa abrir mão do poder que o controle sobre os recursos do Ministério a eles confere, do que decorre uma espiral destrutiva.

Isso nos faz remeter a outro antigo problema nas questões internas do MRE: a eterna falta de entendimento entre diplomatas e demais funcionários do serviço exterior brasileiro, que se agravou notadamente nos dias de hoje. Os tempos são outros e a relação de poder entre diplomatas e "chans" não mais se justifica em termos tradicionais. Mesmo assim, preocupa verificar a baixa disposição de diplomatas em discutir e enfrentar a necessidade de reestruturação de tais carreiras, o que poderia ter início com a efetiva especialização dos "chans" nas áreas de administração, cooperação técnica e consular. Da mesma forma, é preciso avaliar mecanismos de progressão de carreira e de concessão de comissionamentos, devidamente acompanhados de novos instrumentos de controle e prestação de contas, que estabeleçam as responsabilidades que as novas funções implicarão. Trata-se, simplesmente, de carreiras diferentes.

A ausência de uma política de recursos humanos moderna e voltada ao interesse nacional é, pois, mais um ponto central que precisa ser equacionado. O maior ativo do Itamaraty são seus recursos humanos, mas eles não são devidamente aproveitados.

Estratégias de desenvolvimento e capacitação dos quadros são limitadas, falta transparência nos critérios de progressão de carreira, remoção e comissionamento, e grande parte dos diplomatas demonstra notável dificuldade e falta de experiência na gestão de pessoal. Isso é agravado pelo fato de que, na contramão do setor privado, que cada vez mais capacita seus funcionários para a tomada de decisões, o Itamaraty condiciona seus servidores a cumprir ordens sem questioná-las, com base em uma hierarquia anacrônica.

A antiguidade dos diplomatas, determinada a partir de suas classificações no Concurso de Admissão à Carreira Diplomática, não costuma ser respeitada na hora das promoções, remoções raramente contemplam as aptidões dos funcionários e não há sistemas de avaliação de desempenho ou mensuração de resultados, o que implica um sistema de política interna caracterizado mais por interesses pessoais do que institucionais.

Recorrentemente o diplomata com formação jurídica é colocado na área financeira, o economista é deslocado para a área consular, aquele com formação em Medicina vai cuidar de negociações comerciais. Quem fala chinês é enviado para a Alemanha, quem fala italiano vai para a Noruega e quem fala russo é removido para a Bolívia. O especialista em comércio exterior assume a chefia da administração de um posto e aquele com facilidade de comunicação fica "trancado" em uma sala de arquivos qualquer. O amigo do rei vai para onde quiser; o melhor funcionário, nunca se sabe.

Nesse complexo cenário, preocupa em particular o fato de que jovens diplomatas, inicialmente críticos e propositivos, rapidamente acabam sendo moldados pela estrutura hierárquica e personalista descrita, resignando-se e tornando-se cada vez mais receosos em se manifestar contra o *status quo*, temendo retaliações na hora da promoção ou remoção. As turmas de cem diplomatas aprovadas durante o governo Lula trouxeram importante fôlego para o debate institucional, mas o processo de cooptação pelos vícios da instituição ainda se manifesta de forma muito clara.

Urge, assim, a necessidade de elaborar estudos para definir e implementar novos programas de carreiras, de desenvolvimento e de alocação de pessoas, uma vez que a ausência ou inadequação deles tem gerado resultados insuficientes, decorrentes do despreparo, desmotivação, problemas de adaptação ao cargo e outros vícios ligados à má gestão dos seres humanos. Não menos importante, a comunicação e o relacionamento entre diferentes níveis hierárquicos também devem ser repensados com base em conceitos mais modernos, buscando impedir abusos de chefias irresponsáveis ou excessivamente autoritárias.

Uma estrutura organizacional do século passado

Outra reforma essencial que precisa ser realizada é a da estrutura organizacional do MRE. À medida que se foi ampliando o número de diplomatas brasileiros, criaram-se novas vagas e divisões para acomodar embaixadores e jovens secretários. Sem aparente planejamento estratégico na condução desses esforços, hoje vemos uma grande colcha de retalhos, que não mais reflete os interesses e as necessidades da agenda externa do país.

A ausência de critérios pragmáticos na definição do organograma da instituição gerou mais confusões do que resultados. Muitos temas não são devidamente contemplados, enquanto outro são atendidos por várias áreas, em uma estranha repartição de competências. No Palácio do Itamaraty, em teoria considerado o "cérebro" do Ministério, faltam áreas responsáveis pelo planejamento estratégico da política externa brasileira, pelo diálogo e articulação com outros ministérios e com a sociedade civil, pela coordenação das atividades dos postos no exterior, por temas estratégicos e por regiões geográficas que ganham cada vez mais importância na arena global.

Os mencionados problemas não devem ofuscar, entretanto, exceções em algumas áreas multilaterais, que costumam envolver maior coordenação e orientações mais objetivas de Brasília aos postos no exterior, bem como nas áreas de protocolo e consular do Itamaraty, funções primordiais da instituição por excelência, e que vêm funcionando com respeitável eficiência, apesar de eventuais "escorregões".

É, ainda, preciso mencionar, mesmo que brevemente, a necessidade de discutir novas estratégias e propósitos para a Academia Diplomática Brasileira, conhecida como Instituto Rio Branco, a qual poderia ser transformada em um verdadeiro *think tank*, e veículo de capacitação dos atores nacionais que atuam na arena global, em substituição a sua atual estrutura antiquada e ineficiente. Também caberia rediscutir o funcionamento da Agência Brasileira de Cooperação (ABC), a qual, apesar de sua importância, sempre foi marginalizada dentro da estrutura do MRE, e que perdeu ainda mais prestígio nos últimos anos, com a desestruturação do sistema de cooperação internacional brasileiro e a descontinuidade de iniciativas estratégicas em andamento.

Convém destacar, por fim, que o acesso à carreira diplomática tem-se democratizado, mas ainda resta muito a fazer nesse sentido. Apenas um quarto dos diplomatas brasileiros são mulheres, e o número de negros pode ser contado com os dedos. Por outro lado, a participação de novos extratos da sociedade brasileira entre os quadros do Itamaraty já começa a ser notada, em discussões e questionamentos sobre sua dinâmica interna, adequação às demandas que se multiplicam e diretrizes de política externa.

CONSIDERAÇÕES FINAIS

Praticamente todos os temas abordados nas páginas anteriores poderiam ser, por si só, objetos de discussão e detalhamento em artigos separados. As reflexões apresentadas, no entanto, tiveram como objetivo introduzir, ainda que de forma generalista, um novo tipo de debate, crítico e construtivo, sobre o papel da diplomacia brasileira em tempos de globalização.

Para atingir tal escopo, não foi utilizado nenhum modelo formal ou estrutura tradicional de pesquisa. Ao contrário, buscou-se discutir a dimensão dos atuais desafios de diplomacia e política externa brasileira por meio de abordagens abrangentes e transversais, de caráter pessoal, não institucional.

Embora ainda não exista estrutura conceitual que permita acomodar plenamente as novas demandas mundiais emergentes, hoje é possível afirmar que o planeta em que vivemos consiste em uma totalidade integrada e intrinsecamente dinâmica, cujas propriedades não podem ser reduzidas ao somatório de unidades menores e independentes. Para manobrar com maior desenvoltura e fluidez nesse novo e complexo cenário, o Brasil terá que desenvolver, o mais rapidamente possível, uma agenda internacional de longo prazo, sustentada por diferentes setores da sociedade, que possa dar continuidade ao processo de afirmação internacional do país iniciado nas últimas décadas.

É natural que diferentes governos deixem marcas na política externa. É igualmente importante compreender que são necessários anos para a construção de novas parcerias, diversificação de mercados ou ampliação de redes de contatos. Não é à toa que a diplomacia e a politica externa continuam sendo consideradas partes centrais das estratégias de Estado, não de governo. Os líderes e diplomatas brasileiros que primeiro conseguirem aceitar essa realidade e, a partir dela, desenvolver modelos mais eficientes e contínuos de inserção global, serão aqueles que trarão os maiores benefícios para nossa sociedade.

pode ter empresa estrangeira
de 2015). Cerca de 30% desse valor
já foi investido pela Eletronuclear.
Como a Constituição determina
que a operação de usinas nuclea-
res é monopólio da União, ao ter-
minar a obra, a empresa entregaria
à usina para Eletronuclear. Pelo
serviço, a empresa receberia paga-
mento ou ganharia um contrato
de longo prazo de compra e venda
de energia da usina nuclear.
"Há empresas de fora e de den-
tro [do Brasil] interessadas em in-
vestir em Angra 3. Elas podem dei-
xar a usina pronta e entregá-la pa-
ra a Eletronuclear operar", afirmou
o presidente da Abdan, Antônio
Müller. "Do jeito que as coisas es-
tão, Angra 3 só entrará em opera-
ção lá para 2021, 2022, 2023."
projetos posteriores a Angra 3.
Müller também
da Câmara
à Constitui
abertura
privadas.

ELITISMO E POLÍTICA EXTERNA

Notas sobre os fundamentos aristocráticos (e oligárquicos) da política externa brasileira

Dawisson Belém Lopes

Nas palestras que realizou no Collège de France entre 1977 e 1978, Michel Foucault ofereceu interessantes reflexões sobre o Estado territorial moderno - e, particularmente, sobre o conceito de "razão de Estado". Ao tratar daquilo que chamou de *gouvernamentalité* ("governamentalidade", numa tradução livre para o português), o filósofo francês lembrava que o Estado, ao contrário da natureza, é algo governável. Por isso, faria sentido pensar a política como *mathesis*, ou seja, forma racional da arte de governo. A razão governamental - ou razão de Estado - corresponderia a um conjunto consciente de estratégias e práticas para a manutenção de um estado desejável de coisas - na formulação de Foucault, tratava-se de manter as coisas *en état*.

Nesse sentido, a governamentalidade, entendida como a realização das guerras, a função de administrar a justiça, de fazer trocas com outras comunidades políticas estrangeiras etc., já existe desde muito antes das elaborações intelectuais sobre a razão de Estado, primeiro identificadas por volta do século XV, na península Itálica.

A partir de certo momento da trajetória moderna, um monarca, geralmente cercado por colaboradores da sua corte (a nobreza real), passou a avocar para si a competência exclusiva de interpretar e calcular essa "razão", com base em supostos de necessidade. Nesse novo contexto, qualquer agitação ou desordem (expressões semanticamente equiparadas à "desinteligência" do Estado) deveria ser evitada a todo custo. A revolução social era *antípoda* à razão de Estado. Pela mesma lógica, o golpe de Estado (*coup d'état*) não anulava, e sim reforçava a razão de Estado; tratava-se, é claro, de um sequestro do Estado por um grupo de poder, em detrimento de outro; de uma ruptura com a legalidade, mas não com a lógica social e política subjacente à modernidade.[1]

No trabalho clássico de Friedrich Meinecke, *Machiavellism*, a razão de Estado é definida como a "primeira lei do movimento dos Estados", consistente na autocompreensão e reflexão, por parte do indivíduo (ou do conjunto de indivíduos) em posição de comando, sobre as circunstâncias para o governo. Meinecke entende que, em vários momentos históricos, a razão de Estado assumiu a condição de "imperativo nacional", dado que, para um Estado permanecer livre e independente, restou ao seu líder a opção de seguir à risca esses ditames existenciais (de razão de Estado). Richelieu, primeiro-ministro francês entre 1624 e 1642, costuma ser tratado como a metonímia dessa razão e exemplar de diplomata bem-sucedido. Diante da ameaça de submissão da França aos Habsburgos, na primeira metade do século XVII, o cardeal teria alegadamente desenvolvido uma estratégia complexa para resistir às estocadas e, na busca do "melhor interesse do Estado", valer-se das oportunidades para expandir território, riquezas e prestígio nacionais. A chave para as suas manobras exitosas, sugere Henry Kissinger,[2] foi o princípio de que "o bem-estar do Estado justificava o emprego de quaisquer meios; o interesse nacional suplantava a noção medieval de moralidade universal". Ou, a partir de uma base conceitual maquiaveliana, trata-se da *superação da moral individual privada pela moral política republicana*.[3]

Configurou-se, dessa forma, na Europa dinástica dos séculos XVII e XVIII, um discurso original em que o Estado soberano seria governado por uma racionalidade que lhe era intrínseca, e não por princípios divinos ou por sabedoria e prudência dos governantes (ou seja, o discurso da razão de Estado). Foucault faz menção à teoria das "arcas do império" (*arcana imperii*) para explicar a persistência da noção de diplomacia como campo dos "segredos de Estado" ou dos "segredos do poder". O autor comenta que, durante muito tempo, as estatísticas nacionais não foram divulgadas pelos governantes em virtude de uma alegada proteção de dados que poderiam ser apropriados, de um modo prejudicial, por inimigos ou rivais.[4] Contudo, é provável que o momento imediatamente subsequente ao de mais absoluta afirmação do poder real (e da razão de Estado, interpretada pelo monarca) corresponda ao início de um acelerado declínio do Estado dinástico. Acontece que a introdução dos ministros do rei dentro do aparelho de Estado europeu setecentista levaria ao que Pierre Bourdieu denominou o início da "divisão do trabalho de dominação".[5] A contradição instaurada no *modus operandi* dinástico estava no fato de que os oblatos (mercenários, escribas, magos, condottieri, diplomatas etc.), embora submetidos funcionalmente ao todo-poderoso rei, detinham competências (poderes simbólicos e físicos) que os autonomizavam na prática, tornando-os ameaçadores ao soberano. Resultava dessa contingência uma tripartição do poder em que, ao lado do rei, figuravam os irmãos do rei - rivais, segundo o critério dinástico - e os ministros do rei - recrutados por suas habilidades. O rei ora se servia de seus ministros para limitar a atuação de seus irmãos; ora se servia dos irmãos para impor limites aos ministros.

Ao tratar da "sociedade de corte" no século XVIII, o alemão Norbert Elias[6] desenvolveu teoria influente sobre os mecanismos da dita Sociologia da realeza, assim como sobre a cultura aristocrática que permeava as instituições da monarquia europeia e a sua ulterior transformação - motivadora, segundo a tese que se oferece, da Revolução Francesa de 1789. A Sociologia de Elias também trouxe contribuições conceituais originais, tais como as hoje onipresentes noções de "figuração" - uma formação social, com conotação assemelhada ao *habitus* de Pierre Bourdieu - e de "processo civilizador" - termo empregado para designar a estrutura do comportamento social e sua estreita conexão com a organização das sociedades ocidentais sob a forma de Estados soberanos. Duas imagens de Elias em específico - a da "nobreza de espada" (*noblesse d'épée*) e a da "nobreza de robe" (*noblesse de robe*) - interessam mais diretamente aos propósitos deste ensaio. A primeira faz referência aos guerreiros feudais, donos de terras na Idade Média, os quais foram convertidos em nobres na modernidade.[7] Esses nobres "de espada" passaram por um processo civilizador que culminou com o estabelecimento de novas figurações sociais. De tal transição despontou, por volta do século XVII, a nobreza "de robe", isto é, o estamento predominantemente urbano que ocupa os espaços na estrutura administrativa do Estado: gestores, juízes, diplomatas. Seu surgimento está associado com o novo relacionamento firmado entre o rei e sua corte no seio do Estado moderno: enquanto o soberano centralizava o poder real, a nobreza exercia o poder econômico.

É importante lembrar, como o faz Elias, que a base do poder econômico da nobreza de espada estava nas suas propriedades rurais.[8] A vida urbana da nobreza de robe, além de ser mais cara, deixava poucas opções para o autossustento. Dessa forma, o rei passaria a abrigar nobres em suas propriedades (donde a origem do termo "*hôtel de ville*", na França de Luís XIV) e a dar-lhes empregos na administração estatal. A expressão "*noblesse oblige*" tinha conotação literal na França dos séculos XVII e XVIII: para ser nobre, o indivíduo deveria adotar um padrão de consumo ostensivo e conspícuo. O *ethos* econômico da nobreza de robe deplorava a prática de poupar/economizar recursos. Em razão disso, criou-se à época a função do "intendente de rendas", profissional responsável por gerir as economias dos nobres e evitar que estes fossem à bancarrota. O absolutismo monárquico far-se-ia possível, então, porque a nobreza, enfraquecida, começaria a depender materialmente do rei. É claro que a realeza também dependia da legitimidade concedida pela corte para governar. Porém, havia outro fator importante na equação: a emergência da burguesia. Embora esta detivesse recursos econômicos - necessários para financiar o rei e o próprio Estado - e carecesse de prestígio político, veio a colonizar, gradualmente, o lugar antes pertencente à nobreza na estrutura social, chegando a ser regalada com títulos nobiliárquicos, como pagamento por "favores" prestados ao rei. Assim, é razoável supor que a sociedade de corte europeia acomodasse profundas tensões em seu bojo. Realeza, nobreza e burguesia costuravam alianças e se anulavam, numa coreografia complexa. O equilíbrio social era inerentemente instável. A instauração da corte em Versalhes, distante de Paris, atendia ao propósito adicional de proteger os nobres em relação à população. É por isso que, para Elias, a origem da Revolução Francesa decorre de uma desconexão entre as figurações sociais e políticas do chamado "Antigo Regime" e as novas bases materiais daquela sociedade - com a ocorrência da Revolução Industrial, a consolidação de uma massa operária urbana por toda a Europa, e o acelerado aburguesamento das relações no fim do século XVIII.

Pierre Bourdieu nota, contudo, que mesmo com a parcial destruição da sociedade de corte europeia do século XVIII diferentes manifestações de estamento aristocrático permaneceram entre nós. Mudaram, fundamentalmente, os meios adotados: se a aristocracia tradicional (nobreza de robe) baseava a sua reivindicação de prerrogativas na posse de terras, na hereditariedade e/ou na sua clientela política, a nova elite burguesa (filha da Revolução Industrial e de tudo o que veio em decorrência) passou a recorrer ao subtexto da meritocracia, cujas expressões mais palpáveis são títulos escolares e aprovação em processos seletivos abertos (concursos). Em outras palavras, na contemporaneidade a nobreza acadêmica veio a substituir a nobreza do sangue. O autor critica, porém, o que entende ser uma falsa oposição entre os critérios do "nascimento" e do "mérito" para distinguir a política pré-moderna e a moderna, respectivamente. Para Bourdieu, instituições escolares de elite (colégios, internatos, universidades, academias militares e diplomáticas, seminários, conventos) são apenas engrenagens de um processo de transformação de "capital cultural" em "capital autoritativo" (poder), voltadas para o exercício legítimo de dominação aristocrática. Uma diversidade de estratégias de reprodução de poder está, desde sempre, à disposição do ator dominante: fecundação, sucessão patrimonial, investimento em educação e saúde preventiva, criação de vínculos de gratidão e respeito, aquisição de direitos e obrigações, contração de matrimônio, construção de narrativas etc. Segundo o sociólogo, haveria fungibilidade entre essas diferentes formas de "capital social" (ou "campos", para ficar com o léxico bourdieusiano).

O que grupos dominantes atribuem à desenvoltura ou ao dom - numa estratégia de produção de uma "teodiceia do próprio privilégio" -, o sociólogo credita ao "capital cultural herdado" - isto é, o embebimento social e a aquisição passiva de determinados saberes e valores por parte dos filhos da elite. O círculo completa-se quando o Estado, num passe de mágica, outorga ou convalida um diploma, inscrevendo-o na classe dos instrumentos que certificam uma autoridade oficial. É esse Estado "mágico" - segundo Bourdieu - que transforma uma simples *doxa* em ortodoxia. Aqui, um contraponto com Elias parece útil: existia uma intrincada rede de símbolos e abstrações que determinava o lugar de cada indivíduo na sociedade de corte europeia dos séculos XVII-XVIII. O acesso físico ao rei - ele mesmo, um membro da nobreza - era indicador de cacife político. A etiqueta cortesã tinha papel de credencial para ingresso na sociedade e para patrocinar a aproximação com o rei. O domínio de tal código era a senha para participar daquela comunidade de privilégios (e de imposição de privações). Todo esse esquema operava, é claro, sob o manto discursivo da razão governamental.

Na sequência, tento mostrar como a política externa brasileira (PEB) pode ser justificada por meio de fundamentos aristocráticos e oligárquicos, que balizam as suas práticas e os seus discursos desde o século XIX. Além de explorar topicamente questões como a persistência da razão de Estado imperial, o elitismo político e o culto ao cavalheiro, experimento aplicar insumos da teoria social para jogar luz sobre o fenômeno da renitente democratização da PEB.

O ELITISMO NA POLÍTICA EXTERNA BRASILEIRA

A expressão "aristocracia", derivada do grego clássico *areté*, é o regime político por meio do qual o poder repousa com os *aristoi*, indivíduos mais aptos do que a média da população ao exercício do governo, porquanto dotados de "virtude". Aristóteles, na sua *Política*, diferençava aristocracia de oligarquia, atribuindo à primeira a condição de ser a forma pura de uma elite liderar a sua sociedade; e à segunda os traços da corrupção e do autosserviço.[9]

Assim, *aristocracia*, em princípio e na abstração, faz e sempre fez parte da boa gramática política ocidental, a despeito do tratamento desqualificador que lhe concederam os adeptos da democracia na modernidade; ao passo que *oligarquia*, pela mesma métrica, é a sua contraparte degenerada, indesejável e publicamente indefensável. A política brasileira do século XIX, tempo em que se dá a emancipação territorial e política do Estado, é confessadamente elitista. Ilmar Mattos[10] chega a sugerir que a marca dessa sociedade imperial era o "sentimento aristocrático", manifesto pela divisão entre a "fina flor" e a "escória", o *popolo*[11] e a gente comum, o povo e a plebe. Para participar politicamente, ativa e passivamente, o cidadão necessitava de renda compatível; do contrário, estava automaticamente alijado. Políticos de carreira exerciam direitos políticos porque eram, antes, proprietários de terras e de escravos. Nunca o contrário.

É importante, portanto, entender de qual elite política se está falando. Trata-se – e aqui o juízo de valor está temporariamente suspenso – da velha oligarquia latifundiária e escravocrata brasileira. Da mesma elite que, durante vários séculos e diferentes ciclos econômicos, manteve firmes as rédeas do processo de espoliação. Ora, como ensina Mattos, não há, necessariamente, contradição entre os grupos que exploravam o comércio da cana-de-açúcar e os mineradores, tampouco entre os que se dedicavam à extração da borracha e à lavoura do café. Há mais continuidade do que rompimento entre os ciclos. De comum entre os agentes, o vício de confundir interesse "nacional" com os interesses do latifúndio rural, das oligarquias escravistas. Para Raymundo Faoro,[12] setores dominantes construíram uma identidade conjunta a partir de objetivos tais como fundar o "Império do Brazil", consolidar a monarquia, manter as diferenças sociais. Para tanto, apropriaram-se do liberalismo do ponto de vista fiscal – o qual era associado pelos conservadores políticos (também ditos "saquaremas") ao nacionalismo econômico, e por sua vez à soberania territorial, e por sua vez à resistência antimetropolitana. Mas tal apropriação era seletiva, pois nosso liberalismo arrevesado convivia com a defesa aberta do regime escravocrata.

Estavam essas ideias fora de lugar? Dificilmente. Tratava-se, mais provavelmente, de eficaz engenharia do discurso político para proteger interesses da classe dirigente ou, como bem formulou José Murilo de Carvalho, das famigeradas "razões de razão nacional".[13] Sempre em nome da "doutrina da razão de Estado" e da "civilização", a elite saquarema de proprietários rurais usava de fórmulas de Direito Público e instâncias administrativas para instruir a população, controlar o território e, por extensão, formatar o país.[14] Luiz Werneck Vianna, também convergente no diagnóstico, afirma que a racionalidade política ibérica implicou, como desdobramento dos desígnios da sua elite, a preservação e a expansão do território e o controle sobre a população. Em tal sistema de orientação pré-moderna, qualquer versão de liberalismo estaria fadada a morrer por inanição:

> Não há Piemonte nem Prússia, a Ibéria permite de bom grado que os seus americanos cultivem o seu *ethos* e sua paixão pela empresa individual, mas nada fará para ajudá-los, principalmente enquanto as suas demandas e pleitos pareçam ameaçar a sua estratégia territorialista. Assim como na tradição do iberismo pombalino, não há restrições à matriz do interesse individual, desde que ela se afirme de modo subordinado às razões do interesse nacional.[15]

Uma conexão precisa ficar bastante clara neste ponto da narrativa: os cardeais conservadores do Brasil Império – Francisco de Sales Torres Homem (visconde de Inhomirim), Paulino José Soares de Sousa (visconde do Uruguai), Eusébio de Queirós Coutinho Matoso da Câmara, Honório Hermeto Carneiro Leão (marquês de Paraná) – estavam todos ligados aos interesses do latifúndio e do escravismo. Torres Homem tornou-se encarregado de negócios do Brasil em Paris. Paulino foi chanceler do jovem Dom Pedro II. Eusébio envolveu-se diretamente nas discussões diplomáticas com a Inglaterra, acerca de tráfico negreiro e outras pendências. Hermeto foi chanceler interino e nosso representante no Prata. Era esse o núcleo pensante das relações internacionais do Estado, o estamento diplomático brasileiro em pleno século XIX.

Acerca do período compreendido entre 1830 e 1840, o historiador americano Jeffrey Needell foi mais longe, articulando a política paroquial e a patronagem – endêmicas no Império – à política exterior. Como as rendas do Largo do Paço estavam fortemente atreladas ao comércio internacional do café (de 40% a 50% de todo o orçamento, no início da década de 1830), o declínio da produção, a partir dos anos 1840, resultou na mandatória "proteção" dos filhos da elite sulista pelo Estado brasileiro – leia-se: a tática do empreguismo. Fazia-se mister, pois, manter a ordem, tutelando os interesses de determinados atores e setores sociais, sob o argumento do nacionalismo emergente, escorado em inflamado discurso lusofóbico. Afinal, o setor externo da economia era absolutamente sensível e estratégico para os propósitos da "razão imperial".[16]

A outra conexão desenhada por Needell em sua tese sobre os saquaremas, provocativamente intitulada *The Party of Order* (O partido da ordem), é mais óbvia: Hermeto havia ingressado no ramo da cafeicultura na década de 1830, além de o seu tio ter sido um pequeno comerciante de escravos; o tio de Eusébio havia sido "negreiro", e seus familiares (tio e primos) permaneciam como plantadores no início dos anos 1840; o pai de Joaquim José Rodrigues Torres tornara-se rico à base do comércio de açúcar e cachaça com mão de obra escrava, e a família de sua esposa era majoritariamente composta por grandes agricultores; por extensão, a caracterização aplicava-se a Paulino, que havia se casado na mesma família de Rodrigues Torres. Como já afirmado, esses eram indivíduos de extração ideológica conservadora. E, ainda que houvesse alguns focos de pensamento liberal no Brasil oitocentista, nomeadamente em São Paulo, Minas Gerais e Pernambuco, os saquaremas claramente prevaleceram, com suas ênfases na centralização do poder e na manutenção da unidade territorial. Em formulação a respeito da relação entre conservadores e liberais nos primeiros anos do Império, Ron Seckinger proferiu:

> De 1837 a 1841, o nascente Partido Conservador constituído, em sua essência, de um grupo de administradores profissionais e de plantadores de café do Rio de Janeiro, decretou a legislação que permitiria a consolidação da autoridade política. Por volta de 1850, os membros do Partido Liberal aceitaram as novas regras do jogo e se satisfizeram em manipular o sistema em seu próprio benefício quando no controle do gabinete.[17]

Já Ilmar Mattos, sobre a "vitória" dos saquaremas, sentenciou:

> No momento da consolidação do Estado imperial, eles [conservadores] articularam a Soberania Nacional à questão da escravidão e, por meio da Coroa, levaram a cabo políticas específicas, estreitamente articuladas entre si, caracterizando a direção e a dominação que exerciam.[18]

Ou seja, para os homens de Estado do Brasil imperial, soberania nacional e soberania popular eram conceitos em contradição. Enquanto um se aproximava do campo semântico do Estado e da autoridade governamental, o outro estava mais próximo das sublevações e revoltas sociais; enquanto um remetia à liberdade positiva, o outro queria resguardar a liberdade negativa. O argumento da soberania territorial servia à Coroa de escudo, em última análise, para justificar a mão de obra escrava e a economia agroexportadora. Pois essa, a um só tempo, era a grande questão de nossas políticas, interna e externa, do período.

José Honório Rodrigues[19] observa que, no momento em que a nação estava sendo erigida, ao longo do século XIX, equilíbrio de poder e harmonia de interesses não eram concepções alternativas ou mutuamente excludentes. Por esse motivo, o país se envolveu em conflitos armados, sobretudo na região da Bacia do Rio da Prata, em mais de uma ocasião.[20] Contudo, a partir de 1870, com o fim da Guerra do Paraguai e o enfraquecimento da presença metropolitana no continente, uma nova postura da política externa acabou sendo consagrada. Em lugar do realismo político atroz, o princípio legalista e pacifista da não intervenção passou a ser praticado pelos soberanos da América do Sul. A aposta nos instrumentos do Direito Internacional e no multilateralismo substituiu a tendência ao enfrentamento militar. Do ponto de vista doméstico, a solução bacharelesca também ganhou apelo. Homens[21] que dominavam o ferramental jurídico eram recrutados para gerenciar as relações internacionais do infante Estado do Brasil. Bahia[22] e Pernambuco, tradicionais redutos do latifúndio, iriam prover, até o fim do Império, a maior parte dos quadros diplomáticos brasileiros.[23]

Para Rodrigues, a tradição juridicista no Ministério de Relações Exteriores do Brasil é "dinástica". Se é verdade que, historicamente, o Itamaraty não se envolveu diretamente com as correntes partidárias da política nacional, o professor também alega que isso não teria impedido a constituição de uma espécie de "casta hereditária" na diplomacia brasileira, voltada primordialmente para a representação de interesses oligárquicos rurais. O exercício diplomático esteve ligado à existência desse grupo e, na prática, era por ele monopolizado. Apenas com o advento da República e a chegada do barão do Rio Branco à chefia da chancelaria - diz Rodrigues - teria início o que se chamou de "desbacharelização" do Ministério. Como prova desse deslocamento, o Rio de Janeiro, secundado por São Paulo e Minas Gerais, passou a servir de celeiro dos diplomatas. Gradualmente, um novo perfil de representante internacional do país - mais citadino, recrutado na região mais industrializada do Brasil, sudestino de origem e/ou formação escolar, menos beletrista e erudito, mais laborioso e técnico - ter-se-ia estabelecido. O entendimento sobre o que constituiria a "excelência política" (*aretê*) - e, com ele, o que seria o diplomata ideal (*aristoi*) - parece ter mudado consideravelmente nessa transição.

É contestável, todavia, a aplicabilidade da categoria "casta", conforme empregada por Rodrigues, para referir-se à corporação diplomática e, de um modo mais amplo, à fração da sociedade brasileira que se ocupava da formulação e implementação da política externa nos séculos XIX e XX. Ainda que se esteja diante de um arranjo aristocrático - e, no limite, oligárquico - de interesses e perspectivas políticas, o que a casta pressupõe é a absoluta endogamia. A rígida hierarquia entre castas torna inviável a mobilidade vertical, sendo, pois, incompatível com o capitalismo moderno. Alternativamente, Eul-Soo Pang e Ron Seckinger optaram pela expressão "classe mandarim" para fazer menção à "elite política nacional [do século XIX], cujos membros vêm tipicamente de condições socioeconômicos e educacionais semelhantes, manifestam aspirações políticas similares, e subscrevem às mesmas convenções sociais e políticas".[24] Também problemático, o registro esgarça o conceito de mandarinato, originalmente referido à China pré-moderna, para tentar apreender a realidade oitocentista. Como sugeriu José Murilo de Carvalho, a construção da ordem imperial envolveu esquemas complexos de circulação e treinamento de quadros políticos e protoburocráticos, mas jamais dispôs de administração centralizada de recursos humanos. A coordenação dava-se um tanto informalmente, ainda que de maneira sistemática e invariável. Os controles sociais tinham natureza antes familiar que racional-legal. Outro equívoco, no nosso entendimento, é pensar a questão do aristocratismo na política externa exclusivamente pelas lentes da "corporação" que abriga os diplomatas do país (o Itamaraty), bem como pelo fenômeno daí derivado - o corporativismo. Tendo se constituído na esteira do Estado Novo, entre o fim dos anos 1930 e o início dos anos 1940, o aparato institucional da diplomacia brasileira moderna em nada se assemelha ao sistema de formulação e tomada de decisão em política exterior do Brasil Império. Para ficarmos apenas em um aspecto eloquente: no lugar do Ministério de Relações Exteriores, quem detinha primazia na implementação da agenda internacional do país, especialmente durante o Segundo Reinado, era o imperador em pessoa, assessorado pelo Conselho de Estado e pelo Senado, secundados pela Câmara e pelos partidos políticos. O Ministério dos Negócios Estrangeiros, instância mais cerimonial do que política, não desfrutava *ipso facto* de grande prestígio e poder de alavancagem.[25]

A rigor, portanto, uma escolha de terminologia mais precisa e rentável heuristicamente parece ser "estamento". Trata-se, em definição sumária, de uma estrutura de privilégios e monopólios na ordem social, assegurados por meio de leis, convenções, títulos ou diplomas. O estamento, ou grupo de *status*, impõe limitações à racionalidade econômica e à meritocracia liberal - porque é contrário a conceitos como livre mercado e livre concorrência -, mas pode perfeitamente coexistir com um sistema econômico capitalista. Como a etimologia indica, ele tende ao estado estacionário, embora seja poroso, permitindo *alguma* mobilidade vertical. Outro aspecto fundamental sobre o estamento: ele é geralmente ritualizado, com normas de comportamento, crenças, valores, etiqueta, honra etc., que se aplicam ao seu interior.[26] Por tudo isso, acreditamos afigurar-se mais adequada a associação da comunidade praticante das relações internacionais brasileiras à categoria de análise do estamento, e não à casta, ao mandarinato ou à corporação.

Logo, o desafio notável, dados os fundamentos da política externa brasileira, é adequar esse estamento diplomático à moderna sociedade de classes e ao Estado (democrático) de Direito. Jean Daudelin e Sean Burges,[27] por exemplo, não hesitam em atribuir à PEB na contemporaneidade uma natureza oligárquica, apontando o papel jogado pelos setores de agronegócio e extrativismo, além das grandes empreiteiras, na definição da agenda econômica internacional do país. Laura Waisbich,[28] por sua vez, exemplifica ricamente a maneira esquiva e – não raro – ilegal como o Itamaraty concebe e relaciona-se com a Lei de Acesso à Informação, marco da transparência pública e da governança democrática, vigente no Brasil desde 2011. De fato, num ambiente internacional bem mais dinâmico daquele do século XIX e primeira metade do XX, a maior parte dos interesses de indivíduos e atores coletivos, para não mencionar o Estado, passa pelo crivo do mercado. A divisão social do trabalho responde, prioritariamente, a cálculos econômicos, não políticos. O trânsito entre as classes é, sim, possível, desde que haja alienação de propriedades, ou que o capital mude de mãos.

Não obstante, como bem apontou Norbert Elias, a luta de classes nunca é *apenas* econômica. Há disputas pelo controle do Estado que, se levadas ao paroxismo, culminarão com explosivas revoluções (França em 1789) – ou se arrastarão, em estado de crise latente, profunda e persistente (Brasil em 2016?). Já Pierre Bourdieu relembra que, enquanto burgueses e proletários fazem lutas sociais, o aristocrata simplesmente *ocupa* o Estado. Ora: o que vai acontecer, então, quando a burguesia e o proletariado, portando visões e interesses cada vez mais diversificados, difusos e internacionalizados, entrarem em derradeiro descompasso com o *Ancien Régime* aristocrático-oligárquico, materializado no estamento diplomático brasileiro, passando a confrontar abertamente seus agentes e suas instituições, seus critérios normativos e seus privilégios, sua função social e seu desempenho profissional? Essa é a pergunta que pede resposta.

O CULTO AO CAVALHEIRO E A PEB DO SÉCULO XXI

Ao cabo, uma nota que ajuda a calibrar as pretensões deste escrito: não se buscou fazer aqui um rastreamento de trajetória (*process tracing*), tampouco demonstrar nexo causal entre o ocorrido no século XIX e o que se passa no presente. A base empírica do argumento fica, evidentemente, prejudicada pela distância no tempo e pelo registro fluido da narrativa. Ao longo do ensaio, tentou-se recuperar, com a máxima objetividade possível, alguns dos aportes da teoria social contemporânea que, presumivelmente, iluminam e facilitam a compreensão do momento crítico atravessado pela política externa brasileira, neste início de século XXI. Afinal, há reminiscências imperiais. Mas, novamente, toda cautela epistemológica é pouca, já que os autores e exemplos históricos pinçados são, em sua maioria, europeus. Logo, espera-se do leitor obsequiosa condescendência, além da disposição para "tropicalizar" conceitos e teorias.

Partiu-se para a análise histórica dos fundamentos aristocráticos e oligárquicos da política nacional, com ênfase na produção das relações exteriores do Brasil. Constatou-se que a elite brasileira do século XIX pensava a política exterior em conexão com agendas da oligarquia rural e escravista, do que dá conta a turbulenta relação diplomática mantida com a Inglaterra, e as idas e vindas da questão negreira por todo o Oitocentos. A soberania nacional articulava-se com o protecionismo econômico e o controle sobre o território, numa tentativa de barrar o acesso privilegiado dos europeus a nossos mercados. A Coroa, portanto, instrumentalizava argumentos de "razão de Estado" para encobrir prerrogativas e exclusivos comerciais da classe dirigente. Além disso, não se notava diferenciação, especialização ou segmentação do estamento diplomático brasileiro no período em avaliação. Antes, eram os mesmos nomes que se incumbiam do doméstico e do internacional, revezando-se entre a administração pública convencional e a política externa. Como apontou Angela Alonso,[29] a função "política externa" não era prioritária para os quadros da política imperial, em especial para os saquaremas. Disso resultava que a nomeação para repartições diplomáticas era percebida como um "entreposto", uma posição passageira enquanto algo mais relevante não aparecesse na administração pública.

Se, num primeiro momento, foram os bacharéis coimbrãos que gerenciaram a inserção internacional do país - José Bonifácio de Andrada e Silva, José da Silva Lisboa (visconde de Cairu), Honório Hermeto Carneiro Leão, Manoel Alves Branco (segundo visconde de Caravelas), Pedro de Araújo Lima (marquês de Olinda) e Miguel Calmon du Pin e Almeida (marquês de Abrantes), para citar apenas alguns dos luminares imperiais treinados em Portugal -, com o passar dos anos, outras formas de acesso à secretaria de Estado, ao serviço consular e ao serviço exterior foram concebidas e postas em prática. As reformas institucionais do Ministério do Exterior, acompanhadas da criação de uma academia diplomática - o Instituto Rio Branco, em 1945 -, ajudaram a reescrever a história num rumo mais racional-legal-burocrático, mas não lhe alteraram fortemente o sentido social. Por outros caminhos e simbologias, o elitismo persistiu. Bem assim, a "cultura do cavalheiro" continuou viva no seio do estamento diplomático. Se não na modalidade do guerreiro militar do século XIX (que evocava, inadvertidamente, a *noblesse d'épée* eliasiana), então sob a forma sublimada do homem branco, de família aquinhoada, cultivado e heterossexual (o *aristoi* moderno), a quem as responsabilidades de formulação e representação na política internacional poderiam ser confiadas.

NOTAS

1 Jens Bartelson, "Making Exceptions: Some Remarks on the Concept of Coup d'État and its History", em *Political Theory*, v. 25, n. 3, 1997, pp. 323-46.

2 Henry Kissinger, *Diplomacy*, New York, Simon & Schuster, 1994.

3 Friedrich Meinecke, *Machiavellism: Doctrine of Raison d'État and its Place in Modern History*, New York, Praeger, 1965.

4 Michel Foucault, *Segurança, território, população: curso dado no Collège de France (1977-1978)*, São Paulo, Martins Fontes, 2008, p. 275.

5 Pierre Bourdieu, "De la maison du roi à la eaison d'état: un modèle de la genèse du champ bureaucratique", em *Acte de la Recherche en Sciences Sociales* (ARSS), n. 118, nov. 1997.

6 Norbert Elias, *A sociedade de corte: investigação sobre a sociologia da realeza e da aristocracia de corte*, Rio de Janeiro, Zahar Editores, 2001.

7 Não é por acaso que a cavalaria de um exército moderno se constituiu em destacamento "nobre" da corporação militar. Como faz lembrar Peter Burke, a própria origem do termo "cavalheiro" (homem gentil) confunde-se com a de "cavaleiro" (montador de cavalo) nas línguas neolatinas.

8 Notar que os títulos de nobreza frequentemente fazem alusão a pequenas cidades interioranas, em que a família do nobre concentrava as suas terras.

9 Aristóteles, *Política*, São Paulo, Martins Fontes, 2001.

10 Ilmar Mattos, *O tempo saquarema*, São Paulo, Editora Hucitec, 1987.

11 Na República florentina, *popolo* era a designação para o conjunto de cidadãos economicamente ativos.

12 Raymundo Faoro, "Existe um pensamento político brasileiro?", em *Estudos Avançados*, v. 1, n. 1, 1987, pp. 9-58.

13 José Murilo Carvalho, *Pontos e bordados: escritos de história e política*, Belo Horizonte, Editora UFMG, 2005, p. 57.

14 Ilmar Mattos, op.cit., p. 147.

15 Luiz Werneck Vianna, "Caminhos e descaminhos da revolução passiva à brasileira", em *Dados*, v. 39, n. 3, 1996.

16 Jeffrey D. Needell, *The Party of Order: The Conservatives, the State, and Slavery in the Brazilian Monarchy, 1831-1871*, Stanford, Stanford University Press, 2006.

17 Ron Seckinger, "O estado brasileiro e a política externa do século XIX", em Dados, v. 19, 1978, p. 114.

18 Ilmar Mattos, op. cit., p. 221.

19 José Honório Rodrigues, *Interesse nacional e política externa*, Rio de Janeiro, Civilização Brasileira, 1966.

20 A noção de *vita activa*, isto é, de uma existência voltada mais para a ação do que para a contemplação, coaduna-se com a concepção militarista do republicanismo aristocrático, a qual vigorava na Península Itálica do Renascimento.

21 Aqui se observa claramente uma conotação de gênero. No senso comum de então, a política internacional era campo que demandava virtudes "masculinas", tais como a agressividade e o cálculo racional. Para discussão interessante sobre a questão do gênero e construção do estamento diplomático brasileiro.

22 No entendimento de José Honório Rodrigues, era como se a "elite baiana" buscasse compensar a sua negritude com uma aproximação com a Europa - e, principalmente, com a França.

23 Ruy Barbosa e Joaquim Nabuco, dois dos principais representantes do estamento diplomático brasileiro na transição da Monarquia para a República, vinham, respectivamente, de Bahia e Pernambuco.

24 Eul-Soo Pang e Ron Seckinger, "The Mandarins of Imperial Brazil", em *Comparative Studies in Society and History*, v. 14, n. 2, 1972, p. 216.

[25] D. Belém Lopes, "Da razão de estado ao republicanismo mitigado: uma narrativa faoriana sobre a produção da política externa brasileira", em *Dados*, v. 57, n. 2, 2014, pp. 481-516.

[26] Sedi Hirano, *Castas, estamentos e classes sociais: introdução ao pensamento sociológico de Marx e Weber*, Campinas, Editora da Unicamp, 2002.

[27] Sean Burges e Jean Daudelin, "Democracy Postponed: A political Economy of Brazil's Oligarchic Foreign Policy", 2014, inédito.

[28] Laura Waisbich, "The Transparency Frontier in Brazilian Foreign Policy", 2016, inédito.

[29] Angela Alonso, "Joaquim Nabuco: diplomata americanista", em J. Pimentel (org.), Pensamento diplomático brasileiro: formuladores e agentes da política externa (1750-1964), v. II, Brasília, Funag, 2013, pp. 359-404.

REFERÊNCIAS

ADVERSE, Helton. A matriz italiana. In: BIGNOTTO, Newton (org.) *Matrizes do republicanismo*. Belo Horizonte: Ed. UFMG, 2013.

ALONSO, Angela. Joaquim Nabuco: diplomata americanista In: PIMENTEL, J. (org.) Pensamento diplomático brasileiro: formuladores e agentes da política externa (1750-1964). v. II. Brasília: Funag, 2013, pp. 359-404.

ARISTÓTELES. *Política*. São Paulo: Martins Fontes, 2001.

BARTELSON, Jens. "Making Exceptions: Some Remarks on the Concept of Coup D'État and its History". *Political Theory*. v. 25, n. 3, 1997, pp. 323-46.

BELÉM LOPES, D. "Da razão de Estado ao republicanismo mitigado: uma narrativa faoriana sobre a produção da política externa brasileira". *Dados*. v. 57, n. 2, 2014, pp. 481-516.

BOURDIEU, Pierre. "De la Maison du Roi à la Raison d'État: un modèle de la genèse du champ bureaucratique". *Acte de la Recherche en Sciences Sociales* (ARSS). n. 118, 1997.

______. *La nobleza de estado*: educación de elite y espíritu de cuerpo. Buenos Aires: Siglo Veintiuno Editores, 2013.

BURGES, Sean; DAUDELIN, Jean, Democracy Postponed: A Political Economy of Brazil's Oligarchic Foreign Policy, 2014 (inédito).

BURKE, Peter. *As fortunas d'O Cortesão:* a recepção europeia a 'O Cortesão' de Castiglione. Rio de Janeiro: Zahar Editores. 1997.

CARVALHO, José Murilo. *A construção da ordem*: teatro das sombras. Rio de Janeiro: Civilização Brasileira. 2003.

______. *Pontos e bordados*: escritos de história e política. Belo Horizonte, Editora UFMG, 2005.

CHEIBUB, Zairo. "Diplomacia e construção institucional: o Itamaraty em perspectiva histórica". *Dados*. v. 28, n. 1, 1985, pp. 113-31.

______. "A carreira diplomática no Brasil: o processo de burocratização do Itamarati". *Revista de Administração Pública*. v. 23, n. 2, 1989, pp. 97-128.

ELIAS, Norbert. *A sociedade de corte:* investigação sobre a sociologia da realeza e da aristocracia de corte. Rio de Janeiro: Zahar Editores, 2001.

FAORO, Raymundo. "Existe um pensamento político brasileiro?". *Estudos Avançados*, v. 1, n. 1, 1987, pp. 9-58.

FARIAS, Rogério. "Do You Wish her to Marry? The Admission of Women in Brazilian Professional Diplomacy (1918-1954)". Paper presented at CLAS/University of Chicago, 2014.

______; CARMO, Géssica. "Alma mater diplomática: a formação acadêmica dos diplomatas brasileiros (1985-2010)". *Mundorama - Revista de Divulgação Científica em Relações Internacionais*. Disponível em: <http://www.mundorama.net/2015/03/31/alma-mater-diplomatica-a-formacao-academica-dos-diplomatas-brasileiros-1985-2010-por-rogerio-de-souza-farias-gessica-carmo/>. Acesso em: 31 mar. 2015.

FOUCAULT, Michel. *Segurança, território, população*: curso dado no Collège de France (1977-1978). São Paulo: Martins Fontes, 2008.

GÓES FILHO, Paulo. *O clube das nações*. Rio de Janeiro: Relume Dumará, 2003.

Hirano, Sedi. *Castas, estamentos e classes sociais*: introdução ao pensamento sociológico de Marx e Weber. Campinas: Editora Unicamp, 2002.

Kissinger, Henry. *Diplomacy*. New York: Simon & Schuster. 1994.

Mattos, Ilmar. *O tempo saquarema*. São Paulo: Editora Hucitec, 1987.

Meinecke, Friedrich. *Machiavellism*: Doctrine of Raison d'État and Its Place in Modern History. New York: Praeger, 1965.

Moura, Gerson. Sucessos e ilusões: relações internacionais do Brasil durante e após a Segunda Guerra Mundial. Rio de Janeiro: Editora FGV, 1991.

Needell, Jeffrey D. *The Party of Order*: The Conservatives, the State, and Slavery in the Brazilian Monarchy, 1831-1871. Stanford: Stanford University Press, 2006.

Pang, Eul-Soo; Seckinger, Ron. "The Mandarins of Imperial Brazil". *Comparative Studies in Society and History*. v. 14, n. 2, 1972, pp. 215-44.

Rodrigues, José Honório. *Interesse nacional e política externa*. Rio de Janeiro: Civilização Brasileira, 1966.

Seckinger, Ron. "O Estado brasileiro e a política externa do século XIX". *Dados*, v. 19, 1978, pp. 111-33.

Spektor, Matias (org.) Azeredo da Silveira: um depoimento. Rio de Janeiro: FGV, 2010.

Waisbich, Laura. The Transparency Frontier in Brazilian Foreign Policy, 2016 (inédito).

Werneck Vianna, Luiz. "Caminhos e descaminhos da revolução passiva à brasileira". *Dados*. v. 39, n. 3, 1996, pp. 377-92. Disponível em: <http://www.scielo.br/scielo.php?script=sci_arttext&pid=S0011-52581996000300004>. Acesso em: 27 dez. 2016.

aram a cr
égias dos gran
O IMPAC
sua empresa num terreno particularmente difícil de atuar: automação de linhas de montagem.
Dominado por grandes conglomerados multinacionais, o setor exige investimentos constantes para viabilizar pesquisas de novos softwares
Petrobras capta
disputar leil
Enviada espe
-MADRI- A operadora de
tos espanhola Ferrovial
de participar da nova rodada
licitação de terminais no Bras

A FORMAÇÃO DO CONHECIMENTO DIPLOMÁTICO

Pensando devagar em diplomacia

Tiago Ribeiro dos Santos

Em livro que já se tornou clássico, *Rápido e devagar: duas formas de pensar*, o psicólogo Daniel Kahneman nos ensina sobre duas formas de pensar que chama de: Sistema 1) rápida, intuitiva e emocional, e Sistema 2) lenta, mais deliberada e mais lógica. Ao contrário do que uma visão superficial da tese de Kahneman poderia fazer sugerir, não se defende que um dos dois sistemas seja superior ao outro. Com efeito, todas pessoas precisam diversas vezes tomar decisões rápidas, e dependência exclusiva no Sistema 2 significaria paralisia decisória. Com essa constatação, a tese de Kahneman parece tornar-se apenas puro senso comum. Confie um pouco em sua intuição e um pouco em sua razão. Mas Kahneman vai além: propõe precisamente quais são os campos em que se deve se valer mais da intuição e em quais campos se deve valer mais da razão.

Essa tese está delineada no livro *Conditions for Intuitive Expertise: A Failure to Disagree*, escrito em coautoria com o também psicólogo Gary Klein. Kahneman especializou-se em demonstrar como o pensamento automático pode prejudicar as decisões, e Klein especializou-se em demonstrar como o pensamento automático pode contribuir com boas decisões. Acreditando-se em desacordo, os autores resolveram escrever o artigo para esclarecer em que suas visões diferiam, mas concluíram que não havia divergência, apenas ênfases distintas. A conclusão geral é de que a intuição de fato é capaz de gerar boas decisões, com duas condições: um ambiente de *high validity*, ou seja, em que se tem capacidade de determinar o erro ou acerto das decisões anteriores, e oportunidades adequadas para prática.

Um exemplo simples ilustra quando o conhecimento intuitivo floresce: acertar cestas em lances livres de basquetebol. É provável que haja alguns conhecimentos teóricos sobre posicionamento dos pés e das mãos que contribuam para aumentar as chances de acertar o cesto. No entanto, é certo que o principal componente que contribui para que uma pessoa melhore sua capacidade de fazer cestas é a prática. Isso porque as condições para o conhecimento intuitivo estão presentes. Quando lança a bola ao cesto, o atleta sabe de maneira inequívoca sobre seu acerto ou erro, e tem essa informação imediatamente. Pode corrigir o que quer que seja em seu lançamento – e, importantemente, sem precisar deliberar sobre o assunto – no próximo arremesso.

Do outro lado, como exemplo extremo de situação em que o raciocínio deve dominar, tem-se o primeiro pouso na lua. Justamente por ser o primeiro, não poderia haver qualquer experiência prévia em que se apoiar. Ao mesmo tempo, as vidas e os equipamentos envolvidos eram valiosos demais para que se buscasse aperfeiçoamento por tentativa e erro. Por esses motivos a Nasa empregou centenas de engenheiros que se utilizaram dos mais avançados conhecimentos de ciências e matemática para realizar missão exitosa.

Se as áreas mencionadas são consensuais, há inúmeras outras áreas em que existe ampla divergência sobre a abordagem adequada. Durante muitos anos, o ensino de línguas foi baseado em aprendizado das regras gramaticais, com a prática da língua sendo introduzida aos poucos. Essa abordagem tem caído em desuso em favor de ensino pautado quase que exclusivamente na prática. O motivo por que a segunda abordagem funciona melhor é o esclarecido anteriormente: há plenas condições de se saber quando se errou em língua, e a correção vem imediatamente. Com isso, o aprendizado se dá intuitivamente. Com efeito, essa é a forma pela qual a absoluta maioria da população aprende línguas. Uma criança de cinco anos não tem qualquer ideia sobre a teoria formal de conjugação verbal ou colocação pronominal, no entanto aplica as regras com grande habilidade.[1]

No aperfeiçoamento do conhecimento de línguas houve um redirecionamento da ênfase na teoria para a prática. O contrário, porém, deve dar-se em outras áreas. Estudos rigorosos apontam que psicólogos clínicos, corretores de ações, psiquiatras, profissionais de seleção de alunos para universidades, juízes e analistas de inteligência não aprendem com a experiência.[2] Tendo em vista a teoria exposta, fica claro o motivo: as condições de aprendizado não estão presentes. Tome-se o exemplo do psicólogo clínico. Esse profissional depara-se com um caso de depressão. Seu paciente descreve os sintomas, e o profissional oferece sua ajuda por meio de conversa. Qualquer resultado é bastante provável: que o paciente melhore ou que não melhore. É perfeitamente possível que o resultado, negativo ou positivo, da intervenção só venha a se manifestar meses ou anos depois. É possível, igualmente, que, do ponto de vista estatístico, a intervenção fosse correta, mas tenha gerado para aquele paciente resultados opostos aos desejados. Vê-se que não há condição de aprendizado.

OS DIPLOMATAS

Após esta longa introdução, seria o caso de se perguntar: qual a natureza do trabalho diplomático? Seria de aprendizado por experiência ou de aprendizado por teorização? Como notam Kahneman e Klein, a maioria das atividades envolve tarefas para as quais existem condições de aprendizado por experiência e tarefas para as quais essas condições não estão presentes. O mesmo dá-se com a diplomacia.

À primeira vista, pareceria polemicismo gratuito procurar minimizar o papel que a experiência tem na diplomacia. O fazer diplomático é altamente ritualizado, e o ambiente profundamente competitivo garante que se busque aprender esses rituais. Diplomatas experientes sabem portar-se melhor nas mesas de negociação, sabendo qual tipo de postura inspira respeito e confiança. Sabem como abordar colegas em busca de informação valiosa sem parecer intrusivo. Sabem as situações em que se cumprem ou emitem ordens. Para quem tem alguma familiaridade com o mundo diplomático, a forma confiante como se portam embaixadores em contraste com a forma tímida dos secretários falaria por si só sobre o valor da experiência.

Essas qualidades são valiosas, mas do ponto de vista da tomada das decisões não seriam as principais. Em primeiro lugar, a autoconfiança é importantíssima para ajudar a fazer prevalecer sua posição, mas de maneira geral não tem relação com competência, como ilustrado no estudo de Kahneman e Klein. Com efeito, ela tende a piorar a qualidade das decisões.[3] Em segundo lugar, as habilidades adquiridas por diplomatas por meio da experiência têm pouca relação com os resultados obtidos. Espera-se de diplomatas que contribuam para a formulação das posições a serem defendidas, além de negociar em favor delas. Mas como poderiam os diplomatas, por sua experiência apenas, aprender sobre os resultados das políticas que defendem?

Tipicamente, os resultados das negociações internacionais levam anos para ocorrer. Some-se a isso a dificuldade em identificar o que pode ser atribuído à negociação daquilo que dela independe e as condições de aprendizado por experiência ficam absolutamente ausentes.

Talvez um exemplo ajude a esclarecer: negociações sobre intervenções humanitárias. É assunto em que, em geral, a opinião do país é formulada no âmbito dos Ministérios de Negócios Estrangeiros ou, dependendo do país e da autonomia desse Ministério, é assunto em que os Ministérios de Negócios Estrangeiros são os responsáveis pela racionalização das escolhas feitas pelos líderes. De uma forma ou de outra, cabe tipicamente a diplomatas justificar a posição do país com relação a esse tipo de política.

Simplificando muito, o pensamento sobre intervenções humanitárias tem se dividido em dois campos principais: naqueles que, de maneira geral, acreditam que a população local se beneficia das intervenções, e nos que, de maneira geral, acreditam que as intervenções acabam causando mais mal do que bem à população local. Durante os debates, os países não evocam seus interesses nacionais nem os interesses específicos dos líderes dos países que potencialmente sofrerão intervenção, ainda que o público em geral possa desconfiar de que essas questões sejam, de fato, levadas em conta e que possam inclusive ser determinantes. Independentemente dos interesses que os líderes de seus países desejem defender, o mandato de um diplomata que serve a uma democracia respeitadora dos direitos humanos só admite a consideração dos interesses da população local.

O diplomata terá de definir, portanto, quem está com a razão: se os proponentes da intervenção humanitária ou se os que dela desconfiam. Frequentemente, os diplomatas que tratam desse tipo de assunto se especializam nessas discussões. Participam de várias reuniões, aprendem exatamente que tipo de linguagem é mais aceitável para cada país e buscam, à exaustão, influenciar minúcias do texto para que reflita um pouco mais a posição que seu país defende.

Em algum momento que não está predefinido, fica determinada a abordagem para o caso em questão: se intervenção ou não e, se sim, em que grau. Os resultados da ação demorarão a acontecer. Além disso, a intervenção em si não é a única variável que importa para o futuro daquela sociedade, inúmeros outros fatores contam, como o comportamento de um líder de governo ou de uma facção, a economia mundial e diversos outros aspectos que, além de fora do controle dos agentes internacionais, são também desconhecidos.

Como poderia o diplomata que participou da negociação aprender por experiência, dado esse ambiente de incerteza? Qual vantagem teria sobre qualquer outra pessoa interessada no assunto? Se as negociações em si podem não ser públicas, os resultados das negociações o são. Qualquer estudioso pode analisar quais intervenções houve e o que aconteceu depois delas. O negociador não é o melhor candidato a aprender.

Uma indicação de que pouco se aprende sobre a qualidade das políticas em si por meio da experiência é a notória "coerência" - entendida no sentido de manter sempre a mesma opinião, não no sentido de ser persuadido por argumentos lógicos - que os envolvidos costumam apresentar nos debates. Aqui estou apoiado em uma evidência anedótica, mas creio haver consenso sobre a pouca chance que se tem de mudar a opinião de um negociador. Quando países, de fato, mudam posição sobre um tema, isso raramente se dá porque o negociador mudou sua opinião, mas porque o país mudou a pessoa que estava à frente das negociações.

QUE ALTERNATIVA?

A constatação de que a experiência é insuficiente para nos apontar o caminho sobre as melhores direções no campo diplomático pode gerar pessimismo, pois qual seria a alternativa? Parece haver pessoas mais ou menos otimistas quanto à capacidade da experiência do diplomata guiá-lo em suas recomendações de políticas, mas o ceticismo quanto à capacidade da ciência em fazê-lo chega perto da unanimidade. Se em outros campos em que não se aprende com a experiência, como a psiquiatria, ao menos se pode contar com testes randomizados com número grande de pacientes para determinar a eficácia dos tratamentos, que opção teria o diplomata? Melhor não seria confiar nos métodos de sempre?

Há dois problemas com esse raciocínio, que serão tratados sucessivamente. Em primeiro lugar, os métodos científicos permitem responder muito mais sobre diplomacia do que se costuma supor. Suponha que membros da comunidade internacional tenham como objetivo ajudar a população de um país pobre. Há várias abordagens possíveis. Uma proposta poderia ser um projeto de alfabetização financeira da população. Outra proposta poderia ser a transferência incondicional de dinheiro para a população. Ocorre que propostas dessa natureza foram estudadas usando métodos rigorosos de maneira extensa, e os resultados não poderiam ser mais distintos. Enquanto os benefícios da educação financeira estão ausentes,[4] os benefícios das transferências de renda são bem documentados.[5] Há igualmente estudos rigorosos sobre migrações,[6] comércio internacional,[7] a eficácia das operações de paz, os impactos econômicos de sediar eventos internacionais e diversas outras matérias. Nesse sentido, há muito mais reticências em utilizar o conhecimento já disponível a serviço da elaboração da política externa do que falta de estudos.

Em segundo lugar, no caso de real ausência de estudos, a solução não pode ser voltar a confiar na intuição. Se a propensão para o acerto fosse maior do que a propensão para o erro, ou ainda se a propensão fosse igual, não haveria tantos problemas. Na primeira hipótese, se estaria em situação ligeiramente melhor. Na segunda hipótese, as decisões teriam a mesma qualidade. O único senão da abordagem seria mascarar a necessidade de se conduzir os estudos - às vezes com altos custos - que de fato respondam às questões. Mas a realidade é mais trágica, pois existe maior propensão a errar do que acertar quando se confia na intuição. Os vieses de raciocínio que Kahneman documenta têm direção. Com isso, a confiança no raciocínio lento e teórico, com a adaptação de evidências tiradas de outros contextos, é superior ao mero pensamento intuitivo.

CONCLUSÃO

É certo que diplomatas não contam apenas com a experiência para ajudar a formar suas decisões. Há diversas academias diplomáticas em todo o mundo. Ocorre que o conhecimento que se aprende nessas academias tem relação direta com o aprendizado por experiência. É um conhecimento profundamente dependente de história - como líderes e diplomatas tomaram decisões no passado - e direito - que tipo de regras líderes e diplomatas decidiram tornar obrigatórias. Mesmo a disciplina de Teoria das Relações Internacionais sofre de excessiva reverência a interpretações históricas. Muitas vezes, parece mais dedicada a racionalizar ideias preconcebidas sobre relações internacionais do que realmente desenvolver disciplina verdadeiramente científica. Estudiosos da teoria dos jogos, por exemplo, demonstraram que diversas das proposições da corrente realista simplesmente não derivam logicamente das premissas que os próprios realistas estabelecem.

Com isso, as academias deveriam buscar desenvolver nos diplomatas a capacidade de avaliar rigorosamente - ou seja, em seus fundamentos lógico-matemáticos - as bases teóricas de diferentes propostas, assim como ter o conhecimento estatístico suficiente para avaliar as evidências empíricas de distintas alternativas. A experiência é dos mais valiosos ativos que o diplomata pode ter. Infelizmente, só o tempo e a prática podem aumentá-la. A capacidade de análise rigorosa de argumentos, porém, pode ser transformada. Considerando o quanto os instrumentos científicos avançaram ao mesmo tempo que a complexidade dos temas cresceu, aumentar essa capacidade é tarefa urgente.

NOTAS

1 Se o leitor achar essa afirmação questionável diante dos erros comuns que crianças de cinco anos ainda fazem como dizer "eu 'ouvo' muito bem", cabe lembrar o quanto da língua e de suas regras foi adquirido sem explicação formal. Com efeito, um erro como "eu 'ouvo' muito bem" se dá justamente por conta da aplicação de regras de conjugação verbal que a criança aprendeu sem que ninguém lhe explicasse.

2 James Shanteau, *Competence in Experts: The Role of Task Characteristics*, Cambridge, Academic Press, 1992.

[3] Kelly E. See et al., The Detrimental Effects of Power on Confidence, Advice Taking, and Accuracy, em *Organizational Behavior and Human Decision Processes*, v. 116, n. 2, nov. 2011, pp. 272-85.

[4] Lauren E. Willis, "Evidence and Ideology in Assessing the Effectiveness of Financial Literacy Education", em San Diego Law Review, v. 46, 2009, p. 415.

[5] Cash Transfers Literature Review Policy Division, 2011 - DFID.

[6] Michael A. Clemens, "Economics and Emigration: Trillion-Dollar Bills on the Sidewalk?", em *Journal of Economic Perspectives*, 2011, pp. 83-106.

[7] James Feyrer, *Trade and Income: Exploiting Time Series in Geography*, Dartmouth, National Bureau of Economic Research, 2009.

REFERÊNCIAS

CLEMENS, Michael A. "Economics and Emigration: Trillion-Dollar Bills on the Sidewalk?". *Journal of Economic Perspectives*. 2011, pp. 83-106.

FEYRER, James. *Trade and Income*: Exploiting Time Series in Geography. Dartmouth: National Bureau of Economic Research, 2009.

SEE, Kelly E. et al. "The Detrimental Effects of Power on Confidence, Advice Taking, and Accuracy". *Organizational Behavior and Human Decision Processes*. v. 116, n. 2, nov. 2011, pp. 272-85.

SHANTEAU, James. *Competence in Experts*: The Role of Task Characteristics. Cambridge: Academic Press, 1992.

WILLIS, Lauren E. "Evidence and Ideology in Assessing the Effectiveness of Financial Literacy Education". *San Diego Law Review*. v. 46, 2009.

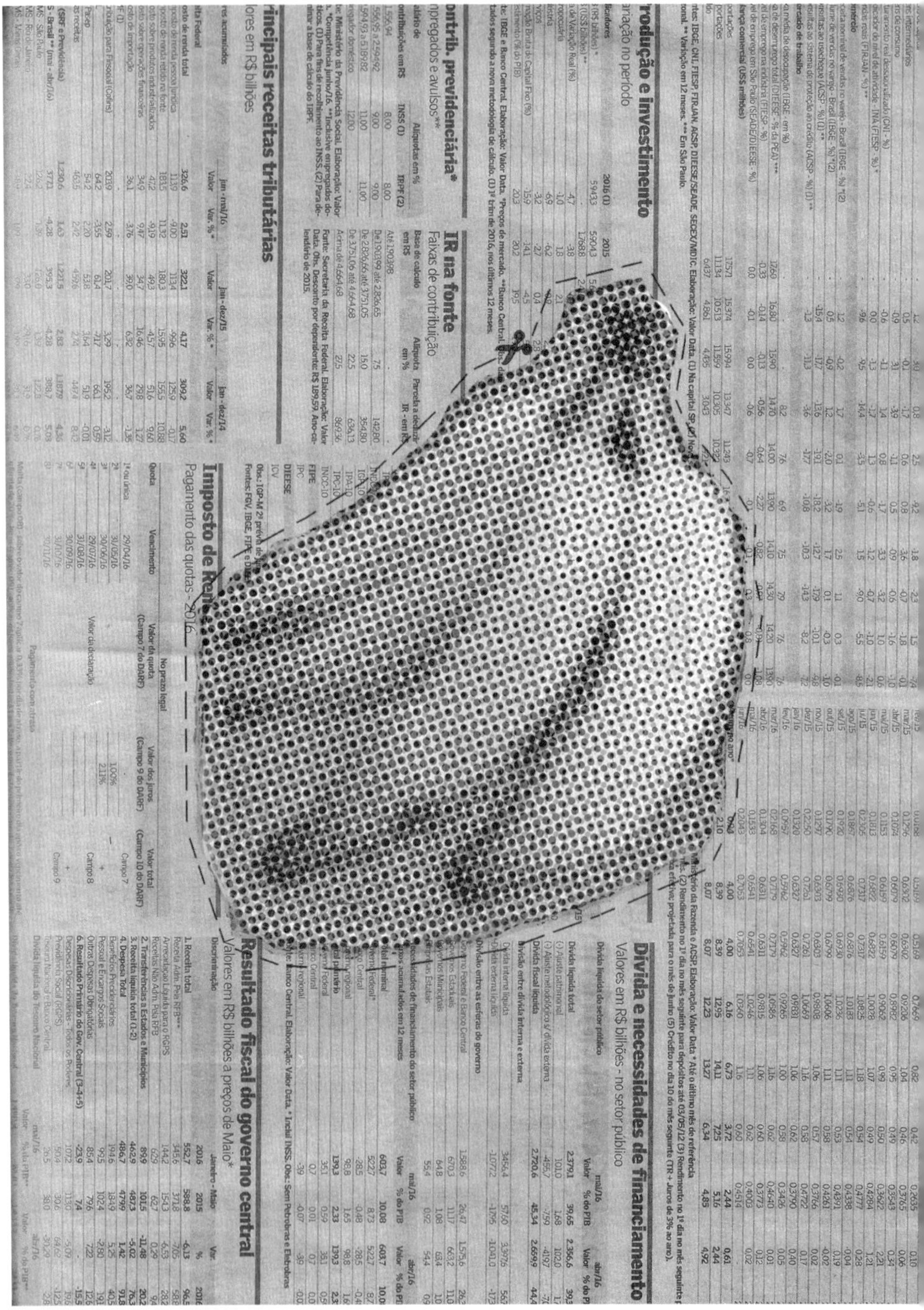
Dívida e necessidades de financiamento
Resultado fiscal do governo central
IR na fonte

O EXERCÍCIO DO *SOFT POWER* BRASILEIRO

A diplomacia do futuro e a alcunha do passado: o mito do soft power *brasileiro*

Hayle Gadelha

Na sua origem, o fazer diplomático era prática essencialmente entre Estados, protagonistas, por natureza, do chamado sistema internacional. Restrita a um punhado de soberanos e suas cortes, a diplomacia visava basicamente assegurar a sobrevivência dos países e a acumulação de excedentes de poder, por meio de pactos e acordos isentos de escrutínio.[1] No presente, a profusão de fluxos alheios às fronteiras nacionais, característica do meio técnico-científico-informacional e das relações sociais organizadas em rede, transformou substancialmente o papel e as oportunidades da atividade diplomática. As três funções clássicas do diplomata - negociar, representar e informar - estão sendo ampla e constantemente ressignificadas em um mundo no qual as próprias noções fundamentais de espaço e tempo ganham novas acepções. A instantaneidade e a simultaneidade da comunicação entre atores sociais de toda ordem - organizações internacionais, mídia, academia, empresas, ONGs, parlamentos, *think tanks* e outras redes de interesse compartilhado - erodem a hegemonia dos ministérios de Assuntos Estrangeiros sobre as relações exteriores, o que limita a ação diplomática tradicional e revela um sem-número de possibilidades para uma concepção atualizada da diplomacia.

Este capítulo pretende provocar algumas reflexões sobre as noções de *soft power*, diplomacia pública e marca nacional, aspectos ainda pouco explorados pela maioria das chancelarias, buscando discutir o seu papel nas relações internacionais contemporâneas e os benefícios que o Brasil poderá inferir de sua utilização planejada. Existe certo senso comum entre os brasileiros, inclusive entre os agentes de política externa, de que o país goza de abundantes reservas de *soft power*, conceituado por Joseph Nye como a capacidade de influenciar terceiros de forma a obter resultados desejáveis por meio de definição de agendas, persuasão e atração positiva.[2] Em texto pioneiro e fundador, já em 1998, o embaixador Gelson Fonseca Jr. afirmava que "para a diplomacia brasileira, a capacidade de persuasão é o principal recurso de projeção internacional".[3] Conquanto se trate de ativo de difícil mensuração, pois subjetivo, efêmero e difuso, as recentes tentativas de quantificar o *soft power* desafiam a ideia de uma potência branda que se faz do Brasil. Os índices "The Soft Power 30"[4] e "Monocle Soft Power"[5] de 2016 classificam o país, respectivamente, como o 24º e 22º maior detentor de *soft power*, posição esta que coincide com a atribuída pela Global Fire Power ao poderio militar do país.[6] Em ambas as categorias de poder, os excedentes do Brasil figuram muito aquém do tamanho de sua economia (8ª), população (5ª) e território nacional (5º).

Assim como as tradicionais modalidades de poder militar e econômico, o *soft power* constitui recurso que, quando empregado adequadamente, pode reverter-se em influência e gerar resultados positivos no contexto da estratégia e dos interesses nacionais. Sua eficácia, portanto, depende primeiro da compreensão de sua dimensão e de seus possíveis usos. É preciso ter claro que se o *soft power* foi teorizado por Nye somente em 1990, sua existência é inerente às próprias relações internacionais e, à diferença do poder militar, sua gestão não é de monopólio do Estado. Longe disso, a miríade de símbolos e subjetividades emanadas pelos mais diversos atores, no passado e no presente, conforma percepções ingovernáveis sobre uma nação, atendendo antes a uma lógica rizomática e orgânica. Por conseguinte, é mais forçoso do que nunca, em uma sociedade de relações reticulares na qual espaço e tempo se condensam, o engajamento dos governos com o público global, de modo a participar ativamente na construção de imagem favorável de seu país. Essa atitude, naturalmente, só faz sentido se pautada por propósito claro e prioridades definidas. Além de fortalecer sua política exterior, cultura e valores políticos, é imprescindível que os Estados sejam capazes de comunicar e promover esses recursos, por meio de efetiva diplomacia pública, convertendo seu potencial de *soft power* em influência real.

A diplomacia pública é entendida como o conjunto das práticas governamentais que buscam otimizar a dimensão de *soft power* na estratégia de formação de uma marca nacional,[7] refletindo a midiatização das políticas de Estado.[8] Ao engajar as populações estrangeiras com sua cultura e valores, os governos contribuem para a consolidação de uma marca-país, que afeta decisões tão variadas quanto a compra de um produto de certa origem ou o tratamento dispensado a um cidadão de determinada nacionalidade no exterior. Se bem que seja verdade que a marca nacional impacta de forma considerável fluxos de comércio, investimentos, turistas e estudantes, é não menos imperioso seu peso na definição de normas internacionais, na formação de coalizões e na construção de narrativas e conjuntos de valores. Lamentavelmente, como denunciado pelo próprio Simon Anholt, que em 1996 cunhou o termo *nation branding*, grande parte da literatura sobre o tema toma de empréstimo jargões publicitários e trata de maneira simplista e meramente comercial assunto da maior densidade política.[9] Nos dias que (cada vez mais) correm, contudo, são profusos e imbricados os emissores de mensagens que podem afetar a marca e a identidade competitiva de um país.

A instantaneidade com que os eventos atingem todos os cantos do planeta exige da diplomacia dos tempos de aldeia global uma velocidade estranha aos tempos históricos de Braudel, tão caros aos tratadistas internacionais. Como vaticinaram McLuhan e Fiore há meio século, as audiências de massa tornaram-se forças participativas, mas a política ainda tende a oferecer "respostas de ontem para questões de hoje".[10] Uma mensagem eletrônica não respondida por uma embaixada pode gerar milhares de reclamações em minutos, assim como um protesto levado a cabo por meia dúzia de manifestantes irá percorrer as redes em instantes. Uma reação demorada a uma crítica ou consulta pode ter efeitos tão adversos quanto uma resposta inadequada, de modo que não só todos os agentes diplomáticos devem estar preparados para a comunicação em tempo real como as chancelarias devem ter diretrizes que os encorajem e orientem a fazê-lo. O Foreign Office britânico (FCO), a título de exemplo, recomenda que seu corpo diplomático tenha perfis em mídias sociais e use as novas tecnologias digitais de uma maneira "autêntica, atraente e sistemática".[11] Segundo o estudo "Twiplomacy," mais de 5 mil embaixadas e embaixadores têm hoje contas ativas de Twitter;[12] só o FCO computa 105 chefes de missões com perfis pessoais.

De acordo com o ex-primeiro-ministro David Cameron, o Reino Unido é a superpotência do *smart power*,[13] outro termo cunhado por Nye, que se refere ao equilíbrio indispensável entre as modalidades tradicionais de poder coercitivo e os recursos de sedução do chamado poder brando.[14] Com efeito, o Reino Unido figurou em 3º e 2º lugar, respectivamente, nos índices de *soft power* publicados pela revista *Monocle* e pela consultoria Portland; e em 5º, no índice de poder militar da Global Fire Power. Resta saber o quão deletéria será sobre o poder brando do país a inesperada decisão de separar-se do bloco europeu, cujo caráter fragmentário deverá acarretar perda substancial de influência internacional e de posições em rankings futuros. Conforme expõe o "Future FCO Review" de 2016, anterior ao referendo isolacionista, as premissas conceituais que embasam os cálculos de política externa britânica são o crescente enfraquecimento dos Estados e a revolução digital; e suas prioridades são fortalecer a segurança, a prosperidade e a influência do Reino Unido. O relatório preconiza que todas as embaixadas britânicas contem com estratégia própria de *soft power* como parte integrante dos planos de trabalho para cada país. Com diagnóstico e definição de prioridades e métodos, o Reino Unido tem sido capaz de levar adiante admirável expansão de sua influência, muito além do tamanho de sua economia (9ª se medida por paridade do poder de compra ou 5ª em termos reais), território (80º) ou população (21ª). O esforço britânico de diplomacia pública é abrangente e consistente, apoiado pela BBC, emissora com maior alcance do mundo; pelo British Council, agência de promoção de relações culturais e acadêmicas com presença em mais de cem países; e por várias outras instituições bem equipadas e financiadas. A marca do Reino Unido vem sendo redesenhada, desde 2011, pela campanha "Great Britain", um caso de tremendo sucesso que dissemina poderosa e sedutora narrativa acerca do país, notadamente focada em resultados econômicos e atração de turistas. Depois de investir, entre 2012 e 2015, cerca de £113 milhões para apresentar o Reino Unido como um *great place* para se visitar, estudar e fazer negócios, o governo confirmou que a campanha gerou £1,8 bilhão de retornos econômicos. Em seguida, anunciou que os recursos destinados à iniciativa serão elevados a £60 milhões anuais. Não à toa, o ex-chanceler do erário George Osborne, famoso por seu afã fiscalista, declarou que "um dos melhores investimentos que podemos fazer como nação é apoiar nossas extraordinárias indústrias criativas".[15]

No caso do Brasil, tanto as premissas e a compreensão da realidade circundante quanto os ativos de poder e os objetivos prioritários diferem sobremodo do modelo britânico. O consenso social brasileiro aponta, historicamente, para um estado forte; e, em meio a ajustes e suaves inflexões, os objetivos mais permanentes de política externa são o desenvolvimento econômico e a paz regional. Apesar de dispor de notável e abrangente rede de postos diplomáticos, o governo brasileiro não se vale de estratégias definidas para incrementar seu *soft power*. Tampouco exercita diplomacia pública consistente que permita converter esse poder em influência internacional, com vistas a apoiar a persecução de seus objetivos de política exterior. O estabelecimento de robusto plano de ação com o intuito de aumentar seu poder brando e prestígio global deverá envolver necessariamente o nível doméstico, não só porque pressupõe uma decisão política de toda a sociedade, mas também porque o *soft power* e a atração exercida por um país advêm mormente de condições internas. À guisa de ilustração, as instituições de governo nórdicas, a indústria cultural norte-americana, o ambiente de negócios de Cingapura, o sistema de ensino britânico, a engenharia alemã ou a diplomacia pessoal de Obama e Trudeau são recursos de poder brando que inspiram admiração e respeito de sociedades estrangeiras e que, por meio de comunicação apropriada, redundam em condão de influenciar o sistema internacional e moldar suas normas e valores. Ao engajar-se em negociações globais e expandir sua participação diplomática em agendas como a ambiental e de desenvolvimento, a política externa brasileira vem prestando valiosa contribuição para o aumento do *soft power* nacional. O maior desafio da chancelaria brasileira, entretanto, será o desenvolvimento de eficiente diplomacia pública, que mitigue percepções negativas e enfatize impressões positivas associadas à marca-Brasil, com efeito multiplicador sobre o estoque de poder e a capacidade de influir do país.

No bem-sucedido exemplo do Reino Unido, observam-se iniciativas de monta que, se adaptadas às idiossincrasias e interesses brasileiros, podem resultar em vultosos ganhos de *soft power* para o Brasil. Reitere-se, em primeiro lugar, que diferentes setores do governo e da sociedade organizada devem em conjunto inventariar os recursos atuais de poder brando do país, a fim de deliberar o grau de influência e os investimentos para obtê-la que o país está disposto a assumir. A criação de uma organização de fomento da cultura, educação e valores brasileiros no exterior, nos moldes do British Council - fundado em 1934 sob auspícios da chancelaria britânica -, evitará superposição de esforços e fricções entre agências dispersas. Com sua excepcional capilaridade em 227 postos diplomáticos, o Itamaraty poderá perfeitamente abrigar estrutura especializada e equipada para promover a imagem brasileira mundo afora. Igualmente, faz-se necessário o desenvolvimento de ampla campanha de comunicação que logre capturar o sentido de pertencimento e as tradições e valores associados à comunidade imaginada como Brasil e, em consonância com o *zeitgeist* de uma sociedade informacional e reticular, difundir a contribuição brasileira para o mundo no campo simbólico. A depreender-se da experiência britânica, trata-se de investimento de rápido e vantajoso retorno financeiro com incomensuráveis ganhos de poder no sistema internacional.

Embora, como apontado, o real *soft power* brasileiro seja discrepante da autoimagem de uma nação que "*punches above its weight*", o Brasil ainda é, segundo o ranking "The Soft Power 30", o país mais bem classificado entre os latino-americanos e entre os Brics. Nas dez posições que o sucedem, encontram-se Rússia, China, Argentina, México e Índia. Ao contrário do que se observa na maioria destes, porém, o poder brando do Brasil está em queda, atribuída aos recentes escândalos de corrupção, à crise política e a questões de desigualdade.[16] A tendência é alarmante, já que a política exterior e seus desdobramentos para a prosperidade e a segurança internas dependem hoje, em larga medida, da capacidade de um país urdir e alavancar seu *soft power*. Dessa maneira, em que pesem limitações da diplomacia na geração desse recurso, é premente o desenvolvimento, pelo Itamaraty, de estratégia de engajamento e comunicação, com o intuito de esclarecer e suavizar noções negativas e reforçar atributos positivos que se associam ao Brasil, maximizando o potencial da marca-país e sua capacidade de influir no cenário internacional. Iniciativas dispersas remetem à ativa diplomacia pessoal de Dom Pedro II, às negociações lindeiras de Rio Branco, às contribuições normativas de Rui Barbosa e às exposições artísticas apoiadas por Oswaldo Aranha, como a *Brazil Builds* em Nova York[17] e a Exposição de Pintura Moderna Brasileira na Royal Academy de Londres, em plena Segunda Guerra Mundial.[18] Do mesmo modo, a arquitetura modernista, a bossa nova, o futebol e a diplomacia presidencial de Fernando Henrique Cardoso e de Lula incorporaram elementos favoráveis à imagem do Brasil, que correspondem a valores como diversidade, tolerância, solidariedade, criatividade e certo hedonismo. A esse imaginário, porém, contrapõem-se associações como violência, burocracia, desigualdade, racismo e misoginia. Eventuais organização e campanha de comunicação que venham a ser criadas para sistematizar o necessário esforço de promoção da imagem brasileira no exterior deverão conduzir profunda pesquisa sobre a percepção do Brasil e como ela influencia diferentes aspectos das relações internacionais do país.

As embaixadas brasileiras precisarão planejar e priorizar, em sua ação diplomática e estrutura organizacional, o engajamento com as audiências locais. Além de atividades culturais, trocas acadêmicas e relações públicas, é fundamental que se desenvolvam ações em sintonia com as emergentes características da era da informação. O conhecimento e a utilização das redes e a comunicação instantânea e digital devem orientar a diplomacia, que idealmente se beneficiará também da importante diáspora e do uso de "embaixadores" informais da marca-Brasil. Faz-se mister, ainda, estar atento e posicionar-se sobre eventos que afetam o cotidiano das pessoas, gerando empatia em situações de valores comungados. É finalmente incontornável compreender que o caráter aberto e multidirecional das redes informacionais não permitirá versões governamentais impostas ou assimiladas acriticamente, como outrora foram. Em um mundo no qual cada indivíduo tem real possibilidade de influenciar a opinião pública, a melhor propaganda não se parece propaganda, de acordo com o idealizador dos conceitos de *soft* e *smart power*.[19] Como demonstra o êxito da BBC, a conquista de uma reputação baseada em valores desejáveis e respeitados passa pela desafiadora construção de credibilidade por meio de engajamento independente e imparcial.

A partir do exame das condicionantes e oportunidades que a era informacional agrega às relações internacionais e considerando sua própria realidade e aspirações, o Brasil poderá, à feição do que logrou o governo britânico até o presente, projetar influência além de suas imensas dimensões naturais e exercer seu poder da forma descrita por Barack Obama como a "capacidade de obter o que se deseja sem ter de empregar violência".[20] O autor destas linhas não se esquece do campeonato de futebol entre embaixadas de que participou em Pequim, no qual as pequenas missões africanas se uniram em um único time continental que vestia a camisa da seleção canarinho. Ou do especial carinho recebido dos moradores de Monte Castello, onde os pracinhas legaram um extraordinário significado de humanidade e afeto à palavra *brasiliano*.[21] A história, a cultura e a singular capacidade de articular consensos do Brasil, na sua rara condição de país emergente e industrializado que convive harmonicamente com 10 vizinhos, são de uma riqueza única e podem contribuir de maneira excepcional para a construção de um mundo mais pacífico, generoso e equilibrado. A superação de antigos passivos sociais e econômicos aliada a intenso e planejado trabalho de comunicação elevarão o Brasil a lugar condizente com sua grandeza no sistema internacional. Uma diplomacia moderna, flexível, adaptada e integrada à sociedade de redes da era informacional conferirá ao país o *soft power* necessário para participar ativamente da conformação de um mundo melhor - mais feliz, justo e livre. E poderá deixar no passado a simpática e persistente alcunha, lançada pelo olhar estrangeiro, de país do futuro.

NOTAS

1 A primeira acepção de "diplomacia" no *Dicionário Houaiss* é "ciência, arte e prática das relações internacionais entre Estados".
2 Joseph Nye, "Soft Power", *Foreign Policy*, 1990, pp. 153-71.
3 Gelson Fonseca Jr., Alguns aspectos da política externa brasileira, em *A legitimidade e outras questões internacionais*, Rio de Janeiro, Paz e Terra, 1998.
4 Jonathan McClory, *Soft Power 30*, London, Portland Communication, 2015.
5 Monocle, *Soft Power 2015/6*, disponível em: <https://monocle.com/film/affairs/soft-power-survey-2015-16/>, acesso em: 11 jan. 2017.
6 Forbes Brasil, "50 países com maior poder militar no mundo hoje", disponível em: <http://www.forbes.com.br/listas/2015/11/50-paises-com-maior-poder-militar-no-mundo-hoje/>, acesso em: 11 jan. 2017.
7 Keith Dinnie, *Nation Branding*, New York, Routledge, 2016.
8 Craig Hayden, *Public Diplomacy, Nation Branding and Soft Power*, em Dinnie Keith, *Nation Branding*, New York, Routledge, 2016, p. 255.
9 Simon Anholt, *Competitive Identity: the New Brand Management for Nations, Cities and Regions*, New York, Palgrave Macmillan, 2007.
10 Quentin Fiori e Marshall McLuhan, *The Medium is the Massage*, Watford, Penguin, 1967.
11 Foreign & Commonwealth Office, Future FCO, London, FCO, 2016.
12 Matthias Lufkens, *Twiplomacy Study 2016*, Twiplomacy, disponível em:: <http://twiplomacy.com/blog/twiplomacy-study-2016/>.
13 House of Lords, *House of Lords – Persuasion and Power in the Modern World* - HL 150, London, The Stationaery Office, 2014.
14 Joseph Nye, *Soft Power: The Means to Success in World Politics*, New York, Public Affairs, 2004.
15 Department for Culture, Media & Sport, *The Culture White Paper*, London, Williams Lea Group, 2016.
16 Em 2016, o Brasil perdeu uma posição em relação a que ocupava em 2015 (23ª).
17 Philip L. Goodwin, *Brazil Builds: Architecture New and Old 1652-1942*, New York, Museum of Modern Art, 1943.
18 O Estado de S. Paulo, "Londres pode rever mostra de arte do Brasil realizada em 1944". Disponível em: <http://cultura.estadao.com.br/noticias/artes,londres-pode-rever-mostra-de-arte-do-brasil-realizada-em-1944,1684166>.
19 Jonathan McClory, *Soft Power 30*, London, Portland Communication, 2015.
20 Jeffrey Goldberg, *The Obama Doctrine*, The Atlantic, 2016, v. 4/16.
21 Brazil Institute, 2016, disponível em:: <http://www.brazilinstitute.org/hayle>, acesso em: 20 jun. 2016.

REFERÊNCIAS

ANHOLT, Simon. *Competitive Identity:* the New Brand Management for Nations, Cities and Regions. New York: Palgrave Macmillan, 2007.

BRAZIL INSTITUTE. 2016. Disponível em: <http://www.brazilinstitute.org/hayle>. Acesso em: 20 jun. 2016.

CIA. *The World Factbook*. Disponível em: <https://www.cia.gov/library/publications/the-world-factbook/rankorder/2147rank.html>. Acesso em: 20 jun. 2016.

DAILY TELEGRAPH. "The World's Most Powerful Economies". 11 fev. 2016. Disponível em: <http://www.telegraph.co.uk/business/2016/02/11/the-worlds-most-powerful-economies/brazil/>. Acesso em: 20 jun. 2016.

DEPARTMENT FOR CULTURE, MEDIA & SPORT. The Culture White Paper. London: Williams Lea Group, 2016.

DINNIE, Keith. *Nation Branding*. New York: Routledge, 2016.

FIORE, Quentin; MCLUHAN, Marshall. *The Medium is the Massage*. Watford: Penguin, 1967.

Fonseca Jr., Gelson. Alguns aspectos da política externa brasileira. In: *A legitimidade e outras questões internacionais*. Rio de Janeiro: Paz e Terra, 1998.

Forbes Brasil. "50 países com maior poder militar no mundo hoje", 2015. Disponível em: <http://www.forbes.com.br/listas/2015/11/50-paises-com-maior-poder-militar-no-mundo-hoje/>. Acesso em: 20 jun. 2016.

Foreign & Commonwealth Office. Future FCO. London: FCO, 2016.

Goldberg, Jeffrey. "The Obama Doctrine". *The Atlantic*, 2016, v. 4/16.

Goodwin, Philip L. *Brazil Builds*: Architecture New and Old 1652-1942. New York: The Museum of Modern Art, 1943.

Hayden, Craig. Public Diplomacy, Nation Branding and Soft Power. In: Keith, Dinnie. *Nation Branding*. New York: Routledge, 2016.

House of Lords. *House of Lords: Persuasion and Power in the Modern World* - HL 150. London: The Stationaery Office, 2014.

Lufkens, Matthias. *Twiplomacy Study 2016*. Twiplomacy, 30 maio 2016. Disponível em: <http://twiplomacy.com/blog/twiplomacy-study-2016/>. Acesso em: 3 jul. 2016.

McClory, Jonathan. *Soft Power 30*. London: Portland Communication, 2015.

Monocle. *Soft Power 2015/6*. Monocle. 2016. Disponível em: <https://monocle.com/film/affairs/soft-power-survey-2015-16/>. Acesso em: 20 jun. 2016.

Nye, Joseph. "Soft Power". *Foreign Policy*, 1990, pp. 153-71.

______. *Soft Power*: The Means to Success in World Politics. New York: Public Affairs, 2004.

O Estado de S. Paulo. "Londres pode rever mostra de arte do Brasil realizada em 1944". 10 maio 2015. Disponível em: <http://cultura.estadao.com.br/noticias/artes,londres-pode-rever-mostra-de-arte-do-brasil-realizada-em-1944,1684166>. Acesso em: 20 jun. 2016.

WorldOmeters. *Population by Country*. Disponível em: <http://www.worldometers.info/world-population/population-by-country/>. Acesso em: 20 jun. 2016.

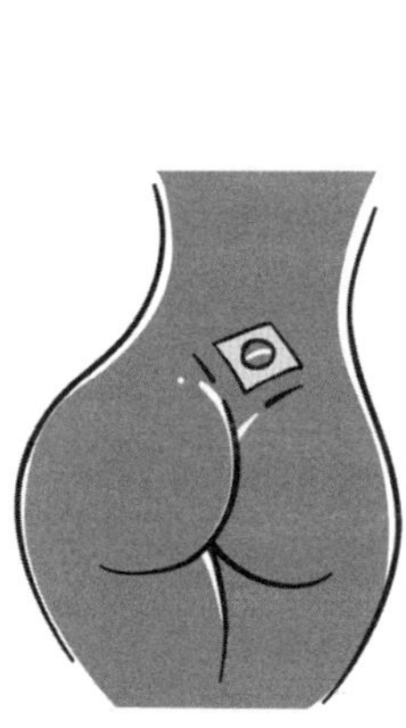

3ª quadrissemana jun/16 = 0,42%
Data. *Acumulado até o último mês indicado.
Necessidades de financiamento do setor público
Fonte: Banco Central. Elaboração: Valor Data. * Inclui INSS. Obs.: Sem Petrobras e Eletrobras
Resultado fiscal do governo central
Valores em R$ bilhões a preços de Maio*
BILHÕES
Discriminação
Janeiro - Maio
Var.
1. Receita total
Receita Adm. Pela RFB***
Arrecadação Líquida para o RGPS
Receitas Não Adm. Pela RFB
2. Transferências a Estados e Municípios
3. Receita líquida total (1-2)
4. Despesa Total
Benefícios Precidenciários
Pessoal e Encargos Sociais
Outras Despesas Obrigatórias
6. Resultado Primário do Gov. Central (3-4+5)
Despesas Discricionárias - Todos os Poderes
Previdência Social (RGPS)
Tesouro Nacional e Banco Central
Dívida líquida do Tesouro Nacional
soa Física
No prazo legal
Valor dos juros (Campo 9 do DARF)
Valor total (Campo 10 do DARF)
Campo 7
Campo 8
Campo 9

PARTE II

BRASIL E ÁFRICA

O recuo do Brasil na África: o desmantelamento da ofensiva de soft power *do governo Lula*

Patrícia Campos Mello

O provável fechamento das embaixadas do Brasil em Serra Leoa e na Libéria, planejado pelo chanceler José Serra, é o último capítulo do melancólico declínio da política brasileira de aproximação com a África, iniciada em 2003.

Em meio ao aperto orçamentário e à guinada na política externa em curso em 2016, o novo governo estuda o fechamento de duas a cinco embaixadas na África - Freetown e Monróvia estavam na lista.

Em seu discurso inaugural, dia 18 de maio de 2016, Serra deixou claro que a estratégia Sul-Sul de integração com países em desenvolvimento, notadamente com os africanos, estava mudando.

> Estaremos empenhados igualmente em atualizar o intercâmbio com a África, o grande vizinho do outro lado do Atlântico.
>
> Não pode esta relação restringir-se a laços fraternos do passado e às correspondências culturais, mas, sobretudo, forjar parcerias concretas no presente e para o futuro.

> Ao contrário do que se procurou difundir entre nós, a África moderna não pede compaixão, mas espera um efetivo intercâmbio econômico, tecnológico e de investimentos. Essa é a estratégia Sul-Sul correta, não a que chegou a ser praticada com finalidades publicitárias, escassos benefícios econômicos e grandes investimentos diplomáticos.

Nesta que foi uma das diretrizes anunciadas por Serra, ele critica a base da política de aproximação com a África, marca do governo do ex-presidente Luiz Inácio Lula da Silva, que abriu 17 embaixadas no continente.

Ao dizer "essa é a estratégia Sul-Sul correta, não a que chegou a ser praticada com finalidades publicitárias, escassos benefícios econômicos e grandes investimentos diplomáticos", aponta para a discussão sobre fechamento de embaixadas em países africanos e do Caribe que foram abertas nos governos petistas. E, ao dizer a "África moderna não pede compaixão", remete ao perdão da dívida de países africanos durante o governo Dilma.

Em 2013, o governo brasileiro renegociou quase US$ 800 milhões em dívidas de vários países africanos – Senegal, Sudão, República Democrática do Congo, Zâmbia, Tanzânia, Congo, São Tomé e Príncipe, Costa do Marfim. Segundo o governo brasileiro, era essencial impedir que o peso da dívida se transformasse em impedimento do crescimento econômico e da superação da pobreza.

O perdão foi criticado pela oposição, tachado de agrado a ditadores, já que países como Sudão e Gabão estavam entre os beneficiados. Mas a medida tinha um aspecto pragmático, já que permitiu a abertura de novos créditos do Banco Nacional de Desenvolvimento Econômico e Social (BNDES) para esses países. No entanto, isso se tornou irrelevante, uma vez que os créditos do BNDES nos últimos dois anos secaram para todo mundo, mais ainda para empreiteiras envolvidas na Operação Lava Jato, muitas das quais obtinham boa parte de suas receitas exportando serviços para países africanos e latino-americanos.

A notícia de que o novo governo deve fechar postos em países africanos e caribenhos preocupou parte da diplomacia. A percepção de alguns diplomatas é que o fechamento causaria "perdas políticas relevantes de curto e longo prazos para a atuação externa do país".

Com o discurso de Serra e a nova orientação anunciada pelo Itamaraty, muitos observadores decretaram a morte da política brasileira para a África, e a volta para a subserviência brasileira em relação aos vizinhos do Norte. Mas o fato é que a política para a África já vinha definhando desde o governo Dilma Rousseff (2011-2016). Serra apenas pôs a lápide no túmulo que já estava pronto. Isso é possível concluir ao analisarmos o empenho presidencial no relacionamento e os resultados econômicos.

Inaugurada com estardalhaço no governo Luiz Inácio Lula da Silva (2003-2010), a política de aproximação com o continente africano tinha como objetivo resgatar a dívida histórica que o Brasil tinha com a África. Discursou Lula em sua primeira viagem ao continente, em 2010:

> Eu digo sempre que nós não temos como pagar, nós não temos como mensurar em dinheiro a dívida histórica que o Brasil tem com o continente africano. Não tem, não existe [...] porque nós somos devedores do nosso jeito de ser, nós somos devedores da nossa cultura, nós somos devedores da nossa arte, nós somos devedores da nossa cor, da miscigenação do povo brasileiro.

O país montou uma ampla rede de cooperação técnica e estabeleceu inúmeros projetos de transferência de tecnologia para os africanos. Houve a instalação de um escritório da Empresa Brasileira de Pesquisa Agropecuária (Embrapa) em Gana; a fábrica de antirretrovirais em Moçambique; uma fazenda-modelo para a produção de algodão no Mali. A Agência Brasileira de Cooperação (ABC/MRE) coordenou mais de 200 projetos em Angola, Argélia, Benin, Cabo Verde, Guiné-Bissau, Mali, Moçambique, São Tomé e Príncipe, Senegal e Tanzânia. O "Cotton-4" promovia cooperação técnica brasileira no cultivo de algodão na África, com participação da Embrapa e uso de recursos provenientes do contencioso do algodão entre o Brasil e os Estados Unidos na Organização Mundial do Comércio (OMC).

Como descrevem diplomatas envolvidos, "as iniciativas brasileiras eram norteadas pelos princípios da cooperação Sul-Sul: respeito à soberania, não intervenção em assuntos internos, desprovida e desvinculada de interesses econômicos e comerciais e isenta de condicionalidades políticas".

Mas a política de aproximação com a África não era embasada simplesmente em "compaixão", como afirmou Serra. Havia um pragmatismo notável. A África é o continente de crescimento mais acelerado do mundo. Durante o governo Lula, o intercâmbio comercial com o continente teve crescimento extraordinário. Entre 2003 e 2010, a corrente de comércio (importações mais exportações) com os países africanos saltou de US$ 5,038 bilhões para US$ 20,558 bilhões, aumento de 408%. Foi um crescimento maior do que o avanço da corrente de comércio total do Brasil no mesmo período, que saiu de US$ 31,556 bilhões para US$ 106,619 bilhões (alta de 337%).

A exportação de serviços, como os projetos de empreiteiras brasileiras, teve avanço ainda mais impressionante (ainda que seja necessário pesar os vazamentos e perdas, uma vez que há indicações de que essas exportações de serviços foram veículo de corrupção). Os empréstimos do BNDES para Angola, África do Sul e Guiné Equatorial totalizaram US$ 11,724 milhões de 1998 a 2002 e chegaram a US$ 1,656 bilhão no governo Lula, de 2003 a 2010.

Lula usou a diplomacia presidencial para abrir mercados para empresas brasileiras na África e América Latina. Odebrecht, Andrade Gutierrez, OAS, Queiroz Galvão e Camargo Corrêa começaram a tirar uma parcela cada vez maior de seu faturamento de obras feitas em países como Venezuela, Peru, Angola e Moçambique. Além disso, a estratégia de foco na África de Lula e do ministro Celso Amorim servia também à ambição do Brasil por maior protagonismo global. O Brasil reivindicava assento permanente em um Conselho de Segurança da ONU expandido. A África representa 54 votos. O governo credita duas conquistas - as eleições de Roberto Azevêdo para a chefia da Organização Mundial do Comércio e de José Graziano para a da Organização das Nações Unidas para a Alimentação e a Agricultura (FAO) - à ofensiva africana.

As viagens presidenciais são um bom indicador do interesse dedicado a cada tema ou região do mundo. No caso de Dilma, foram reflexo fiel de sua falta de interesse por política externa e, em especial, por temas africanos. Lula, em oito anos de governo, fez oito viagens à África e visitou 25 países do continente. Em seus cinco anos e três meses de mandato, Dilma fez apenas duas viagens à África, visitando quatro países.

Em discurso em 2010, Lula chegou a dizer a Pedro Pires, presidente de Cabo Verde: "A verdade, presidente Pedro Pires, é que o Brasil não apenas pela vontade do presidente Lula ou do ministro Celso Amorim ou de outros ministros, o Brasil tomou uma decisão política de se reencontrar com o continente africano." Ficou claro que não, não era o caso, e que a vontade política de se reencontrar com a África começou a esmorecer já no primeiro mandato da sucessora de Lula.

Eu tive experiência *first hand* com o declínio desta política. Em agosto de 2014 estive em Serra Leoa por dez dias. O país vivia uma das piores fases da epidemia de ebola. O Brasil é um dos poucos países que têm embaixada em Freetown, capital de Serra Leoa. O embaixador brasileiro em Serra Leoa, Jorge Alcazar, estava tentando há um bom tempo conseguir que o Brasil doasse kits de saúde para o país e fizesse outras contribuições. Até outubro de 2014, o Brasil tinha feito colaborações pífias, de R$ 1 milhão e cinco kits de saúde. A Venezuela havia doado US$ 5 milhões e a Suíça, US$ 7 milhões. Estados Unidos e Reino Unido fizeram doações na casa das centenas de milhares de dólares.

Foi só depois de inúmeras reportagens em jornais criticando a falta de ação brasileira que o governo finalmente fez uma doação mais substancial para OMS e conseguiu embarcar suas doações de alimentos. O Itamaraty anunciou a doação de R$ 25 milhões. Mas apesar de o Brasil ter acordado para a magnitude da emergência e necessidade de colaboração, o país poderia ter feito muito mais. O Brasil é referência em combate a doenças infecciosas e poderia ter enviado infectologistas para ajudar os países africanos, como fez Cuba. "O Brasil é um dos países com mais embaixadas na África e grande política de aproximação com o continente, este é um momento importantíssimo para ajudar esses países", disse na época Susana de Deus, diretora geral da ONG Médicos sem Fronteiras no Brasil. "O Brasil poderia mostrar sua solidariedade de forma mais substancial, à altura do país."

O Itamaraty sofreu com sucessivos cortes e contingenciamento de gastos nos últimos anos. A participação do orçamento do Itamaraty no total do Executivo, que já era pequena, em 2015 caiu para quase um quarto do que era em 2003 – de 0,5% para 0,13%. A situação ganhou contornos alarmantes. Em janeiro do ano passado, vieram à tona vários telegramas de embaixadas e consulados brasileiros ao redor do mundo. Os postos reclamavam que, por causa do corte de orçamento, não tinham dinheiro para pagar contas de luz, internet, segurança etc. Na embaixada do Benin, em Cotonou, a situação era especialmente crítica. Sem receber nenhum recurso do governo brasileiro há 50 dias, a embaixada do Brasil em Benin estava com apenas US$ 83 (R$ 215) em caixa e chegou a ter o fornecimento de energia cortado. Na residência, o diplomata responsável recorreu a velas e lanternas, porque faltava dinheiro para comprar combustível do gerador. Às vezes tomava banho de caneca, pois a bomba d'água quebrou e não há recursos para o conserto. Ele teve de pagar a conta de telefone e luz, que estavam atrasadas, do próprio bolso. Até hoje, em 2016, o Itamaraty continua atrasando o dinheiro do aluguel de vários diplomatas e embaixadas. Sem mencionar os milhões de dólares devidos a instituições multilaterais como a ONU e a OEA.

Com a falta de recursos e de interesse, a ofensiva comercial e diplomática do Brasil na África começou a desmontar no governo Dilma. Entre 2012 e o ano passado, o orçamento dos programas de cooperação do governo brasileiro na África caiu 25%, e vários projetos estão parados. A FGV tinha sessenta projetos na África há três anos e agora tem dois.

A Vale encerrou atividades de exploração mineral em três países africanos e vendeu parte das operações em Moçambique à Mitsui, no fim de 2014. A Petrobras devolveu cinco blocos de exploração em 2014 e 2013. O ProSavana, um dos projetos mais emblemáticos, está em marcha lenta. A parceria de Japão, Brasil e Moçambique visa desenvolver a agricultura da região do corredor de Nacala (norte moçambicano), de com características similares às do cerrado brasileiro. Para isso, a Embrapa montaria um laboratório de solos e o Japão, outro. O laboratório dos japoneses está pronto. Já o de Lichinga, que teria seu custo de US$ 1,5 milhão financiado pelo Brasil por meio da Agência Brasileira de Cooperação (ABC), está parado por falta de recursos.

Em 2015, em conversa que tive com Carlos Lopes, secretário executivo da Comissão Econômica da ONU para a África (Uneca), ele indicou que o recuo do Brasil na África já produzia consequências. Segundo ele, o país vinha perdendo espaço no continente africano para outros competidores.

> Um país como a Turquia, que começou atrás do Brasil em 2003 em investimentos na África, agora já ultrapassou o Brasil em tudo. Em 2003, quando começou a política do presidente Lula para a África, a Turkish Airlines fazia quatro voos diretos para a África e as companhias aéreas brasileiras faziam zero. Hoje em dia, as companhias brasileiras continuam com zero e a Turkish faz 44 voos diretos.

O chanceler Celso Amorim, grande idealizador da aproximação com a África, disse-me em entrevista que fechar embaixadas

> [...] seria um retrocesso impraticável para um país como o Brasil. [...] Os postos no exterior são essenciais, têm efeito multiplicador. Cresceu muito o volume de negócios do Brasil nos países árabes, na África. A escolha do Brasil para ser sede da Olimpíada, a eleição do Roberto Azevêdo na OMC, José Graziano na FAO. Um pouco de dinheiro isso envolve. Mas dentro do orçamento da União é mínimo.

Diplomatas argumentam que fechar alguns postos menores seria algo cosmético. Uma embaixada pequena na África custa entre US$ 200 mil e US$ 250 mil por ano na área, incluindo pagamento de funcionários locais, aluguéis, carros e custeio do posto. Já uma embaixada como a de Lisboa não custa menos de US$ 4 milhões, sem incluir o pagamento de funcionários locais.

Enfim, não basta ter simplesmente o mínimo para garantir o funcionamento desses postos. Para que serve o Brasil manter uma embaixada em Serra Leoa se não consegue nem dar ajuda humanitária decente ao país durante o pico da epidemia de ebola? Não existe *soft power* sem dinheiro e sem vontade política. O chanceler Serra está apenas enterrando a política de aproximação com a África, que já tinha morrido durante o governo Dilma.

do Comércio (CNC).
"Alardeava-se também que nós iríamos prejudicar os direitos sociais, e está aqui o [ministro do Desenvolvimento Social] Osmar Terra anunciando uma revalorização do Bolsa Família", disse Temer. "Nós temos uma concepção cívica, uma concepção administrativa, de que os programas que deram certo devem continuar, e, por esta razão, é que o Osmar Terra veio aqui para dizer: "Olha aqui, não houve revalorização do Bolsa Família ao longo de"
Inicialmente, constava da agenda oficial apenas o anúncio do repasse de R$ 740 milhões para investimentos na educação básica, o que seria feito por Te-
lor do benefício básico, de R$ 77, sobe para R$ 85. A folha de repasses mensais do programa sofre um incremento de R$ 300 milhões e passa de R$ bilhões para R$ 2,5 bilhões.
Segundo Terra, o ministério fez uma "reprogramação orçamentária para garantir o reajuste".
Terra acusou Dilma de deixar os beneficiários por dois anos sem reajuste. Ele disse que o orçamento da pasta já previa reajustes no pagamento, mas os valores estavam contingenciados. "[O aumento] não mexe no ajuste fiscal e estamos trabalhando"
"Eu vejo as pessoas trabalhando das sete da manhã às duas da manhã, sem folheira, só vou pedir que trabalhem, ao invés de duas, até as três horas da manhã porque é bom para o país", demonstrando
Presidente prepara viagens à China e votação do impeachment
feito em Brasília
o governo de transição, ocorrerá apenas em âmbito ministerial e não com a presença dos presidentes dos países integrantes, conforme previsto originalmente.
Segundo apurou o Valor, o governo brasileiro avalia que o cancelamento das presenças de presidentes do Mercosul nesse encontro não chegará a interferir nas negociações comerciais conduzidas atualmente pelo bloco.
O cancelamento do encontro de cúpula, que reúne os presidentes dos países, decorre de desacordos entre os membros e instabilidades internas de países como Venezuela e o próprio Brasil. Na ocasião, a Venezuela assumiria a presidência temporária
A China
2013, delegação brasileira que foi àquele país para encontros de alto nível, no âmbito da Comissão Sino-Brasileira de Alto Nível de Concertação e Cooperação (Cosban).
versós representantes do governo brasileiro buscassem avanços nas relações bilaterais e em negociações de oportunidades comerciais e financeiras.
Em junho de 2015, também
roteiro de viagem ainda em elaboração, também é considerada pelo Palácio do Planalto no horizonte imediatamente após o afastamento definitivo de Dilma Rousseff do cargo.
A atenção do presidente interino à diplomacia será intensificada já em agosto com a realiza-
BRASIL
MUDA
ENERGIA

A FRONTEIRA ASIÁTICA

Brasil, país Pacífico

Flávio Campestrin Bettarello

O título deste capítulo provavelmente remeterá, em sua leitura inicial, ao conceito de pacifismo[1] que tradicionalmente pauta as relações internacionais do Brasil. Tal primeira impressão certamente é justificada: quer por sua inclusão no rol constitucional de princípios norteadores da ação externa, quer por sua concretização na recorrente conduta dos agentes do Estado, o "pacifismo brasileiro" incorpora-se ao que chamei de "dimensão estática" da tradição diplomática nacional.[2] Justamente devido à perenidade do ideal "paz" em nossa diplomacia, torna-se ele a referência natural ao adjetivo "pacífico". No entanto, o "Pacífico" que emprego no título acima associa-se a outra qualificação que poderia ser buscada por nosso país: a de um ator estratégico, coerente, articulado e eficaz na região da Ásia-Pacífico. Nesta acepção, o adjetivo deveria incorporar-se à "dimensão dinâmica" da política externa brasileira e de seus mecanismos de implementação, ou seja, à vocação da diplomacia brasileira de se "reinventar" sobre alicerces conhecidos.[3]

O "Brasil Pacífico" - enquanto Estado presente e atuante naquela região - pode não soar tão natural quanto o "Brasil pacifista" a que já nos acostumamos. Distância geográfica, barreiras linguísticas, pouquíssima identidade cultural e laços históricos remotos são todos elementos que conspiram para que aceitemos, resignados, que "aquele não é nosso espaço". Neste capítulo buscarei, porém, demonstrar que é imperativo que a Ásia-Pacífico torne-se também o nosso turfe - e com urgência.

Considerando que a natureza brasileira é geográfica e historicamente atlântica, essa projeção para o hemisfério oriental certamente não será automática. É, no entanto, não apenas desejável, mas também possível, graças à dinâmica econômico-social do século XXI - globalizada, integrada, fluida e com mecanismos de transferência instantânea de informação.

Este capítulo será dividido em três seções. As duas primeiras dedicadas a explorar o *porquê* de uma maior penetração na Ásia-Pacífico ser desejável para o Brasil, com breve explanação sobre a percebida "ascensão da Ásia" (principalmente da China) e, na sequência, sobre como os atores-chave do *status quo* têm-se posicionado diante dessa possível nova configuração da ordem mundial. A terceira seção buscará trazer sugestões de *como* tornar possível uma maior projeção brasileira na região, a partir de elementos estruturantes das dinâmicas nacionais de seus países componentes, e de suas interações nos planos regional e inter-regional.

O esforço será, assim, simultaneamente descritivo e prescritivo. Sua motivação é construtiva: estruturar, de modo não exaustivo, algumas propostas, sem prejuízo de iniciativas já perseguidas nesse mesmo sentido. O objetivo é estimular a reflexão e a discussão, e não apresentar fórmulas definitivas e inflexíveis. O capítulo não se pretende extenso, e se configura como artigo introdutório, oxalá abrindo frentes para exercícios posteriores de elaboração.

TIGRES E DRAGÕES

Grande parte da literatura de relações internacionais, hoje, dedica-se a discutir um quase consensual processo de transição de poder, em que o Ocidente perde terreno para o Oriente. Diversos autores têm recorrido à alegoria do "dragão chinês",[4] alguns inclusive tratando de seu antagonismo à "águia norte-americana".[5]

No extremo, há aqueles que não apenas atribuem o protagonismo do século XXI à Ásia,[6] mas também reputam inexorável a ascensão da China como principal potência global, suplantando os Estados Unidos em seu atribuído papel de "governante do mundo".[7] Todas as visões majoritárias, contudo, reconhecem a gravitação de atores asiáticos, outrora marginais, para o centro do sistema. Há, certamente, autores que não veem o "declínio do Ocidente" como inevitável, ou que não percebem uma "dramática transição de poder que mudará nosso mundo para sempre".[8] Outros, ainda, apontam para a possível inexistência de superpotências no futuro próximo, que seria, ao invés disso, caracterizado por algumas grandes potências coexistindo em um "globalismo descentralizado".[9] Mas mesmo nos cenários mais céticos quanto a uma nova hegemonia oriental, a literatura considera, como realidade empiricamente verificável, a fundamental importância da Ásia, em geral, e da China, em particular, para a presente configuração internacional.

Do ponto de vista teórico, acredito que uma boa ferramenta analítica a ser aplicada à "nova ordem mundial" deriva do modelo proposto por Huntington para explicar a atual estrutura global de poder.[10] Partindo dos "três modelos clássicos",[11] aquele autor avalia não haver correspondência entre a política internacional contemporânea e qualquer daqueles três tipos – a melhor definição cabível, para ele, seria a de um "estranho híbrido", um "sistema uni-multipolar" com uma superpotência (os Estados Unidos) e diversas grandes potências. Nessa configuração, ainda segundo Huntington, qualquer questão internacional crítica exigiria uma ação da superpotência, mas sempre em coordenação com pelo menos algumas das grandes potências. No mesmo sentido, Nye afirma que "o problema do poder norte-americano no século XXI não é um de declínio, mas do que fazer à luz da compreensão de que mesmo o maior país não poderá atingir os resultados que deseja sem o auxílio de outros".[12]

Cumpre avaliar a adequação do modelo uni-multipolar ao que se poderia denominar os três aspectos-chave do poder internacional: geoestratégico e de segurança; ideológico; e econômico. A hegemonia norte-americana (e, por extensão, a manutenção do *status quo*), no presente e no futuro próximo, parece seguir tendência decrescente entre o primeiro e o último daqueles aspectos mencionados. Militarmente, a supremacia norte-americana e de seus aliados da Otan permanece indiscutível, a despeito da crescente capacidade das forças armadas chinesas.[13] Do ponto de vista geoestratégico, a grande maioria dos principais países asiáticos confia sua segurança aos EUA há décadas - enquanto a China conta apenas com a Coreia do Norte como aliado regional. No campo ideológico, apesar de vultosos investimentos, o dragão chinês ainda não colheu dividendos significativos, seu *soft power* permanecendo ainda distante daquele logrado pelos tradicionais atores ocidentais. Economicamente, entretanto, a China não se tornou apenas o centro da Ásia, mas também um ator de peso em escala mundial. Ikenberry aponta para o surgimento de duas hierarquias concorrentes na região da Ásia-Pacífico: uma de segurança, dominada pelos EUA; e outra econômica, dominada pela China.[14] A projeção planetária da economia chinesa, ao mesmo tempo, levou a noções como a de emergência de um G2, ou da "Chimérica".[15]

Essa configuração simultaneamente uni-multipolar, nos campos de segurança e ideológico, e (arrisco-me a definir) bi-multipolar, no campo econômico, traduz-se em outra dinâmica empiricamente observada: a de um gradual e perene deslocamento do centro de gravidade da economia mundial, de Oeste para Leste. Em 2011, Quah calculou a localização média da atividade econômica desenvolvida nas diversas geografias da Terra, considerando todo o PIB do planeta.[16] Os resultados mostraram que, em 1980, o *centro de gravidade da economia global* (WECG, da sigla em inglês) recaía em um ponto no meio do Oceano Atlântico. Em 2008, devido ao contínuo crescimento da China e dos demais países da Ásia do Leste, aquele centro de gravidade deslocou-se para um ponto ao leste da longitude de Helsinque e Bucareste. Extrapolando as trajetórias de crescimento para mais de 700 localidades ao redor da Terra, Quah projetou que, em 2050, o centro de gravidade repousará exatamente entre a Índia e a China – distante 9.300 quilômetros de onde se encontrava em 1980.

Cabe aqui uma breve digressão: a "deriva para o Leste" do WECG deve-se muito à China, mas há que se dar crédito também às demais nações asiáticas. Ao lado do grande dragão chinês, destacam-se os "quatro velhos tigres" (ou "pequenos dragões"),[17] os "quatro filhotes de tigres"[18] e o "outro (novíssimo) tigre".[19] Esse considerável conjunto de países integra toda sorte de acrônimos correspondentes a agrupamentos de "economias do futuro" (Bicis, Civets, Mint, Mist, Vista, Nylonkong, Next Eleven) – os eleitos pelos bancos de investimento como praças de alto potencial. Espera-se que o núcleo dinâmico das economias emergentes da Ásia do Leste alcance posição ainda mais privilegiada (e protagônica) em 2050:[20] estima-se que a China alcance a primeira colocação;[21] Coreia do Sul, 13ª; Filipinas, 16ª; Indonésia, 17ª; Malásia, 21ª; Tailândia, 23ª; Vietnã, 41ª; e Singapura, 42ª. O PIB combinado de tais países alcançaria US$ 33,5 trilhões,[22] 29% do total das cinquenta maiores economias mundiais naquele ano.[23] Com a inclusão de Japão e Índia, o PIB agregado do bloco saltaria para US$ 48,1 trilhões.

Retornando ao estudo de Quah, aquele autor, diante de seus achados, elaborou algumas implicações políticas que decorreriam do dramático câmbio do centro de gravidade da atividade econômica para o Leste: (i) se partirmos da premissa de que o peso político reflete o poder econômico, mas com certo atraso,[24] então a origem da influência política global também se deslocará, de maneira análoga, para o Leste no decorrer dos próximos cinquenta a cem anos; e (ii) a formulação de políticas para a economia global e questões de governança não serão mais monopólio dos países ricos do século XX, mas demandarão um engajamento inclusivo do Leste.

Restam, assim, evidentes as transformações globais no agregado da atividade econômica. Além disso, mudanças igualmente profundas são esperadas para os elementos estruturantes dos mercados, como distribuição de renda e de padrões de consumo entre países. Tais alterações poderão alcançar "proporções tectônicas":[25] durante toda a história da humanidade, a vasta maioria da população sempre foi composta por pobres; estima-se, porém, que, nas próximas décadas, as classes médias suplantarão os pobres como o maior e mais relevante segmento econômico-social – e não apenas nos países desenvolvidos do Ocidente, mas – e principalmente – nas grandes economias emergentes da Ásia-Pacífico.

A ascensão da nova classe média global, concentrada na Ásia, e a estagnação na renda e consequente declínio relativo das tradicionais classes médias dos países ocidentais desenvolvidos levarão "ao mais profundo rearranjo de posições econômicas da população desde a Revolução Industrial".[26] Kharas calculou[27] que, enquanto a classe média da América do Norte e Europa permanecerá na casa de 1 bilhão de pessoas tanto em 2009 quanto em 2030, a classe média da Ásia-Pacífico saltará de 525 milhões de pessoas em 2009 para 3,3 bilhões em 2030. Em termos relativos, a participação da América do Norte e Europa na classe média global cairá de 54% para 21%, enquanto a da Ásia-Pacífico saltará de 28% para 66% no período. Essa nova classe média asiática, estima-se, será responsável por 80% do crescimento de demanda esperado até 2030. Em 2009, os gastos da classe média da Ásia-Pacífico totalizaram US$ 5 trilhões[28] (23% do total mundial). Em 2030, totalizarão US$ 33 trilhões (59%).

Como se pode observar, em um prazo relativamente curto, a economia mundial mudará consideravelmente. A geopolítica de segurança e seu *hard power* militar, assim como a projeção ideológica e mecanismos de *soft power* associados, deverão tardar mais a sofrer alterações substanciais - mas, mesmo que com atraso, modificações importantes nessas dinâmicas muito provavelmente também virão. Em resposta a tais movimentos, as grandes linhas de política externa de diversos atores-chave do sistema internacional estão sendo, hoje, conscientemente alteradas e ajustadas.

A DÉCADA DOS PIVÔS

Vimos na seção anterior como o mundo deverá se parecer em 2050. Os principais atores globais, no entanto, não têm aguardado passivamente a chegada desse futuro para então proceder a ajustes em suas políticas. Tampouco estão fortemente presos a ideologias ou paradigmas passados, que por vezes se mostram anacrônicos. As guinadas e realinhamentos já vêm sendo implementados, de maneira bastante objetiva e pragmática.

O caso mais emblemático é sem dúvida o dos Estados Unidos, principalmente a partir da administração Obama.[29] O termo que se popularizou para definir esta nova prioridade da política externa norte-americana adveio de um artigo publicado pela então secretária de Estado Hillary Clinton[30] em 2011: o "pivô para o Leste". A definição de tal pivô foi explícita: após dez anos do dispêndio de "imensos recursos" nos teatros do Afeganistão e Iraque, na década seguinte os principais investimentos norte-americanos de tempo e energia seriam realocados para a Ásia-Pacífico[31] - e, como desdobramento suplementar, a uma grande esfera Indo-Pacífica, que incorporaria principalmente a Índia a essa estratégia.[32]

A diplomacia norte-americana estabeleceu seis linhas prioritárias de ação para seu "novo" engajamento asiático: (i) fortalecimento das relações bilaterais de defesa e segurança (partindo da já existente rede de alianças formada por tratados com o Japão, Coreia do Sul, Austrália, Filipinas e Tailândia); (ii) aprofundamento do diálogo e de iniciativas conjuntas com potências emergentes, inclusive China; (iii) engajamento com organizações plurilaterais regionais; (iv) expansão do comércio e investimento; (v) ampliação da presença militar; e (vi) avanço da agenda de democracia e direitos humanos. Para viabilizar tais linhas de ação, todo o maquinário norte-americano seria mobilizado em um esforço chamado de *forward-deployed diplomacy*,[33] algo como o "emprego avançado de recursos". Isso representaria o "contínuo envio de todo o arsenal de ativos diplomáticos" - e, sem dúvida, também militares, econômicos e ideológicos - "para cada país e para todos os cantos da região da Ásia-Pacífico".[34]

O pivô norte-americano foi justificado como um esforço necessário para "não se perder o bonde da história". Empregou-se a analogia do engajamento dos EUA na Europa no imediato pós-Segunda Guerra Mundial, que firmou as bases para o eixo transatlântico que dominaria o cenário mundial pelas quatro décadas seguintes (em contraposição ao bloco soviético). Caso o governo norte-americano não abraçasse a ideia de se tornar um dos primeiros entrantes de peso no teatro asiático do século XXI, forjando um novo eixo transpacífico, correria o risco de ter seu papel de protagonista enfraquecido na emergente reconfiguração da arquitetura global político-econômica e de segurança.

Elemento central do "pivô" dos EUA é sua relação com a China, o principal desafiante à hegemonia norte-americana. A estratégia mostra-se dual para ambos os países: ao mesmo tempo em que buscam maior engajamento recíproco e mantêm discurso positivo e de parcerias, articulam ativamente políticas para a contenção do poder do rival.[36] Dessa forma, os EUA simultaneamente reconhecem, de um lado, a "ascensão pacífica" (ou "desenvolvimento pacífico") do dragão chinês como "oportunidade para crescimento conjunto" (cooperação, integração), e, de outro, buscam cercá-lo por intermédio do fortalecimento da projeção norte-americana em seu entorno regional (bilateralmente e nos fóruns plurilaterais).

A China, por seu turno, começa a empreender uma "nova marcha para o Oeste"[36] como forma de consolidar sua preponderância na Ásia e expandi-la até a fronteira europeia. A analogia do pós-Segunda Guerra Mundial – válida para as então relações transatlânticas e agora transpacíficas dos EUA – também tem sido aplicada para a ação da China na Ásia, particularmente no Sudeste Asiático: a de um "Plano Marshall" chinês.[37] A iniciativa em apreço é a "*one belt, one road*" (Obor), que congrega os corredores do "Cinturão Econômico da Rota da Seda" e a "Rota Marítima da Seda do Século XXI". Lançada no segundo semestre de 2013 por Xi Jinping, a totalidade do projeto alcançaria as astronômicas cifras de sessenta países envolvidos (principalmente na Ásia e Europa, mas também na Oceania e África Oriental) e investimentos anunciados entre US$ 4 e 8 trilhões, a serem financiados, em parte, pelo recém-criado Banco Asiático de Investimento em Infraestrutura (AIIB, pela sigla em inglês), proposta chinesa, alternativa ou complementar – dependendo do ponto de vista – aos "mecanismos de Bretton Woods".[38]

Partindo do sumário de cinco dimensões estratégicas identificadas por Leffler para os EUA no Plano Marshall,[39] Shen demonstra como tais objetivos igualmente se aplicam à China na Obor:[40] (i) promoção de exportações; (ii) difusão da moeda; (iii) contenção de rival; (iv) manutenção de cisões estratégicas; e (v) cooptação de Estados-satélites. A Obor viabilizaria, assim, as pretensões chinesas de: (i) expandir suas relações econômico-comerciais e de investimentos para o Sudeste Asiático, Ásia Central e arredores (abarcando toda a Eurásia); (ii) transformar o renminbi em uma moeda de troca internacional; (iii) contrapor-se ao avanço da influência dos EUA; (iv) enfraquecer os mecanismos de integração da Ásia-Pacífico liderados por países do *status quo*,[41] como a Apec e a TPP;[42] e (v) dilatar a fronteira de sua esfera de influência, ampliando seus limites até a Europa e, notadamente, até os tradicionais aliados norte-americanos na Europa Ocidental, integrando-os também a sua órbita. A Obor insere-se no que foi batizado de "construção institucional alternativa, na Ásia, sob liderança chinesa",[43] uma ofensiva diplomática de Pequim em contraposição tanto aos mecanismos articulados pelas potência ocidentais (e.g., Apec) quanto às demais formas de regionalismo asiático (e.g., Asean - Associação de Nações do Sudeste Asiático).

Um agrupamento que poderá desempenhar papel relevante na estratégia de projeção de poder de Pequim é a Organização de Cooperação de Xangai (OCX ou SCO, da sigla em inglês).[44] A função geoestratégica da OCX - um bloco simultaneamente de segurança e político-econômico - ainda não está decisivamente delineada, provocando, inclusive, certas divergências entre analistas: um mecanismo de "fortalecimento da confiança recíproca", inicialmente para prevenir atritos fronteiriços, principalmente entre China e Rússia, e posteriormente para tratar de questões comuns de segurança, como terrorismo, separatismo e extremismo; uma tentativa de impedir a projeção norte-americana e europeia na Eurásia - promovendo um mundo multipolar ao invés de unipolar; um contraponto à Otan, ou uma "Otan do Leste";[45] ou um mecanismo para a China projetar sua hegemonia na Eurásia, tendo a Rússia como potência acessória e os demais países como satélites.[46]

Possivelmente, todas as hipóteses anteriores, em algum grau, estão corretas. A OCX pode, de fato, tornar-se um instrumento do "rebalanceamento" na Ásia-Pacífico, marcando uma transição de poder de Washington para Pequim (e, subsidiariamente, para Moscou). Nesse cenário, a China lograria assegurar recursos energéticos e expandir sua órbita de influência; a Rússia cooptaria investimentos e receberia certas garantias quanto ao expansionismo chinês; e os países da Ásia Central perceberiam os benefícios de cooperação mais estreita com aquelas duas grandes potências. Ao mesmo tempo, ingerências externas na Eurásia ficariam significativamente contrapostas.

A OCX, ao mesmo tempo em que se insere na nova marcha para o Oeste chinesa, também integra um renovado interesse russo em fortalecer as relações do país ao leste dos montes Urais. Coexistem pelo menos quatro dimensões no "pivô russo": doméstica; bilateral; inter-regional; e plurilateral. No plano doméstico, a terceira administração Putin tem priorizado o desenvolvimento do que fora chamado de "Extremo Oriente Soviético e Sibéria Oriental"[47] e hoje ganha o nome de "Rússia Pacífica e Baikal". Com a criação, em 2012, do Ministério para o Desenvolvimento do Extremo Oriente Russo, há um foco na obtenção de avanços socioeconômicos significativos naquela região até 2025, e na sua consequente inserção no polo dinâmico da Ásia-Pacífico tornando-se, assim, o canal direto de comunicação da Federação Russa com seu entorno na Ásia do Leste. No plano bilateral, o país articula seu engajamento com a "troika" do Nordeste asiático: China, Japão e Coreia do Sul - seus parceiros regionais mais significativos. No plano inter-regional, desenvolve uma política ativa para a Asean, tida como relevante centro de diálogo. A aproximação com a Asean deve-se principalmente à percepção russa sobre o papel por ela desempenhado na estruturação do Fórum Regional da Asean (ARF, sigla da denominação em inglês)[48] e na fundação da Cúpula do Leste Asiático (CLA ou, no inglês, EAS).[49] Esses dois mecanismos, juntamente com a Apec, constituem os pilares do guarda-chuva político de foros plurilaterais da Ásia-Pacífico nos quais a Rússia busca maior presença. Essas quatro dimensões prestam-se a servir à ambição do governo federal russo de assegurar um equilíbrio estável e pacífico na região que lhe permita intensificar a cooperação econômica com seus vizinhos orientais e desenvolver a "Rússia Pacífica e Baikal".

Por fim, a União Europeia também ensaiou seu pivô para a Ásia-Pacífico, em 2012. Para alguns analistas, a decisão de priorizar as relações com o Leste foi de certa forma uma reação ao pivô norte-americano do ano anterior, ou seja, um esforço para "não ficar para trás". Não é a primeira vez que a UE adota uma política reativa para a região: na metade dos anos 1990, a UE promove o Diálogo Ásia-Europa (Asem - Asia-Europe Meeting) em resposta à Apec.[50]

O bloco europeu, enquanto "potência normativa",[51] recorre ao seu *soft power,* à cooperação internacional e ao diálogo como formas de influenciar os países asiáticos. Seu papel como investidor e parceiro comercial também lhe confere relevância nas relações com o Leste. No entanto, devido (i) à falta de uma estratégia coerente em que seu poderio econômico seja conjuntamente utilizado como alavanca, e (ii) à ausência de recursos de *hard power* em uma região na qual questões de segurança e de "rebalanceamento" de poder permanecem salientes, a projeção da UE na Ásia-Pacífico permanece ainda limitada. De toda forma, a decisão do pivô foi tomada no que se chamou de "*new Asia strategy*",[52] e a Europa tem buscado diversas formas de engajamento na região: por intermédio do Asem e do ARF; em sua parceria com a Asean; e em bilaterais com a "troika" do Nordeste asiático - China, Japão e Coreia do Sul.

Considerando essa dinâmica reconfiguração das políticas externas dos diversos atores-chave do sistema internacional, que voltam hoje suas atenções para a Ásia-Pacífico, como poderia o Brasil - de um lado, com seu peso econômico, territorial e populacional e, de outro, ainda distante e com relações tímidas com boa parte do Leste - buscar se posicionar para melhor projetar os interesses nacionais?

POR MARES NUNCA DANTES NAVEGADOS

A política externa brasileira das últimas décadas trouxe importantes inovações, transversais aos diversos governos no período:[53] busca por uma inserção competitiva na economia globalizada; diversificação de parceiros e novas coalizões com atores não tradicionais; expansão da cooperação simétrica (Sul-Sul); e um institucionalismo pragmático.[54]

De alguma forma, interações com a Ásia-Pacífico permeiam todos esses eixos de ação. Particularmente, os relacionamentos com a China e, em escala bastante menor, com a Índia, têm precipuamente orientado a política asiática do Brasil. Essa tendência deverá ser mantida. Em seu discurso de posse como Ministro das Relações Exteriores, o chanceler José Serra estabeleceu, como nona diretriz de sua "Nova política externa brasileira", que "[s]erá prioritária a relação com parceiros novos na Ásia, em particular a China, este grande fenômeno econômico do século XXI, e a Índia".

No entanto, esse *momentum* e a continuidade da orientação de política externa não parecem determinar, como no caso de outros atores-chave do sistema internacional, um "pivô brasileiro para a Ásia", ou a adoção de uma *forward-deployed diplomacy* abrangente para aquela região, com o redirecionamento do arsenal de ativos diplomáticos, militares, econômicos e ideológicos, "para cada país e para todos os cantos da Ásia-Pacífico."

Certamente uma decisão de "pivô" envolve a realocação de recursos escassos, e pode-se argumentar que, por sua distância ou pela diminuta identidade comum, a Ásia-Pacífico não deveria absorver uma fatia de relevo de nossas capacidades de projeção externa. Como procurei demonstrar anteriormente, eventual opção por uma não intensificação da presença naquela região não representará apenas uma queda de participação circunscrita, mas sim uma perda de posição no arranjo político-econômico global.

Além disso, como igualmente busquei explicitar, o acesso à Ásia-Pacífico não deve se restringir a canais de engajamento com apenas um ou poucos parceiros. Idealmente, deve compreender um acesso holístico, abrangendo não apenas a totalidade dos parceiros asiáticos, mas recorrendo ainda a ações coordenadas, quando de interesse comum, com potências que já implementam políticas asiáticas com grande aparato. Tal "acesso holístico" não pretende diminuir a relevância de "relações preferenciais" com parceiros selecionados, como a China. Mas, no melhor exemplo de diplomacia pendular (no caso em questão, porém, não limitada a apenas dois polos, mas sim a uma difusa rede de agentes), a diversificação provavelmente levará a um aumento no poder de barganha relativo.

Dessa forma, uma estratégia coesa para o Brasil Pacífico deve, necessariamente, envolver diversos atores e dimensões de forma clara e articulada. Evidentemente, a relação com o dragão chinês será determinante para qualquer plano brasileiro para a Ásia-Pacífico. Nesse aspecto, o Brasil poderá seguir o exemplo de outros países e intensificar suas ações não apenas com a China, mas sim com toda a "troika do Nordeste". A diplomacia chinesa é extremamente pragmática (e realista).[55] Para lograr uma relação preferencial - e minimamente simétrica - com aquele país, faz-se necessário o emprego de instrumentos de poder. Para o Brasil, o recurso ao poderio militar é limitado, se mesmo desejável. Não parece ser a vocação brasileira participar, com algum relevo, diretamente do arranjo de segurança da Ásia-Pacífico. No entanto, o *soft power* brasileiro, seus recursos econômicos, ideológicos e institucionais podem ser aplicados para uma projeção de poder naquela região, que poderá ser complementar a interesses chineses. Essa projeção, além disso, não precisa ter como objetivo exclusivo maior aproximação com a China, mas pode se prestar também para o adensamento das relações bilaterais com os outros dois países da "troika do Nordeste", Japão e Coreia do Sul, e com o bloco da Asean.

Quanto às relações Brasil-Troika, seria interessante alavancar a convergência de interesses verificadas em alguns agrupamentos comuns - institucionalmente difusos, mas relevantes - para elevar o patamar das relações globais. Com a China, a participação conjunta nos Brics é um caminho óbvio (e, neste caso, também um veículo de coordenação com as pretensões eurasianas e pacíficas da Rússia e indo-pacíficas da Índia), assim como a condição brasileira de membro fundador do AIIB. No caso do Japão (e da Índia), há o G4,[56] cuja ação efetiva igualmente contribuiria para sacramentar as credenciais de segurança internacional do Brasil - embora, em contrapartida, poderia gerar atritos com China e Paquistão. Com todos os três países, China, Japão e Coreia do Sul, o G20[57] pode constituir veículo para maior diálogo e interação.

O Brasil já vem buscando uma aproximação com a Asean, mas resultados concretos ainda são escassos. Algumas iniciativas marcaram esse esforço: a promoção, em Brasília, de encontro ministerial Mercosul-Asean, em 2008; a designação do embaixador brasileiro em Jacarta como embaixador junto à Asean, em 2011; a organização do I Curso para Diplomatas da Asean, no Rio de Janeiro, em 2012; e a adesão do Brasil ao Tratado de Amizade e Cooperação do Sudeste Asiático (TAC), em Phnom Penh, também em 2012. A intensificação do engajamento, para se mostrar efetiva, deve ser mantida e acelerada, tanto por intermédio de ações junto aos diversos países membros quanto por iniciativas diretamente firmadas com a associação. A capacidade de influência brasileira na arquitetura regional mostra-se, ainda, bastante limitada.

Quanto aos grandes arranjos plurilaterais da Ásia-Pacífico, como ARF, Apec ou CLA, o Brasil praticamente não tem qualquer participação. Na vertente regional do Sistema ONU, centralizada na Comissão Econômica e Social das Nações Unidas para a Ásia e Pacífico (UN-ESCAP), o Brasil conta com *status* de observador permanente. Mesmo nessa condição, o país pode utilizar aquele *locus* para a promoção de seus interesses e projeção de sua imagem. Há, ainda, o Fórum de Cooperação América Latina-Ásia do Leste (Focalal), criado em 1999 para estimular a interação entre países das duas regiões, promover o diálogo e intensificar a cooperação, de forma a criar possibilidades de atuação conjunta. No entanto, o Focalal dificilmente logra obter a participação ativa de todos os seus membros. Encontra, igualmente, dificuldades em alcançar denominadores comuns entre os participantes e em traduzir ideias em projetos efetivamente de natureza inter-regional. O instrumento, no entanto, é a melhor porta de acesso para que o Brasil, hoje, tenha representação em um arranjo plurilateral asiático. Deve-se, por conseguinte, explorar possibilidades de maior atuação do país em seu âmbito.

Quanto às dimensões substantivas para a presença Pacífica do Brasil, cumpre notar que, no quesito segurança, o país poderá nem ter a pretensão, nem os meios para o estabelecimento de uma atuação direta no arranjo regional. Há, porém, algumas possibilidades heterodoxas de ação, como, por exemplo, cooperação no combate a ilícitos transnacionais, intercâmbio de experiências sobre missões de paz, treinamentos militares específicos (como guerra na selva), desminagem e sensoriamento remoto, e parcerias no desenvolvimento de indústrias de defesa.

No campo da cooperação Sul-Sul, iniciativas de cooperação, em bases mais simétricas, mostram-se importantes instrumentos de aproximação. O Brasil já possui algumas iniciativas, em áreas como segurança alimentar e nutricional e desenvolvimento agrário. O esforço pode ser intensificado, particularmente em um momento em que diversas nações asiáticas necessitam - e buscam - desenvolver suas capacidades (*capacity-building*) para lograr autonomia na implementação de suas próprias políticas públicas.

No campo econômico, o Brasil já possui relações de peso com alguns atores da Ásia-Pacífico, principalmente China. É indispensável, porém, tanto a diversificação intrarregional quanto um avanço qualitativo no perfil dessas relações, que contemple: aprimoramento da pauta exportadora, com a busca por maior valor agregado; construção de relações de investimento e parcerias; internacionalização de empresas brasileiras; integração às cadeias globais de valor; cooperação em ciência, tecnologia e inovação; atuação como agente financiador e promotor de infraestrutura; e participação na governança financeira regional.

Percebe-se que o Brasil já possui certo nível de relações com a Ásia-Pacífico. Essas, no entanto, têm ainda de ser aprofundadas. Mesmo que o país não se aventure inteiramente em um "pivô para o Leste", faz-se necessária ao menos uma realocação de ativos e capacidades para um maior engajamento com aquela região. Ademais, a política asiática deve se tornar um dos pilares da nova política externa brasileira. Uma política asiática não constitui apenas a soma das políticas para cada país asiático. É, mais que isso, um planejamento bem definido e abrangente, com estratégias de projeção, coordenação e implementação. Os recursos investidos na Ásia certamente trarão retornos exponencialmente maiores – e, possivelmente, já no curto prazo. A dimensão Pacífica, em sua acepção regional, deveria gradualmente alcançar a mesma consagração que o pacifismo tradicionalmente possui nas diretrizes de ação externa do Brasil. No mundo contemporâneo, em que as barreiras de ordem geográfica tornam-se cada vez menos limitantes, o Brasil Pacífico pode se tornar uma realidade quase tão próxima quanto o Brasil Sul-Americano. É uma questão de estratégia, de escolha e de disposição, com a disponibilização e emprego dos recursos necessários a sua consecução. Nesse contexto, parece-me que a opção pela realização de um Brasil Pacífico é praticamente um imperativo para que o país ocupe posição condizente com seu porte econômico, territorial e populacional nas próximas décadas.

NOTAS

1 Foge ao objetivo deste texto maior aprofundamento conceitual na questão da paz, do pacifismo e de suas distinções. Para tanto, recomenda-se a obra de Norberto Bobbio, *O problema da guerra e as vias da paz*, trad. de Álvaro Lorencini, São Paulo, Unesp, 2003.

2 "A dimensão estática da tradição diplomática brasileira corresponde à continuidade e à manutenção de certas linhas da ação internacional do Brasil, refletindo coerência histórica ao posicionamento externo do país, legitimando a conduta de seus agentes e contribuindo para a construção de uma unidade institucional" (Flávio Bettarello, *A universalização dos direitos humanos como via para a construção da paz: o direito cosmopolita na visão de Norberto Bobbio e a construção do modelo democrático da paz*, dissertação de mestrado, Instituto Rio Branco, 2009).

3 "O Ministério das Relações Exteriores possui estruturas sociais que encorajam não só um 'espírito de corpo' entre os diplomatas brasileiros, como também um 'pensamento de corpo' ou pensamento diplomático. Esse pensamento não é unívoco, estático ou perfeitamente coerente. Possui várias correntes, evolui com o tempo e pode ter contradições internas. Sustenta-se, todavia, sobre o substrato normativo da política externa, que serve como referencial comum de seus formuladores" (João Augusto Costa Vargas, *Campanha permanente: a construção do substrato normativo da busca do Brasil por uma reforma do Conselho de Segurança das Nações Unidas*, dissertação de mestrado, Universidade de Brasília, Instituto de Relações Internacionais, 2008).

4 E.g., Spencer Henson e Fiona Yap (eds.), The Power of the Chinese Dragon: Implications for African Development and Economic Growth, Basingstoke/New York, Palgrave Macmillan, 2016. Maaike Okano-Heijmans e Roy Lee, eu Should Tango with Taiwanese Tiger and Chinese Dragon, Haia, Clingendael Institute, 2015. Scott Kennedy, The Dragon's Learning Curve: Global Governance and China, Londres, Rutledge, 2014. See Seng Tan, Riding the Chinese

Dragon: Singapore's Pragmatic Relationship with China, em Jun Tsunekawa (ed.), The Rise of China: Responses from Southeast Asia and Japan, Tokyo, The National Institute for Defense Studies (NIDS), 2009. Sanusha Naidu e Kweku Ampiah (eds.). Crouching Tiger, Hidden Dragon?: Africa and China, Scottsville, University of KwaZulu-Natal Press, 2008.

5 E.g., G. John Ikenberry, "Between the Eagle and the Dragon: America, China, and Middle State Strategies in East Asia", em *Political Science Quarterly*, v. 20, n. 20, 2015. Al-Rawashdeh Md. Salim, "The United States-Chinese Relations (The Chinese Dragon and the usa Eagle)", em *International Journal of Humanities & Social Science Studies*, v. 2, n. 3, 2015. Wei-Chiao Huang e Zhou Huizhong (eds.) *Dragon versus Eagle: The Chinese Economy and U.S.-China Relations*, Kalamazoo, Upjohn Institute for Employment Research, 2012.

6 Kishore Mahbubani, *The New Asian Hemisphere: The Irresistible Shift of Global Power to the East*, New York, Public Affairs, 2008.

7 Arvind Subramanian, "The Inevitable Superpower: Why China's Dominance is a Sure Thing", em *Foreign Affairs*, v. 90, n. 5, 2011. Martin Jacques, *When China Rules the World: The Rise of the Middle Kingdom and the End of the Western World*, London, Allen Lane, 2009.

8 Michael Cox, "Power Shift: Asia, China and the Decline of the West?", em Peter Shearman (ed.), *Power Transition and International Order in Asia: Issues and Challenges*, London/New York, Routledge, 2013.

9 Barry Buzan, "A World Without Superpowers: Decentred Globalism", em *International Relations*, v. 15, n. 1, 2011.

10 Samuel Huntington, "The Lonely Superpower", em *Foreign Affairs*, v. 78, n. 2, 1999. Recorri a esta mesma referência em Flávio Bettarello, "The Success of the G20 as a New Global Governance Framework", em *Democracy & Society*, Center for Democracy and Civil Society, Georgetown University, v. 10, n. 1, 2012.

11 (i) sistema unipolar (e.g., Roma antiga) - composto por uma superpotência, nenhuma grande potência significativa e diversas potências menores: a superpotência é capaz de resolver qualquer questão internacional por si só, sem a necessidade de recorrer a outros Estados e sem que estes sejam capazes de impedi-la; (ii) sistema bipolar (e.g., Guerra Fria) - duas superpotências, cujas relações são centrais para toda a política internacional: cada superpotência domina uma coalizão de aliados e compete por influência junto aos Estados não alinhados; (iii) sistema multipolar (e.g., concerto das nações europeias) - diversas grandes potências de poder comparável: qualquer questão internacional importante só pode ser resolvida por intermédio de combinações entre os principais Estados.

12 Joseph Nye, "The Future of American Power", em *Foreign Affairs*, v. 89, n. 6, 2010.

13 Entre 1992 e 2008, os gastos chineses com defesa cresceram em média 12,9% ao ano, frente a crescimento médio do PIB de 9,6%. Cf. Aaron Friedberg, "Menace", em *The National Interest*, n. 103, 2009.

14 G. John Ikenberry, op cit.

15 Cf. Niall Ferguson e Moritz Schularick, "The End of Chimerica", em *International Finance*, v. 14, n. 1, 2011. Niall Ferguson e Moritz Schularick, "'Chimerica' and the Global Asset Market Boom", *International Finance*, v. 10, n. 3, 2007.

16 Danny Quah, "The Global Economy's Shifting Centre of Gravity", em *Global Policy*, v. 2, n. 1, 2011.

17 Hong Kong, Coreia do Sul, Cingapura e Taiwan. Cf. Ezra F. Vogel, *The Four Little Dragons: The Spread of Industrialization in East Asia*, Cambridge, Harvard University Press, 1991.

18 Indonésia, Malásia, Filipinas e Tailândia. Cf. Panha Heng e Scott J. Niblock, "Rise of the 'Tiger Cub' Economies: An Empirical Investigation of Southeast Asian Stock Market Efficiency", *International Journal of Economics and Business Research*, v. 8, n. 4, 2014.

19 Vietnã. Cf. Brian van Arkadie e Raymond Mallon, *Vietnam: A Transition Tiger?* Camberra: ANU E Press, 2003.

20 Karen Ward, "The World in 2050: From the Top 30 to the Top 100", em *Global Economics* (HSBC Global Research), 2012.

[21] E, juntamente com Filipinas, Malásia e Vietnã (e Índia), integraria o grupo de 26 países com maior índice de crescimento acelerado no período.
[22] Moeda equivalente ao dólar norte-americano do ano 2000.
[23] Apenas a China, com PIB estimado de mais de US$ 25 trilhões, corresponderia a mais de 21%.
[24] Dentro do modelo que batizei de "*Global governance multi-determinant model*", também propus uma relação entre as variáveis de "equilíbrio de poder econômico" e de "equilíbrio de poder global".
[25] Matthew Burrows, "The Emerging Global Middle Class: So What?", em *The Washington Quarterly*, v. 38, n. 1, 2015.
[26] Branko Milanovic, "Global Income Inequality by the Numbers: In History and Now", em *Policy Research Working Paper*, n. 6259, Washington, The World Bank, 2013.
[27] Homi Kharas, "The Emerging Middle Class in Developing Countries", em *OECD Development Centre Working Papers*, n. 285, Paris, OECD Publishing, 2010.
[28] Moeda equivalente ao dólar norte-americano do ano 2005, com paridade de poder de compra.
[29] Mas mesmo antes dela. Já em 2007, a Frota do Pacífico contava com maior número de embarcações do que a Frota do Atlântico, inclusive seis dos onze superporta-aviões norte-americanos. Cf. Peter Shearman, "The Rise of China, Power Transition, and International Order in Asia: A New Cold War?", em *Power Transition and International Order in Asia: Issues and Challenges*, London/New York: Routledge, 2013.
[30] Hillary Rodham Clinton, "America's Pacific Century", em *Foreign Policy Magazine*, out./nov. 2011.
[31] Esse ajuste parece contemplar, ainda, uma perda de importância relativa das relações transatlânticas dos EUA com a Europa, que perde sua centralidade. Cf. Thomas Valasek (ed.), All Alone? What us Retrenchment Means for Europe and Nato, London, Centre for European Reform, 2012. Nicholas Burns, "America, Do Not Forget Europe", em *International Herald Tribune*, abr. 2012.
[32] Cf. Robert Edwin Kelly, "American Dual Containment in Asia", em *Geopolitics*, v. 15, n. 4, 2010.
[33] Ernest Bower, "Paradigm Shift: Forward-Deployed American Engagement in Asia", em *Southeast Asia from the Corner of 18th & K Streets*, Center for Strategic and International Studies, v. 1, n. 33, 2010.
[34] Hillary Rodham Clinton, op cit.
[35] Cf. Henry Kissinger, "The Future of U.S.-Chinese Relations: Conflict is a Choice, not a Necessity", em *Foreign Affairs*, v. 91, n. 2, 2012. Wang Jisi, "America in Asia: How much Does China Care?", em *Global Asia*, v. 2, n. 3, 2006. Wang Jisi, "China's Search for Stability with America", em *Foreign Policy Magazine*, set./out. 2005.
[36] Sobre a marcha para o Oeste "original", promovida pelo Império Qing entre cerca de 1600 e 1800, ver Peter C. Perdue, *China Marches West: The Qing Conquest of Central Eurasia*, Cambridge: Harvard University Press, 2005.
[37] Cumpre registrar que líderes e acadêmicos chineses têm repudiado tal comparação, ao afirmar que enquanto o Plano Marshall fora clara iniciativa geoestratégica de contenção da União Soviética, a atual proposta chinesa buscaria a cooperação e a integração. Alek Chance, "The 'Belt and Road Initiative' is not 'China's Marshall Plan': Why Not?", em *ICAS Bulletin* (Institute for China-America Studies), jan. 2016.
[38] Cf. Amitav Acharya, "'Alternative' Regional Institutions in Asia? A Cautionary Note", em Georgetown Journal of Asian Affairs, v. 2, n. 1, 2015. Helmut Reisen, "Will the AIIB and the NDB Help Reform Multilateral Development Banking?", em Global Policy, v. 6, n. 3, 2015. Sebastian Heilmann et al., "China's Shadow Foreign Policy: Parallel Structures Challenge the Established International Order", em Merics China Monitor, Mercator Institute for China Studies, n. 18, 2014.
[39] Melvyn P. Leffler, "The United States and the Strategic Dimensions of the Marshall Plan", em *Diplomatic History*, v. 12, n. 3, 1988.
[40] Simon Shen, "How China's 'Belt and Road' Compares to the Marshall Plan", em *The Diplomat*, fev. 2016.

41 Particularmente Estados Unidos e Japão.

42 Cooperação Econômica Ásia-Pacífico e Parceria Transpacífica, respectivamente. A Apec é o foro econômico plurilateral da região em que, inicialmente, Japão e Austrália buscaram exercer protagonismo e, desde a administração Bill Clinton, principalmente os EUA buscam utilizá-lo para promover a agenda de seu interesse do outro lado do Pacífico. A TPP, por sua vez, é um acordo preferencial de comércio elaborado com base em modelo norte-americano que contempla disciplinas muito mais abrangentes do que aquelas previstas nos acordos da Organização Mundial de Comércio (OMC).

43 Takashi Terada, "U.S.-Japan Partnership and Geo-Economic Regionalism in Asia: The Rise of TPP and AIIB", em USJI Voice, U.S.-Japan Research Institute, v. 14, 2016. Gregory Chin e Richard Stubbs, "China, Regional Institution-Building and the China-Asean Free Trade Area", em *Review of International Political Economy*, v. 18, n. 3, 2011.

44 Organização que sucedeu, com a adição do Uzbequistão em 2001, aos "Cinco de Xangai" (Shangai Five): China, Cazaquistão, Quirguistão, Rússia e Tadjiquistão, reunidos originalmente em 1996. Em 2015, os líderes da OCX decidiram admitir Índia e Paquistão como membros plenos.

45 Melkulangara Bhadrakumar, "The New 'Nato of the East' Takes Shape: The SCO and China, Russia and US Maneuvers", em *The Asia-Pacific Journal*, v. 5, n. 8, 2007.

46 Matthew Sussex, "The Shanghai Cooperation Organization: A Future Balancing Coalition in Asia?", em Peter Shearman (ed.), *Power Transition and International Order in Asia: Issues and Challenges*, London/New York, Routledge, 2013.

47 Cf. Judith Thornton e Charles Ziegler (eds.), *Russia's Far East: A Region at Risk*, Seattle, University of Washington Press, 2002. John J. Stephan, *The Russian Far East: A History*, Stanford, Stanford University Press, 1994.

48 Mecanismo de diálogo, consultas, "*confidence-building*" e "diplomacia preventiva", composto pelos 10 países da Asean e por Austrália, Bangladesh, Canadá, China, Coreia do Norte, Coreia do Sul, União Europeia, Índia, Japão, Mongólia, Nova Zelândia, Paquistão, Papua Nova-Guiné, Rússia, Sri-Lanka, Timor-Leste e Estados Unidos.

49 Fórum anual dos líderes dos 10 países da Asean e da Austrália, China, Coreia do Sul, Estados Unidos, Índia, Japão, Nova Zelândia e Rússia.

50 Peter Anderson e Georg Wiessala (eds.), "The European Union and Asia: Reflections and Re-orientations", em *European Studies*, v. 25, Amsterdam, Rodopi, 2007.

51 "A noção de uma potência normativa europeia está localizada em uma discussão sobre a força das ideias, o poder ideológico, ou o poder simbólico. [...] A União Europeia não representa nem uma potência civil de natureza intergovernamental, que utiliza instrumentos econômicos ou diplomacia internacional, nem uma potência militar de natureza supranacional, que utiliza forças armadas e intervenção internacional; mas sim uma potência normativa, de natureza ideacional, caracterizada por princípios comuns." Ian Manners, "Normative Power Europe: The International Role of the EU", 7th European Union Studies Association (EUSA) Biennial Conference, Madison, 31/5-2/6/2001. A agenda de política externa da UE reflete esse aspecto "normativo", pois tem como objetivo a promoção de certas normas e valores para além das suas fronteiras. Ian Manners, "Normative Power Europe: A Contradiction in Terms?", em *Journal of Common Market Studies*, v. 40, n. 2, 2002.

52 Cf. Olivia Gippner, "Changing Waters: Towards a New EU Asia Strategy", em LSE *Ideas Special Report*, n. 21, 2016.

53 Cf. Luisa Bertuol Tatsch, *A política externa do Governo Lula: um novo pragmatismo responsável?*, dissertação de mestrado, IFCH/UFRGS, 2011.

54 Cf. Gustavo Senechal de Goffredo Junior, *Entre poder e direito: a tradição grotiana na política externa brasileira*, Brasília, Fundação Alexandre de Gusmão, 2005. Letícia Pinheiro, "Traídos pelo desejo: um ensaio sobre a teoria e a prática da política externa brasileira contemporânea", em *Contexto Internacional*, v. 22, n. 2, 2000.

55 Cf. Thomas J. Christensen, "Chinese Realpolitik", em *Foreign Affairs*, v. 75, n. 5, 1996.

[56] Agrupamento composto por Alemanha, Brasil, Índia e Japão com o objetivo de apoiar reciprocamente suas pretensões de ingresso como membros permanentes no Conselho de Segurança das Nações Unidas.

[57] Grupo das 19 maiores economias do mundo mais a União Europeia.

REFERÊNCIAS

ACHARYA, Amitav. "'Alternative' Regional Institutions in Asia? A Cautionary Note". *Georgetown Journal of Asian Affairs*. v. 2, n. 1, 2015.

ANDERSON, Peter; WIESSALA, Georg (eds.) "The European Union and Asia: Reflections and Re-Orientations". *European Studies*. v. 25, Amsterdam: Rodopi, 2007.

BETTARELLO, Flávio. *A universalização dos direitos humanos como via para a construção da paz*: o direito cosmopolita na visão de Norberto Bobbio e a construção do modelo democrático da paz. Brasília, 2009. Dissertação (mestrado em Diplomacia) - Instituto Rio Branco.

______. "The Success of the G20 as a New Global Governance Framework". *Democracy & Society, a Publication of the Center for Democracy and Civil Society*. Georgetown University, v. 10, n. 1, 2012.

BHADRAKUMAR, Melkulangara. "The New 'Nato of the East' Takes Shape: The SCO and China, Russia and US Maneuvers". *The Asia-Pacific Journal*. v. 5, n. 8, 2007.

BOBBIO, Norberto. *O problema da guerra e as vias da paz*. Trad. Álvaro Lorencini, São Paulo: Unesp, 2003.

BURNS, Nicholas. "America, Do Not Forget Europe". *International Herald Tribune*. abr. 2012.

BURROWS, Matthew. "The Emerging Global Middle Class: So What?". *The Washington Quarterly*. v. 38, n. 1, 2015.

BUZAN, Barry. "A World Without Superpowers: Decentred Globalism". *International Relations*. v. 15, n. 1, 2011.

CHANCE, Alek. "The 'Belt and Road Initiative' Is Not 'China's Marshall Plan' - Why Not?". *ICAS Bulletin*. Institute for China-America Studies, jan. 2016.

CHIN, Gregory; STUBBS, Richard. "China, Regional Institution-Building and the China-Asean Free Trade Area". *Review of International Political Economy*. v. 18, n. 3, 2011.

CHRISTENSEN, Thomas J. "Chinese Realpolitik". *Foreign Affairs*. v. 75, n. 5, 1996.

CLINTON, Hillary Rodham. "America's Pacific Century". *Foreign Policy*. out./nov. 2011.

COX, Michael. Power Shift: Asia, China and the Decline of the West? In: SHEARMAN, Peter (ed.) *Power Transition and International Order in Asia:* Issues and Challenges. London/New York: Routledge, 2013.

FERGUSON, Niall; SCHULARICK, Moritz. "'Chimerica' and the Global Asset Market Boom". *International Finance*. v. 10, n. 3, 2007.

______. The End of Chimerica. *International Finance*, v. 14, n. 1, 2011.

FRIEDBERG, Aaron. "Menace". *The National Interest*. n. 103, 2009.

GIPPNER, Olivia. "Changing Waters: Towards a New EU Asia Strategy". *LSE Ideas Special Report*. n. 21, 2016.

GOFFREDO JR, Gustavo Senechal de. *Entre poder e direito*: a tradição grotiana na política externa brasileira. Brasília: Fundação Alexandre de Gusmão, 2005.

HEILMANN, Sebastian et al. "China's Shadow Foreign Policy: Parallel Structures Challenge the Established International Order". *Merics China Monitor*. Mercator Institute for China Studies, n. 18, 2014.

HENG, Panha; NIBLOCK, Scott J. "Rise of the 'Tiger Cub' Economies: An Empirical Investigation of Southeast Asian Stock Market Efficiency". *International Journal of Economics and Business Research*. v. 8, n. 4, 2014.

HENSON, Spencer; Yap, Fiona (eds.) *The Power of the Chinese Dragon: Implications for African Development and Economic Growth*. Basingstoke/New York: Palgrave Macmillan, 2016.

HUNTINGTON, Samuel. "The Lonely Superpower". *Foreign Affairs*. v. 78, n. 2, 1999.

IKENBERRY, G. John. "Between the Eagle and the Dragon: America, China, and Middle State Strategies in East Asia". *Political Science Quarterly*. v. 20, n. 20, 2015.

JACQUES, Martin. *When China Rules the World:* The Rise of the Middle Kingdom and the End of the Western World. London: Allen Lane, 2009.

JISI, Wang. "China's Search for Stability with America". *Foreign Policy Magazine*. set./out. 2005.

______. "America in Asia: How Much Does China Care?". *Global Asia*. v. 2, n. 2, 2006.

KHARAS, Homi. "The Emerging Middle Class in Developing Countries". *OECD Development Centre Working Papers*. n. 285, Paris: OECD Publishing, 2010.

KELLY, Robert Edwin. "American Dual Containment in Asia". *Geopolitics*. v. 15, n. 4, 2010.

KENNEDY, Scott. *The Dragon's Learning Curve:* Global Governance and China. London: Rutledge, 2014.

KISSINGER, Henry. "The Future of U.S.-Chinese Relations: Conflict is a Choice, not a Necessity". *Foreign Affairs*. v. 91, n. 2, 2012.

LEFFLER, Melvyn P. "The United States and the Strategic Dimensions of the Marshall Plan". *Diplomatic History*. v. 12, n. 3, 1988.

MAHBUBANI, Kishore. *The New Asian Hemisphere:* The Irresistible Shift of Global Power to the East. New York: Public Affairs, 2008.

MANNERS, Ian. "Normative Power Europe: The International Role of the EU". 7th European Union Studies Association (EUSA) Biennial Conference, Madison, 31/5-2/6/2001.

______. "Normative Power Europe: A Contradiction in Terms?". *Journal of Common Market Studies*. v. 40, n. 2, 2002.

MILANOVIC, Branko. "Global Income Inequality by the Numbers: In History and Now". *Policy Research Working Paper*. n. 6259. Washington: The World Bank, 2013.

NAIDU, Sanusha; AMPIAH, Kweku (eds.) *Crouching Tiger, Hidden Dragon?:* Africa and China. Scottsville: University of KwaZulu-Natal Press, 2008.

NYE, Joseph. "The Future of American Power". *Foreign Affairs*. v. 89, n. 6, 2010.

OKANO-HEIJMANS, Maaike; LEE, Roy. *EU Should Tango with Taiwanese Tiger and Chinese Dragon*. Haia: Clingendael Institute, 2015.

PERDUE, Peter C. *China Marches West:* The Qing Conquest of Central Eurasia. Cambridge: Harvard University Press, 2005.

PINHEIRO, Letícia. "Traídos pelo desejo: um ensaio sobre a teoria e a prática da política externa brasileira contemporânea". *Contexto Internacional*. v. 22, n. 2, 2000.

QUAH, Danny. "The Global Economy's Shifting Centre of Gravity". *Global Policy*. v. 2, n. 1, 2011.

REISEN, Helmut. "Will the AIIB and the NDB Help Reform Multilateral Development Banking?". *Global Policy*. v. 6, n. 3, 2015.

SALIM, Al-Rawashdeh Md. "The United States-Chinese Relations: The Chinese Dragon and the USA Eagle". *International Journal of Humanities & Social Science Studies*. v. 2, n. 3, 2015.

SHEARMAN, Peter. The Rise of China, Power Transition, and International Order in Asia: A New Cold War? In: *Power Transition and International Order in Asia*: Issues and Challenges. London/New York: Routledge, 2013.

SHEN, Simon. "How China's 'Belt and Road' Compares to the Marshall Plan". *The Diplomat*. fev. 2016.

STEPHAN, John J. *The Russian Far East:* A History. Stanford: Stanford University Press, 1994.

SUBRAMANIAN, Arvind. "The Inevitable Superpower: Why China's Dominance is a Sure Thing". *Foreign Affairs*. v. 90, n. 5, 2011.

SUSSEX, Matthew. The Shanghai Cooperation Organization: A Future Balancing Coalition in Asia? In: SHEARMAN, Peter (ed.) *Power Transition and International Order in Asia:* Issues and Challenges. London/New York: Routledge, 2013.

TAN, See Seng. Riding the Chinese Dragon: Singapore's Pragmatic Relationship with China. In: TATSCH, Luisa Bertuol. *A política externa do governo Lula:* um novo pragmatismo responsável? Porto Alegre, 2011. Dissertação (mestrado em Relações Internacionais) – IFCH/UFRGS.

TERADA, Takashi. "U.S.-Japan Partnership and Geo-Economic Regionalism in Asia: The Rise of TPP and AIIB". *USJI Voice*. U.S.-Japan Research Institute, v. 14, 2016.

THORNTON, Judith; ZIEGLER, Charles (eds.) *Russia's Far East:* A Region at Risk. Seattle: University of Washington Press, 2002.

TSUNEKAWA, Jun (ed.) The Rise of China: Responses from Southeast Asia and Japan. Tokyo: The National Institute for Defense Studies (NIDS), 2009.

VALASEK, Thomas (ed.) *All Alone?* What US Retrenchment Means for Europe and Nato. London: Centre for European Reform, 2012.

VAN ARKADIE, Brian; MALLON, Raymond. *Vietnam*: A Transition Tiger? Camberra: ANU E Press, 2003.

VARGAS, João Augusto Costa. *Campanha permanente:* a construção do substrato normativo da busca do Brasil por uma reforma do Conselho de Segurança das Nações Unidas. Brasília, 2008. Dissertação (mestrado em Relações Internacionais) - IRI/UnB.

VOGEL, Ezra F. *The Four Little Dragons:* The Spread of Industrialization in East Asia. Cambridge: Harvard University Press, 1991.

WARD, Karen. "The World in 2050: From the Top 30 to the Top 100". *Global Economics*. HSBC Global Research, 2012.

a consequência mais imediata do recente movimento de valorização da moeda, mas economistas avaliam que o real mais forte pode atrapalhar as exportações industriais, que já enfrentam dificuldades por causa da fraca demanda externa. Os economistas já notam também sinais de reanimação das importações.
Margem menor
Evolução da rentabilidade das exportações da indústria
Demissões
Demissões perdem
Composição do aumento do desemprego
dúvida, a recente tendência de valorização da taxa de câmbio. Essa evolução, caso persista, compro-
José Augusto de Castro, presidente da Associação de Comércio Exterior do Brasil (AEB), tam

COOPERAÇÃO PARA O DESENVOLVIMENTO

O Brasil precisa de uma agência para o desenvolvimento internacional?

Felipe Krause

No debate público brasileiro, as atividades governamentais relacionadas ao desenvolvimento internacional são frequentemente reduzidas a neoimperialismo (sobretudo quando se discutem os programas europeu e norte-americano), assistencialismo emotivo e de utilidade duvidosa, ou puro jogo de interesses políticos e econômicos. Não obstante a diversidade de opiniões e interesses presentes entre as elites brasileiras no campo de política externa (diplomatas, acadêmicos, jornalistas, empresários), são raras as defesas robustas da Cooperação Técnica e Desenvolvimento Internacional (CT/DI) como atividade governamental legítima e útil. Igualmente raras são, com efeito, as críticas consistentes. Predomina um posicionamento ambíguo e, por vezes, de desconfiança em relação a CT/DI. É possível que essa percepção já esteja mudando, mas permanece o fato, por ora, de que o debate público sobre o tema é escasso.

A lacuna é surpreendente por dois motivos. Primeiro, porque a atuação do Brasil em CT/DI, embora inexperiente e inconstante, é inegavelmente expressiva, em termos de recursos e alcance geográfico. Em segundo lugar, a omissão parece curiosa em face da longa tradição brasileira de contribuição para o direito internacional público – amparada em estudos e debates profundos – inclusive na formação dos principais tratados de direitos humanos e das instituições multilaterais, muitas das quais têm a CT/DI como foco central.

Um dos intuitos deste capítulo é propor uma recuperação e fortalecimento da tradição multilateralista e internacionalista do Brasil, por meio de um maior engajamento em CT/DI, de forma transparente, bem planejada e bem executada. Mais concretamente, delineiam-se alguns parâmetros que poderão nortear o debate público sobre a continuação e possível reforma e expansão das atividades do governo brasileiro no campo da cooperação técnica e desenvolvimento internacional. Nesse sentido, não se trata de ensaio estritamente acadêmico, mas sim de um experimento intelectual, visando contribuir para uma discussão relativamente nova. Nem todas as ideias aqui expostas estão formuladas de modo completo, e algumas estão mais próximas a indagações e provocações. O intuito, de toda forma, é fiel à intenção deste livro: trazer novas ideias à tona, expandir as margens do debate nacional sobre política externa e, se possível, contribuir com sugestões concretas.

Além de apontar possíveis parâmetros para o debate nacional, propõem-se aqui certas medidas específicas, como uma aproximação com os principais agrupamentos de doadores no campo do desenvolvimento internacional, em complemento à cooperação Sul-Sul. O propósito seria não simplesmente legitimá-los, mas sim questionar e aprimorá-los. À medida que os problemas de desenvolvimento (nutrição, saúde pública, boa governança, energia limpa etc.) se tornam cada vez mais globais, as novas soluções também deverão extrapolar as fronteiras nacionais. Em um século profundamente condicionado por redes, conforme Anne-Marie Slaughter[1] vem argumentando em anos recentes, não só o *hard power*, mas também o *soft power* serão insuficientes para enfrentar desafios de política externa e desenvolvimento global. Será necessário desenvolver, com efeito, uma espécie de *collaborative power*, em que a atuação estratégica e conjunta em redes de recursos e influência definirão a capacidade de alcançar objetivos.

Em síntese, a principal sugestão concreta deste trabalho é de que o Brasil necessita de uma grande agência para o desenvolvimento internacional, com legislação e orçamento robustos. Para conceber a agência, entretanto, é preciso aprofundar o debate nacional a respeito da CT/DI como atribuição do Estado brasileiro. O debate requer o envolvimento dos grupos especializados em política externa, assim como o Congresso nacional e o público em geral. A mídia, os *think tanks* e as universidades terão papel fundamental no avanço do debate, elaborando e divulgando novas pesquisas e argumentos. Com efeito, o presente capítulo baseia-se em grande parte em estudos já realizados por diversas universidades e *think tanks* nacionais e internacionais.

HISTÓRIA E DEFINIÇÕES BÁSICAS

A experiência do Brasil em cooperação técnica para o desenvolvimento internacional remonta aos anos 1950. Nas décadas iniciais, o Brasil era majoritariamente receptor de ajuda. Quando a Agência Brasileira de Cooperação (ABC) foi criada em 1987, o Brasil já havia iniciado transição de receptor para colaborador. Embora a crise política e econômica que teve início ao final anos 1980 tenha provocado retração nas atividades, o envolvimento do Brasil em CT/DI recuperou-se com vigor no final dos anos 1990 e, sobretudo, a partir do início dos anos 2000. Com a atual crise econômica (2011 em diante), houve novamente uma retração nos dispêndios e atividades.

A experiência histórica do Brasil em CT/DI é fundamentalmente diferente das economias menos desenvolvidas, assim como dos países do Norte. Em primeiro lugar, o Brasil situa-se em contexto econômico específico, de certo modo "intermediário": por um lado, o Brasil foi e continua sendo receptor de Ajuda Oficial ao Desenvolvimento (AOD), e considera-se um "país em desenvolvimento"; por outro, nunca dependeu profundamente de ajuda dos países do Norte para promover o desenvolvimento nacional. Em segundo lugar, há de se levar em conta alguns dos princípios mais perenes da política externa brasileira, uns mais e outros menos propícios a uma participação ativa em CT/DI: não intervenção, autonomia, pragmatismo, pacifismo e universalismo. Em terceiro lugar, à semelhança de outros países em desenvolvimento, a experiência do Brasil como receptor de AOD nem sempre foi positiva. Com isso, gerou-se uma postura relativamente crítica em relação às estruturas tradicionais de CT/DI. Resumidamente, o Brasil é favorável à CT/DI, desde que privilegiadas a horizontalidade, a não condicionalidade, e o conceito de *demand-driven*, ou seja, de que o país beneficiário deve, na medida do possível, solicitar e guiar a cooperação. Fundamentalmente, o Brasil enfatiza seu perfil de país do Sul: não um "doador", mas sim um "parceiro".

O Brasil passou a receber atenção como ator na cena internacional de CT/DI por conta da crescente multipolaridade de poder no sistema global a partir do final da Guerra Fria. Alguns fatores concretos incluíram o crescimento econômico do Brasil, a retração da AOD proveniente dos doadores tradicionais, e a formação e aprofundamento de novos arranjos regionais ou blocos políticos, como os Brics. No século XXI, os países dos Brics começaram a engajar-se muito mais intensamente em CT/DI. Consolidou-se a nítida percepção, entre operadores e pensadores de políticas públicas no Norte e no sistema das Nações Unidas, de que o Brasil pode ser um líder entre países do Sul em diversas áreas, inclusive em cooperação técnica e desenvolvimento internacional.

O surgimento dessa percepção, em grande medida compartilhada também por outros países em desenvolvimento, deve-se em grande parte às discussões e ações relativas aos Objetivos de Desenvolvimento do Milênio (2000-2015), que o Brasil utilizou para orientar suas políticas públicas e muitos dos quais cumpriu com êxito. Com efeito, as questões de pobreza e nutrição continuam sendo metas importantes para o Brasil no contexto da chamada agenda pós-2015 para o desenvolvimento. Vem-se fortalecendo, especialmente em razão do empenho do Brasil, o conceito de cooperação Sul-Sul, com reconhecido potencial de ser tão ou mais eficiente do que a cooperação tradicional dos grandes doadores. A cooperação Sul-Sul engloba relações horizontais, maior confiança mútua, inspiração advinda de iniciativas exitosas em países como o Brasil, e custos menores em geral.

As experiências positivas do Brasil como receptor de cooperação para o desenvolvimento foram muitas, o que provavelmente contribuiu para gerar interesse, em alguns setores do governo, pela prática da transferência internacional de conhecimentos. Embrapa, Fiocruz e Senai são exemplos emblemáticos de agências que se beneficiaram de apoio internacional e que posteriormente se tornaram grandes contribuintes ou colaboradores internacionais. Essas experiências também permitiram a criação de sólidas redes e plataformas de compartilhamento de conhecimento, além de coalizões domésticas interessadas em manter a cooperação internacional. O desafio interno brasileiro está em melhorar a coordenação entre diferentes setores do governo envolvidos em cooperação técnica. Uma possível solução para essa questão seria investir em uma grande agência para o desenvolvimento internacional.

É importante ressaltar que o Brasil sempre teve os grandes "doadores" como parceiros importantes na consecução de seus objetivos de CT/DI. Japão, Estados Unidos e União Europeia, entre outros, foram e são parceiros importantes em termos de recursos, conhecimentos científicos, e capacitação técnica, entre outras áreas. Essas parcerias continuarão, sobretudo se mantido o atual arcabouço legal que regula as atividades de instituições estatais brasileiras no exterior, que tende a deixar os programas de cooperação técnica dependentes de agências bilaterais ou multilaterais para compras, contratações e fornecimento de serviços. Em outras palavras, com a estrutura legal vigente, o Brasil é efetivamente dependente de grandes doadores ou de agências da ONU (fortemente financiadas e, portanto, orientadas por grandes doadores) para grande parte de suas ações humanitárias e de desenvolvimento internacional. Esse cenário não é de todo negativo, como se verifica nos vários exemplos exitosos de cooperação trilateral, mas certamente restringe as possibilidades de atuação e influência.

Na percepção dos países da OCDE e dos principais polos de conhecimento do Norte (em particular o mundo acadêmico anglo-americano), o Brasil "reluta" em "participar do sistema liberal internacional". Esse ponto vale não só para o sistema de CT/DI, atualmente dominado pelos doadores, mas também para a política externa em geral. Trata-se, evidentemente, de uma noção errônea. O Brasil é um dos fundadores do sistema multilateral, contribuindo com ideias e ações. Isso é frequente - e convenientemente - omitido pelas grandes potências ocidentais, permitindo-lhes deslegitimar as posições de países como o Brasil e manter o *status quo* de influência sobre a governança global, concentrado no Atlântico Norte. Entretanto, é importante compreender esse discurso, de "não pertencer" ao "sistema liberal", para identificar as falácias nele contidas e dar início ao seu desmantelamento. Uma visão mais precisa do sistema de governança global mostraria que o Brasil, na realidade (e os países latino-americanos, em geral), é muito mais aderente ao "sistema liberal internacional" do que as grandes potências, que desrespeitam tratados internacionais, iniciam guerras e intervenções ilegais e impedem reformas democratizantes em organizações financeiras internacionais. As potências ocidentais, em suma, aplicam normas internacionais somente quando lhes convém, normalmente para manter o *status quo*. Um país que resiste ou questiona a aplicação seletiva de certas normas é denominado "não liberal".

Uma das medidas que podem ser tomadas para solucionar essas percepções equivocadas - e para consolidar a imagem e influência do Brasil como um ator crítico, com uma voz independente, porém participativa e construtiva - é atuar em mais fóruns globais como o Comitê de Assistência ao Desenvolvimento (CAD) da OCDE, o mais importante agrupamento de doadores de AOD. O Brasil resiste em participar do CAD, apesar de apelos e convites por parte do Comitê, por não desejar legitimar um agrupamento de países do Norte, que aplicam normas para CT/DI das quais o Brasil discorda. Mais amplamente, há uma resistência - suavizada em anos recentes - a participar mais ativamente da OCDE, a fim de evitar a perda de vantagens comerciais.[2] Entretanto, assim como eventuais perdas poderiam de certa forma ser compensadas com o provável incremento de investimento estrangeiro gerado pela associação plena à OCDE, a participação no CAD permitiria ao Brasil acessar, importar e influenciar as melhores práticas internacionais em CT/DI.

A ATUAL INSERÇÃO DO BRASIL NO PANORAMA GLOBAL DE CT/DI

O panorama global da ajuda para o desenvolvimento está em fase de transformação. Uma série de grandes mudanças podem ser observadas, duas das quais com notável impacto: i) a retração relativa do financiamento governamental, em vista da crise econômica iniciada em 2008 e do incremento dos recursos oriundos de fontes privadas, e ii) a crescente importância de economias emergentes como provedores de cooperação técnica. Em relação ao primeiro ponto, ressaltam-se fatores como a desaceleração do aumento dos aportes bilaterais, o crescimento exponencial de recursos oriundos de fundações filantrópicas, e a ampliação da colaboração com empresas e fundos de investimento privados. Os recursos oficiais, na forma de AOD, tenderão a migrar de métodos próximos à caridade ou assistência para investimentos que visam melhorar o funcionamento dos mercados e da governança. Novas ONG, menores, mais ágeis e mais integradas aos avanços tecnológicos, inclusive inovações em financiamento e administração, tenderão a "disruptar" - para usar o termo preferido entre as *startups* de tecnologia - o mercado das ONG tradicionais. Alguns resultados imediatos dessa transformação são a crescente profissionalização do setor, introdução de novas tecnologias, e mais ênfase em resultados objetivos e métricas de avaliação.

Sobre o segundo ponto, economias emergentes como China, Índia, Rússia, Arábia Saudita, Emirados Árabes, Turquia e Brasil estão despontando como atores importantes em CT/DI. Esses provedores de cooperação "não tradicionais" destacam-se pela velocidade nas negociações e no desembolso das verbas, além da ausência de condicionalidades atreladas ao apoio. Existe consenso entre os especialistas de que o Brasil está em posição particularmente privilegiada, entre os países que compõem o grupo dos novos grandes "doadores", para contribuir para CT/DI. As vantagens do Brasil derivam de sua história como ex-colônia e país do Sul, que superou obstáculos de desenvolvimento e ainda se esforça para ultrapassar outros desafios. Outros fatores que diferenciam o Brasil da maioria dos demais emergentes e dos grandes doadores incluem seus valores democráticos, capacidade de estabelecer relacionamentos horizontais e disposição para engajar-se de modo mais flexível.

Historicamente, os projetos brasileiros de CT/DI têm sido pequenos e de curto prazo. Mais recentemente, surgiram os chamados "projetos estruturantes", maiores e de mais longo prazo. Em alguns casos de grandes projetos, há vínculos com investimentos de grandes empresas. Isso não deve ser considerado negativo, desde que haja benefícios claros para a população local, como criação de empregos, e um modelo de negócios econômica e ambientalmente sustentável. Exemplo disso é o projeto ProSavana, no Corredor de Nacala, em Moçambique. Trata-se de iniciativa trilateral entre os governos de Moçambique, Brasil e Japão, com vistas a aumentar a produtividade da agricultura local e aprimorar as conexões entre produtores, fornecedores de insumos e mercados, inclusive internacionais. Embora contestado e questionado, o projeto tem potencial de se tornar modelo exitoso de desenvolvimento econômico produtivo, socialmente equilibrado e ambientalmente sustentável.

Outros exemplos de êxitos e aprendizagem para o Brasil tem sido as experiências no Timor Leste e no Haiti. Nesses países, a cooperação técnica com o Brasil tem sido extremamente abrangente, e ao mesmo tempo profunda, em termos de tempo e recursos empregados. A cooperação multissetorial com esses países tem envolvido, dentre outras áreas, operações de manutenção da paz, agricultura, infraestrutura, saúde, educação e cursos técnicos de qualificação de mão de obra. Alguns centros de excelência brasileiros - Embrapa, Fiocruz e Senai - têm atuado como peças-chave. A participação da sociedade civil, brasileira e local, também teve papel de destaque. Esse histórico de participação, e a experiência de ganhos concretos com a troca internacional de conhecimentos, gerou quadros profissionais no Brasil com forte interesse e sentido de responsabilidade com a cooperação técnica.

Com efeito, a participação do Brasil na esfera do desenvolvimento internacional é mais influenciada por fatores de política doméstica (ou da relação entre políticas públicas domésticas e objetivos de política externa) do que de "demandas" externas direcionadas a agências ou áreas do Governo que tenham certa *expertise*. Há uma fragmentação de fatores determinantes e processos decisórios, o que dificulta a disseminação de lições aprendidas, diminui a efetividade de projetos em países parceiros e compromete a própria participação de médio e longo prazo do Brasil na CT/DI.

De todo modo, CT/DI ocupou posição de destaque na política externa ao longo dos últimos anos. Dentre outras coisas, isso permitiu uma mobilização, sem precedentes, de atores novos em CT/DI. De fato, a sociedade civil organizada no Brasil já tem larga experiência no mundo de cooperação técnica, em particular CT/DI recebida e crescentemente como colaboradora em projetos no exterior. Trata-se de larga experiência transnacional em *advocacy*, implementação de projetos, gerenciamento de recursos internacionais e, em muitos casos, uso de tecnologias avançadas. De acordo com ONGs brasileiras, o Brasil tem uma vantagem - até mesmo em relação aos demais Brics - em poder contribuir com uma visão mais participativa de CT/DI, vinculando ONG com projetos do governo federal, na elaboração e execução de programas governamentais de cooperação. A participação da sociedade civil organizada em CT/DI no Brasil, embora limitada, já é uma realidade. Nas seções seguintes, serão apresentados argumentos sobre a otimização desse recurso.

PROBLEMAS DA CT/DI BRASILEIRA

Existe um debate perene entre pensadores de política externa sobre a intensidade do vínculo - ou até mesmo dependência - entre ações de desenvolvimento internacional e metas de política externa. Soluções diferentes são observadas em países diferentes, e há certa fluidez de arranjos em cada país. Historicamente, na maioria dos países, os Ministérios do Exterior tendem a manter o controle das políticas de CT/DI, muitas vezes em coordenação com as áreas de segurança e comércio internacional.

Não se pretende solucionar o debate neste capítulo. A arquitetura organizacional mais apropriada para o caso brasileiro provavelmente seria uma grande agência, que poderia ser vinculada ao Ministério das Relações Exteriores, como é o caso da ABC. O argumento maior aqui proposto é de que o tipo de arranjo institucional implementado é menos importante do que a necessidade de existir arcabouço legal preciso e robusto para o setor, de modo a permitir políticas bem elaboradas, duradouras e transparentes. A cooperação internacional pode e deve servir como instrumento de política externa, desde que a agenda de desenvolvimento não esteja completamente sujeita a critérios puramente pragmáticos, utilitários ou imediatistas. Há de predominar uma visão de longo prazo, de contribuição para a paz e o desenvolvimento mundial, uma visão cosmopolita e humanitária – valores que, com efeito, não deixam de ser essenciais para a política externa brasileira. Ademais, em consonância com a realidade geopolítica do século XXI, há de predominar uma concepção de atuação internacional focada em redes de interdependência.

Um fundamento importante da construção do arcabouço legal para a CT/DI seria aprimorar o nível do debate público sobre o tema. Não está claro se o público está bem informado sobre o significado e a utilidade dos dispêndios governamentais em ações de ajuda internacional. O debate tende a permanecer em nível perfunctório, contrapondo um conceito vago de "solidariedade" ao refrão utilitarista de "o que o país ganha com isso?" A solidariedade é um princípio da cooperação brasileira para desenvolvimento internacional. O conceito deve ser mantido, expandido e, sobretudo, explicado para o público, cujo apoio é essencial para manter os gastos governamentais nessa área. O apoio torna-se particularmente difícil em tempos de crise, mas não é de todo impossível. Recorde-se que, no Reino Unido, no contexto da mais extensa crise econômica do último século e sob governo conservador, o orçamento do Ministério responsável pelo desenvolvimento internacional (DFID) não apenas foi protegido dos cortes de gastos como foi expandido, a fim de cumprir a meta internacionalmente acordada de 0,7% do RNB[3] em gastos com AOD. A decisão foi altamente polêmica, mas o governo tem sido capaz de comunicar os argumentos ao Parlamento e ao público com eficácia.

Um problema central para a CT/DI brasileira, relacionado ao princípio da solidariedade, é o conceito da cooperação movida pela demanda externa. Com efeito, a necessidade da demanda externa é um dos elementos que sustentam a horizontalidade da cooperação técnica brasileira. Evitam-se, assim, sinais de que o apoio internacional brasileiro poderia ser uma forma de imposição. O método talvez funcione no contexto de um programa governamental de CT/DI relativamente pequeno. À medida que os recursos se expandem, no entanto, torna-se necessário que exista um programa claro, com metas orçamentárias, temáticas e regionais precisas. O lado da oferta, naturalmente, torna-se tão importante quanto a demanda.

Estudo recente do Institute for Development Studies, no Reino Unido, apontou dois problemas fundamentais com a concepção brasileira de cooperação *demand-driven*.[4] Em primeiro lugar, nem sempre está claro onde exatamente a demanda originou-se. Qual país ou instituição foi realmente responsável pela elaboração da demanda? Houve mediação ou até controle total por parte de uma organização internacional ou terceiro país? Houve ampla participação de *stakeholders* legítimos no preparo do pedido? Em segundo lugar, não há procedimento claro, transparente e eficiente para o direcionamento das demandas. Há uma tendência excessiva a retransmitir demandas recebidas – em embaixadas brasileiras ou na ABC – diretamente para agências específicas, sem um processo consultivo mais amplo e sistemático, baseado em estudos e análises.

De fato, faltam, em geral, estudos aprofundados para orientar a CT/DI brasileira. A frequente suposição de que o Brasil tem vínculos históricos e culturais, além de compartilhar experiências de desenvolvimento com outros países do Sul, é incompleta. Impedem-se, *a priori*, estudos mais aprofundados sobre a comunidade receptora da cooperação, o que pode gerar problemas e incompatibilidades. Certamente, a noção de que o Brasil é próximo dos países em desenvolvimento é produtiva, e reforça laços e confiança. Essa proximidade de experiências, no entanto, precisa ser qualificada e estudada.

A própria "horizontalidade" da CT/DI brasileira é problemática. Quando a disparidade de desenvolvimento atinge certo ponto, assimetrias de toda ordem tornam-se evidentes, ao longo da implementação de projetos de cooperação. Ademais, se o intuito da cooperação é parceria ou horizontalidade, então seria preciso operacionalizar o conceito de compartilhamento de experiências e tornar a cooperação realmente bidirecional. Não está claro que experiências estrangeiras, de países do Sul, estão sendo aproveitadas e estudadas no Brasil.

Estes e uma série de outros problemas derivam do fato de que não há no Brasil legislação específica e adequada para as ações de cooperação técnica e ajuda humanitária. É fundamental, portanto, que se inicie um processo de consultas públicas, seguido de projeto de lei, a fim de normatizar o sistema brasileiro de ajuda humanitária e cooperação para o desenvolvimento internacional. A nova lei, especificamente, precisa estabelecer a agência (que deveria controlar tanto a cooperação técnica como a ajuda humanitária), seus parâmetros, princípios norteadores, e mecanismo de funcionamento e de coordenação com outros órgãos. Independentemente, de certa forma, do argumento político sobre o tamanho que a CT/DI brasileira deveria atingir, a legislação torna-se cada vez mais necessária uma vez que as atividades internacionais de diversos atores - ministérios, agências do governo (em diversos níveis), *think tanks*, o poder Legislativo, atores privados, sociedade civil - já existem e tendem a crescer.

Oficialmente, a Agência Brasileira de Cooperação possui a função de receber e promover as ações do governo federal em CT/DI. Na realidade, entretanto, em termos de volume de recursos e número de ações, houve um claro movimento, ao longo da última década, de descentralização, tendo outros órgãos oficiais (e por vezes não oficiais) assumido a liderança ou iniciado ações independentes em termos de financiamento e organização de projetos. Esse fenômeno é preocupante não porque a centralização administrativa seja objetivo inerentemente útil, mas porque nesse caso específico – na falta de um sistema sólido de coordenação interministerial, além da norma legislativa apropriada – gera-se uma série de ineficiências.[5] Frequentemente, portanto, verificam-se projetos descoordenados com a política externa; informação não compartilhada; oportunidades perdidas e a multiplicação de interlocutores externos, ou seja, diferentes governos estrangeiros e diferentes agências internacionais dialogando, de forma fragmentada e não coordenada, com diferentes atores estatais brasileiros. Mantido esse quadro, e sobretudo com uma expansão das ações e recursos envolvidos, a tendência é perder certo grau de controle, foco, e capacidade de promover ações estratégicas.

Ademais, uma característica fundamental dos projetos de cooperação brasileiros – mesmo os que são planejados e coordenados pela ABC – é que são implementados por servidores públicos de diversos ministérios e agências, no lugar de uma agência centralizada. Por um lado, isso significa que o pessoal responsável por implementar as ações externas tem experiência de primeira mão nas questões de desenvolvimento, com desenho e implementação de projetos no Brasil. Esses profissionais estão diretamente envolvidos na transferência dos conhecimentos para parceiros internacionais. Por outro lado, a descentralização produz excessiva rotatividade de pessoal em cada projeto, além de excesso de trabalho, em alguns casos, e a utilização de pessoal com experiência inadequada para trabalho internacional. Certa rotatividade pode até ser desejável, assim como a participação de funcionários de diversos órgãos. A agência central de CT/DI, no entanto, precisa de amplo quadro permanente de gestores profissionais, inclusive servindo em postos na rede diplomática brasileira, que possam coordenar todas as ações de modo sistemático.

Em última análise, a lógica do *demand-driven*, a dispersão institucional e a falta de um sólido quadro de profissionais dificultam a capacidade do Itamaraty de implementar medidas de CT/DI eficazes e sustentáveis. Além da falta de uma estrutura legislativa, o planejamento é geralmente precário, e faltam objetivos de médio e longo prazo bem definidos. Projetos, portanto, tendem a ser *ad hoc*, de curto prazo e reativos. É necessário reconhecer uma série de iniciativas importantes no sentido de aprimorar o funcionamento da ABC, a exemplo de projeto de capacitação dos funcionários do órgão, implementado em 2012, em coordenação com a Escola Nacional de Administração Pública e a GIZ, a agência alemã para a cooperação internacional. Esses e outros programas - em coordenação com agências de países desenvolvidos e da ONU - poderão melhorar as funções essenciais de planejamento, monitoramento e avaliação de projetos. Uma meta relacionada, ainda, seria aprimorar a coleta e transparência dos dados, seguindo padrões internacionalmente reconhecidos como os da OCDE e do Aid Transparency Index.

POR QUE CONTINUAR E EXPANDIR A CT/DI BRASILEIRA

Em se tratando de política pública, financiada e executada com recursos públicos, é natural e necessário que exista denso e constante debate nacional sobre a participação do Brasil em esforços de desenvolvimento internacional. Atualmente, em VISTA das quase três décadas de existência da Agência Brasileira de Cooperação e do fato concreto da expansão dos programas brasileiros de CT/DI, esse debate permanece insuficiente - circunscrito virtualmente a alguns círculos acadêmicos e eventuais seminários organizados pelo Itamaraty. Perguntas importantes estão sem resposta adequada. Por que, afinal, o Brasil precisa ter um programa de cooperação para o desenvolvimento internacional?

No Congresso Nacional, com raras exceções, não há discussão aprofundada sobre o assunto. Em anos recentes, ocorreram os debates em torno das Medidas Provisórias 481/2010 e 519/2010, sobre doações ao Programa Mundial de Alimentos. Uma análise desses debates revela que tende a prevalecer, nos argumentos à esquerda assim como à direita, o imperativo das necessidades nacionais. Não se questiona o princípio da solidariedade, que tem apoio universal (pelo menos no nível do discurso), mas há uma preocupação excessiva com possíveis ameaças para o Brasil e uma falta de conhecimento sobre o campo do desenvolvimento internacional. No contexto das MP em questão, levantou-se até mesmo preocupação com o potencial efeito das doações ("redução da oferta") sobre os preços domésticos dos alimentos. Contudo, os valores morais, religiosos e políticos, favoráveis à solidariedade internacional, em particular com países mais pobres, têm estado presentes nos debates parlamentares sobre o tema.

Entre o público brasileiro, a preocupação com temas de desenvolvimento internacional pode ser observada em algumas pesquisas de opinião. É interessante notar, inclusive, que o público em geral tende a manter posicionamento mais sensível a temas de desenvolvimento humano do que a comunidade especializada em política externa. Em 2014, o Instituto de Relações Internacionais (IRI) da USP publicou estudo[6] revelando que, nos temas "pobreza e fome no mundo", "epidemias como a aids", e "escassez e altos preços dos alimentos", o público em geral estava consideravelmente mais preocupado do que a comunidade especializada, conforme o quadro a seguir demonstra.

Esta ameaça internacional é grave?
Comunidade especializada (CE) vs. público em geral (PG)

(Os resultados correspondem às porcentagens de respostas afirmativas)

	CE	PG
Pobreza e fome no mundo	52,5%	72,65%
Epidemias como a aids	42,5%	67,9%
Escassez e altos preços dos alimentos	41,4%	68,2%
Diferencial médio entre os dois grupos: 24.11 pontos percentuais		

As reações entre os diferentes públicos aproximam-se - e formam consenso favorável - quando é levantada a hipótese da atuação do Brasil para solucionar crises humanitárias e problemas de desenvolvimento internacional. De acordo com o estudo do IRI, quando indagados sobre a agenda internacional brasileira, 87% do público em geral e 86% da comunidade especializada considerou "muito importante" a meta de "ajudar a melhorar o nível de vida nos países menos desenvolvidos". Sobre a questão "atuar em defesa dos direitos humanos", 96,5% dos especializados e 82,2% do público em geral considerou o objetivo "muito importante".

Outro estudo, realizado pelo Institute for Development Studies,[7] revelou respostas um pouco menos entusiásticas sobre a participação do Brasil em CT/DI. O estudo, que focou apenas em *opinion leaders*[8] no Brasil, demonstrou que 51% dos entrevistados apoiam a participação do Brasil em atividades de cooperação internacional, e 40% são contra. Entre os principais motivos para a participação, em ordem de importância, destacaram-se promoção da segurança nacional; redução da pobreza; promoção da paz e segurança no mundo; solidariedade; resposta a desastres naturais; promoção dos direitos humanos; promoção dos interesses econômicos do Brasil; apoio à situação das mulheres em outros países; promoção dos interesses políticos do Brasil; e promoção de melhor governança.

É interessante observar como a promoção dos interesses econômicos do Brasil - tema que costuma dominar o debate público sobre política externa - não consta como um dos objetivos prioritários dos 51% de *opinion leaders* favoráveis à CT/DI. Com efeito, essa posição coaduna-se com os resultados de seminário sobre *soft power* organizado pela Fiesp, em 2012. Em seguimento ao seminário, o embaixador Rubens Barbosa, presidente do Conselho Superior de Comércio Exterior da Fiesp, publicou uma série de artigos no *Estado de S. Paulo*, além de participar de diversos seminários acadêmicos sobre o tema, defendendo a expansão das atividades do Brasil em CT/DI. Para o embaixador Barbosa, o fortalecimento da área de CT/DI poderia "aperfeiçoar e reforçar um importante instrumento da política externa a serviço da projeção do Brasil no exterior (*soft power*)". Crucialmente, para o chefe da área internacional de uma das principais associações da indústria brasileira, uma ênfase econômica-comercial sobre os esforços de cooperação "poria em perigo o braço de assistência técnica do Itamaraty, com repercussão negativa sobre nossa projeção externa".[9] Portanto, apesar das inclinações negativas descritas no início deste capítulo, também é possível afirmar que existe no Brasil, entre alguns atores de peso envolvidos em política externa, a percepção de que o país passou recentemente por experiência importante de desenvolvimento inclusivo e que essa experiência poderia interessar a outros países. Trata-se de ponto de VISTA significativo, que ajuda a promover os esforços brasileiros de CT/DI. O argumento sobre a responsabilidade pelo compartilhamento da experiência nacional, aliado à promoção da imagem do Brasil no exterior, ajuda a gerar legitimidade interna para os gastos em CT/DI.

Os estudos Cobradi,[10] realizados pelo Ipea e ABC, foram um importante avanço no sentido de aprimorar o diálogo nacional (e internacional) sobre a cooperação técnica brasileira. Para o Institute for Development Studies (IDS), no entanto, o debate público sobre a participação do Brasil em CT/DI ainda é "embrionário" e "fragmentado".[11] A atenção ao tema surgiu em grande medida em decorrência de artigo publicado no *The Economist*, em 2010.[12] Na matéria, o periódico britânico afirmou que o Brasil investiu cerca de US$ 1,2 bilhão em CT/DI no ano 2009-2010 – sem contar empréstimos do BNDES para projetos no exterior –, colocando o país entre os maiores contribuintes de ajuda internacional. A notícia teve grande repercussão tanto no exterior como no próprio Brasil, e provavelmente ajudou a impulsionar os estudos Cobradi e do IDS, dentre outros. São, com efeito, avanços importantes, mas insuficientes. À diferença do que ocorre nos principais países doadores, os parâmetros do debate nacional não estão claros, nem definidos os conceitos básicos. Não há, enfim, uma densidade de estudos e evidências para subsidiar as discussões.

Três perguntas fundamentais podem orientar o necessário debate interno sobre o assunto: 1) Por que o Brasil precisa cooperar com outros países? 2) Que tipo de desenvolvimento o Brasil está tentando promover nacional e internacionalmente? 3) Esses dois objetivos são complementares? Inicialmente, poderiam ser apresentados objetivos puramente pragmáticos. A CT/DI, vista por esse ângulo, serviria para abrir mercados e expandir relações diplomáticas a fim de obter ganhos de política externa. Alternativamente, um objetivo da CT/DI brasileira poderia ser a consolidação e expansão de direitos, ou o aprofundamento da democracia global. Similarmente, outra meta poderia estar relacionada à justiça redistributiva, ou seja, reduzir as desigualdades econômicas globais. Sob essa ótica, o Brasil teria uma responsabilidade especial, por ser uma das sete ou oito maiores economias do mundo.

A seguir, relacionam-se outras possíveis respostas, mais específicas, que podem ser divididas em três campos: geopolítica, economia e desenvolvimento global. Não se propõe aqui uma única resposta, nem respostas conclusivas, nem mesmo um juízo sobre cada uma das possíveis respostas. A melhor "resposta", provavelmente, seria uma mistura de diversos posicionamentos: uma posição apropriada para o contexto político doméstico e global de cada momento.

Argumentos geopolíticos

- A cooperação (com a África e América do Sul, em particular) favorece a manutenção de uma zona de paz, e livre de armas nucleares no Atlântico Sul.
- A cooperação com países asiáticos seria uma forma eficaz de aprofundar laços de amizade e conhecimento recíproco com uma região de extrema importância econômica e geopolítica, e ainda pouco explorada no planejamento estratégico da política externa brasileira.
- O envolvimento do Brasil em CT/DI, em particular em zonas de conflito e pós-conflito, pode fortalecer o pleito para assento permanente no Conselho de Segurança da ONU.

- A expansão geográfica dos projetos de cooperação técnica brasileira pode contribuir para incrementar o apoio a candidaturas para órgãos internacionais.
- Os princípios basilares de horizontalidade e não condicionalidade da cooperação técnica brasileira são sólidos, úteis e sustentáveis. Coadunam-se com outros grandes princípios perenes da política externa brasileira: não intervenção, autonomia, pacifismo, universalismo. Devem permanecer. São inovadores e devem ser expostos, argumentados, replicados. Devem ser utilizados para influenciar o CAD-OCDE.
- Outro valor perene da política externa brasileira, fortalecido em décadas mais recentes, é a busca pela pluralidade nas relações externas - diversificando parceiros, projetando influência, fortalecendo a autonomia. A cooperação para o desenvolvimento pode subsidiar essa meta.
- A participação em projetos de CT/DI expõe profissionais brasileiros a ambientes de trabalho globais. Com a experiência internacional, esses profissionais poderão futuramente trabalhar em agências da ONU, empresas ou outras organizações internacionais, promovendo uma visão brasileira nessas organizações.
- A CT/DI brasileira pode ser diferente também no sentido de promover agendas que foram marginalizadas ou completamente descartadas no discurso de desenvolvimento internacional da OCDE. Essas agendas podem incluir, por exemplo, temas relacionados a comércio, desenvolvimento industrial e reforma das instituições de governança global, sobretudo as financeiras. Esses elementos poderiam ser incluídos na definição brasileira de CT/DI e usados para influenciar a agenda global.
- Mais amplamente, uma agência de desenvolvimento internacional bem provida de recursos, com uma presença global positiva, poderá contribuir para incrementar o *soft power* e o *collaborative power* do Brasil.

Argumentos econômicos

- A cooperação expõe profissionais brasileiros ao mundo, aumentando suas capacidades técnicas, em idiomas etc. A experiência internacional reforçará o capital humano brasileiro, com efeitos positivos para a produtividade.
- Podem ser criadas regras para os gastos em CT/DI, que priorizem a contratação de prestadores de serviços e fornecedores de produtos nacionais. Tais regras existem, por exemplo, no contexto das atividades dos programas norte-americano (Usaid), britânico (DFID) e europeu (DG-DEVCO). Produtos e serviços adquiridos no mercado nacional podem incluir, por exemplo, farmacêuticos, alimentos, equipamentos de comunicação e informática, software, serviços de transporte e segurança, veículos, insumos para a agricultura, material educacional e materiais de construção.
- A CT/DI pode fomentar um mercado nacional competitivo de ONGs e *think tanks*, financiado por recursos públicos e privados nacionais e internacionais. Aprimora-se o nível do debate público nacional, com efeitos diretos e indiretos para a produtividade, o comércio e políticas públicas, inclusive macroeconômicas. Aumenta-se a oferta de emprego para advogados, internacionalistas e outras categorias profissionais.
- A presença da CT/DI brasileira poderá naturalmente - sem imposições ou condicionalidades - gerar conhecimento e interesse, em uma nova região do mundo, sobre o Brasil e seus produtos de exportação.
- A participação do Brasil no CAD, e um maior envolvimento na OCDE em geral, pode ajudar a melhorar a percepção do Brasil entre investidores internacionais. Seria uma sinalização de que o Brasil aceita adotar - e ajudar a elaborar - metas rigorosas e internacionalmente reconhecidas sobre transparência e regulação em diversos setores da economia.

Problemas globais/soluções globais

- Do ponto de vista pragmático, os problemas de políticas públicas são crescentemente globais: meio ambiente, saúde pública, migrações, cidades etc. Problemas geograficamente distantes podem afetar o contexto doméstico, às vezes de formas imprevisíveis. As soluções, portanto, precisam ser compartilhadas globalmente, e por uma diversidade de atores.
- De um ponto de vista intelectual, empregar o conceito de "desenvolvimento global" pode ajudar a solucionar o dilema da "solidariedade" vs. "interesses nacionais". Desenvolvimento global ressalta a noção de comunidade global, de problemas compartilhados, da necessidade de colaborar para resolver problemas que são, cada vez mais, interligados.
- Considerando-se a opinião pública e a necessária prestação de contas para a sociedade, o discurso da solidariedade é insuficiente para angariar amplo apoio político. O discurso sobre ganhos, por sua vez, é imediatista, limitado e pouco atraente, uma vez que destoa do princípio básico de ajuda e colaboração. Há de existir um discurso mais holístico, cosmopolita, que enfatiza que, no mundo das redes interligadas e interdependentes, os ganhos "lá" podem equivaler a ganhos "aqui". Mais especificamente, há de se construir a narrativa de vínculos entre debates e lutas em outros países pobres e debates e lutas que existem no Brasil. Por exemplo, a construção de uma matriz energética mais limpa, diversificada, e sensível a vulnerabilidades socioambientais.
- Talvez a diferença entre o Brasil e o CAD-OCDE seja metodológica, e não necessariamente uma divergência de valores e objetivos. Essa diferença em metodologia poderia muito bem ser mantida, respeitada, mesmo com uma adesão plena ao grupo. Uma adesão ao grupo, ademais, permitiria influenciar a própria metodologia dos grandes doadores, aprimorando-a. O Brasil tem muito a contribuir, e há forte interesse em ouvir o Brasil.

- Há uma falácia em permanecer na timidez, no nacionalismo redutivo, ou esconder-se por trás do manto de país em desenvolvimento, que precisa solucionar problemas internos antes de contribuir internacionalmente. Na realidade, isso significa continuar permitindo que os "grandes doadores" dominem a agenda de desenvolvimento e política global, com efeitos negativos para todos.

PROPOSTAS PARA O FUTURO

A expansão das atividades de CT/DI, com uma grande agência de desenvolvimento para impulsionar os esforços, seria de grande proveito para o Brasil. A nova agência deveria ter certo grau de autonomia, e funcionaria de acordo com os mais avançados métodos de administração pública e privada. Uma grande agência de desenvolvimento internacional brasileira também precisará comunicar ao público suas metas, de modo claro e convincente. A efetividade do órgão - mensurada com objetivos sólidos e transparentes - ajudará a fortalecer a opinião pública sobre a importância da participação do país em empreendimentos na área de desenvolvimento internacional.

O Brasil já parte do princípio correto, de cooperação, e não de ajuda (*aid*). É preciso expandir essa atuação, com mais recursos e mais envolvimento nas discussões internacionais sobre o assunto. O trabalho precisa ser conjunto, em coordenação com o sistema ONU, outros grandes doadores e países em desenvolvimento. Exemplos de coordenação já existem, como o Acordo de Cotonou, assinado em 2000 entre a União Europeia e países da África, Caribe e Pacífico, grandes beneficiários do apoio europeu. O Brasil, por sua vez, participa do mecanismo de consultas sobre cooperação Sul-Sul no âmbito da Secretaria Geral Ibero-Americana. Outro mecanismo, com elevado grau de coesão e eficácia, é o Comitê de Assistência ao Desenvolvimento da OCDE. Este, no entanto, não conta com representação dos países em desenvolvimento, o que pode ser considerado problemático. É preciso, enfim, reconhecer que o sistema contém diversos níveis (bilateral, multilateral, Sul-Sul) e que é importante manter presença ativa nos mecanismos mais influentes. Para melhorar a coordenação entre os atores e a efetividade da CT/DI – além de alavancar os recursos investidos e transformá-los em ganhos concretos para o país, em termos geopolíticos e econômicos – o Brasil precisa participar de fóruns como o CAD-OCDE, por mais imperfeitos que sejam.

Talvez seja o momento de flexibilizar, também, alguns dos princípios básicos da CT/DI brasileira, que ora parecem estar defasados. Em particular, os conceitos de não intervenção, autonomia e cooperação *demand-driven*. Intervenções imediatas em países com situação institucional altamente frágil podem ser necessárias em casos extremos, como catástrofes naturais que requerem ajuda humanitária. Intervenções mais sutis, como o apoio à sociedade civil organizada em outros países, para o avanço da democracia, também podem ser úteis. Por exemplo, quando o presidente paraguaio Fernando Lugo foi deposto, em 2012, Matias Spektor escreveu lúcido artigo na *Folha de S.Paulo* sugerindo que, no longo prazo, Brasília deveria, utilizando-se de projetos de cooperação técnica, "contribuir para fazer do Paraguai uma democracia estável e inclusiva porque eventuais rupturas sociais e políticas podem ameaçar valiosos interesses brasileiros".[13] Quanto à autonomia, o Brasil precisa habituar-se igualmente à globalização e às soluções compartilhadas para problemas globais.

Significativa parte dos problemas e incertezas têm origem no princípio de que a CT/DI brasileira deve partir de demandas por cooperação. Não se realizam, portanto, estudos sistemáticos prévios sobre países que poderiam receber CT/DI. Não há, tampouco, estudos estratégicos sobre agências da ONU e outros parceiros, como os próprios grandes doadores. O modo de funcionamento da CT/DI brasileira é, nesse sentido, excessivamente reativo. Além de gerar ineficiências, perde-se o histórico de práticas exitosas (por não serem sistematicamente avaliadas e arquivadas) e perdem-se novas oportunidades e possibilidades de aprofundar conexões com outros países. Na realidade, o Brasil tem capacidade e legitimidade para ser um líder na chamada agenda para a transparência em CT/DI. Os trabalhos que resultaram no Cobradi foram importantes. Muito mais precisa ser feito, no entanto, para consolidar, avaliar e difundir as informações e dados.

O Brasil precisa passar por um intenso processo de avaliação de seus objetivos e métodos em CT/DI. Uma maneira de realizar esse processo seria estudar o que já vem sendo feito, e avaliar os aspectos positivos e os que não funcionam. Esse processo é essencial para aprimorar a CT/DI brasileira como um todo, além da comunicação para o público, o Congresso e o resto do mundo sobre o que o país está fazendo e com que objetivo. É necessário colocar em prática uma interlocução direta com universidades e *think tanks*, para robustecer não só o fundamento teórico e estratégico da nova agência da CT/DI brasileira (e seu quadro normativo), mas também para dar apoio contínuo às ações técnicas. O governo poderia, por exemplo, financiar programas de pós-graduação em CT/DI, para criar núcleos de estudo em universidades que poderão contribuir para o debate, além de formar uma nova geração de profissionais nessa área.

Uma grande agência de desenvolvimento internacional brasileira precisará, com efeito, de pessoal técnico altamente qualificado. Um fator diferencial em relação aos grandes doadores é o fato de o Brasil poder contar com técnicos na administração pública que trabalham com questões (como desenvolvimento social, agricultura etc.) que o país tem em comum com os países mais pobres. São esses os técnicos que costumam participar das missões brasileiras no exterior, gerando e fortalecendo afinidades transnacionais. Mas talvez esse modelo já esteja ultrapassado. É preciso montar quadro de servidores trabalhando em CT/DI em tempo integral. Além disso, seria útil criar sistema para contratação de mais ONG brasileiras para realizar parte das atividades internacionais. Enviar sociedade civil brasileira organizada para o exterior é uma ferramenta poderosa, e subutilizada, de *soft power*. São potenciais embaixadores brasileiros, exportando conhecimentos e cultura brasileira, projetando e expandindo a imagem do país no mundo. Outro modelo que poderia ser replicado no Brasil é o "*peace corps*" do governo norte-americano, no qual jovens recém-formados de programas universitários são inseridos por até dois anos em projetos de cooperação técnica no exterior. Na literatura acadêmica, vale ressaltar, cresce o reconhecimento da importância dos atores não estatais, inclusive da sociedade civil organizada, nas relações internacionais.

Um ponto importante que as organizações de sociedade civil levantam é que elas têm conhecimento profundo de temas de desenvolvimento justamente porque participaram do processo de elaboração de políticas (justamente as políticas que se pretende exportar) no âmbito doméstico. Além disso, ONG e novos "empreendimentos sociais" brasileiros têm conhecimento de modelos alternativos de desenvolvimento que não estão sendo considerados para "exportação" - modelos que poderiam ser interessantes para vários outros países em situação parecida. Essas organizações já têm larga experiência direta em CT/DI, na medida em que atuaram como parceiros de agências internacionais implementando projetos no Brasil. Mais amplamente, a consolidação de uma rede ou comunidade de *stakeholders* interessados em desenvolvimento internacional é importante para garantir a sustentabilidade da CT/DI no Brasil, em particular em contexto de contingenciamento de verbas e redefinição de metas de política externa.

Uma das grandes inovações da última década, no campo do desenvolvimento internacional, é o tamanho (absoluto e relativo), escopo e sucesso das fundações privadas. Alguns exemplos são a Bill & Melinda Gates Foundation, Open Society Foundations, Children's Investment Fund Foundation (CIFF) e United Nations Foundation, entre as novas, e fundações Ford, Hilton e Rockefeller, entre as tradicionais. Além de êxitos concretos em áreas como saúde, justiça e educação, as fundações agora têm influência sobre a própria agenda de desenvolvimento global, definindo prioridades e criando novas metas e metodologias. Essas transformações trazem novas oportunidades e desafios. São, de todo modo, uma realidade: o Brasil precisará trabalhar com as fundações, aproveitando sua *expertise* e recursos, assim como combatendo os eventuais equívocos e distorções de instituições excessivamente atreladas a interesses financeiros. Fundações como a Gates (orçamento anual: US$ 3 bilhões) e a CIFF (orçamento anual: US$ 246 milhões), dentre outras, já atuam em parceria com organizações brasileiras, no Brasil e no exterior. Há forte interesse da parte dessas instituições em aprimorar a coordenação com níveis mais altos do governo, como ficou claro no evento Nutrition for Growth - N4G, realizado em Londres, em 2013, copatrocinado pelo então primeiro-ministro David Cameron e o então vice-presidente Michel Temer, com a presença de Bill Gates e Jamie Cooper, fundadora da CIFF. Em seguimento ao N4G de 2013, o Brasil organizou o evento no Rio de Janeiro, em agosto de 2016. Manter o compromisso com agendas como o N4G são uma maneira excepcionalmente produtiva de participar de iniciativas globais e com uma diversidade de atores, contribuindo com a experiência brasileira e também com a criação de formatos inovadores de cooperação internacional para solucionar questões importantes em desenvolvimento humano, governança e políticas públicas.

NOTAS

1 Vide, por exemplo, Anne-Marie Slaughter, "How to Succeed in the Networked World: A Grand Strategy for the Digital Age", em *Foreign Affairs*, v. 95, n. 6, nov./dez. 2016, e "A New Theory for the Foreign Policy Frontier: Collaborative Power", em *The Atlantic*, 30 nov. 2011.

2 Outra crítica importante, advinda não só do Brasil como da maioria dos países em desenvolvimento, é de que o valor da AOD global é pequeno em relação ao protecionismo dos países do Norte, que dificultam o acesso de produtos dos países do Sul aos seus mercados. Os grandes doadores também por vezes se utilizam da AOD para pressionar os países em desenvolvimento a abrir seus mercados para produtos do Norte.

3 Rendimento Nacional Bruto, a medida do tamanho total da economia nacional utilizada para fins de contabilização e comparação das contribuições de cada país para a Ajuda ao Desenvolvimento.

4 *Brazil's Engagement in International Development Cooperation: The State of the Debate (Evidence Report n. 59)*, Institute for Development Studies, Reino Unido, 2014.

5 Conforme o próprio governo federal admite, no relatório "Cooperação brasileira para o desenvolvimento internacional" (Cobradi), publicado pelo Ipea em 2016, "Pensar o estudo da Cobradi é tarefa árdua, tendo-se em VISTA que a cooperação não se faz apenas no marco normativo dos acordos e compromissos assumidos, mas se realiza, também, mediante a mobilização de um alentado número de órgãos públicos e privados, em diferentes instâncias administrativas, configurando um arranjo institucional complexo e quase sempre desarticulado" (p. 169).

6 *Brasil, as Américas e o mundo: opinião pública e política externa*, São Paulo, Instituto de Relações Internacionais da Universidade de São Paulo, 2014.

[7] *Brazil Public Opinion Monitor: Baseline Survey Results* (*Evidence Report n. 32*), Reino Unido, Institute of Development Studies, 2013.

[8] Na concepção dos organizadores do estudo, "opinion leaders are defined as individuals who are engaged actively in economic and/or political issues in Brazil and are willing to participate in an on-going panel which means that they will be asked to respond to questions on an on-going basis" (Institute for Development Studies, 2013, op. cit. p. 2).

[9] Rubens Barbosa, "Reforço para o 'soft power' brasileiro", em *O Estado de S. Paulo*, 27 ago. 2013.

[10] *Cooperação brasileira para o desenvolvimento internacional: 2005-2009*, Brasília, Ipea, 2010; *Cooperação brasileira para o desenvolvimento internacional: 2010*, Brasília, Ipea, 2013; e *Cooperação brasileira para o desenvolvimento internacional: 2011-2013*, Brasília, Ipea, 2016.

[11] Institute for Development Studies, 2014.

[12] "Speak Softly and Carry a Blank Cheque", em *The Economist*, 15 jul. 2010.

[13] Matias Spektor, "Nosso problema paraguaio", em *Folha de S.Paulo*, 27 jun. 2012.

REFERÊNCIAS

BARBOSA, Rubens. "Reforço para o 'soft power' brasileiro". *O Estado de S. Paulo*, 27 ago. 2013.

INSTITUTE FOR DEVELOPMENT STUDIES. *Brazil Public Opinion Monitor:* Baseline Survey Results (Evidence Report n. 32). Reino Unido: Institute of Development Studies, 2013.

______. *Brazil's Engagement in International Development Cooperation:* The State of the Debate (Evidence Report n. 59). Reino Unido, 2014.

INSTITUTO DE RELAÇÕES INTERNACIONAIS DA UNIVERSIDADE DE SÃO PAULO. *Brasil, as Américas e o mundo*: opinião pública e política externa. São Paulo, 2014.

SLAUGHTER, Anne-Marie. "A New Theory for the Foreign Policy Frontier: Collaborative Power". *The Atlantic*, 30 nov. 2011.

______. "How to Succeed in the Networked World: A Grand Strategy for the Digital Age". *Foreign Affairs*, v. 95, n. 6, nov./dez. 2016.

SPEKTOR, Matias. "Nosso problema paraguaio". *Folha de S.Paulo*, 27 jun. 2012.

Justiça Federal manda BNDES dar acesso a documentos do Porto de Mariel, em Cuba
Juiz afirma que 'indícios de irregularidades' se sobrepõe ao dever de sigilo nas operações
Porto de Mariel: governo definiu que dados eram secretos até 2027
Reforma trabalhista será apresentada este ano
Projeto de terceirização não voltará à pauta, diz ministro da pasta
CURITIBA- O ministro do Trabalho, Ronaldo Nogueira, afirmou ontem que
vestigue possíveis irregularidades no financiamento da obra.
MAIS TRANSPARÊNCIA
"A existência de indícios de irregularidades nas operações de financiamento para reconstrução do Porto de Mariel, cujos contratos se pretende exibir, sobrepõe-se ao dever de sigilo sobre as referidas operações", es-
conclui que, em razão da Lei de Acesso à Informação e da preservação do patrimônio público, é "plausível" o direito de acesso aos documentos.
Em 2015, após uma decisão do Supremo Tribunal Federal (STF) que obrigou o BNDES a repassar algumas informações ao Tribunal de Contas da União (TCU),
tinho, assegurou que o sigilo bancário e algumas outras informações seriam preservados.
Na ação, Sachsida alegou que o contrato de Mariel foi indevidamente classificado como secreto pelo Ministério do Desenvolvimento.
informou que a publicidade e o amplo acesso às informações é a regra geral, mas há casos específicos em que é possível haver restrições.
Por outro lado, o então presidente do BNDES, Luciano Cou-
ministro garantiu também que o projeto de terceirização que já tramita no Congresso não será recolocado em pauta, como chegou a ser defendido pelo ministro chefe da Casa Civil, Eliseu Padilha.
— Nós constituímos um grupo de trabalho no ministério, e esse grupo tem até o mês de agosto para nós apresentar um estudo — disse
(Thaís Skodowski, especial para O GLOBO)

A AGENDA DE SEGURANÇA ALIMENTAR E NUTRICIONAL

Para uma nova geopolítica da fome: a segurança alimentar e nutricional na política externa brasileira

Candice Sakamoto Vianna

A política externa de um país é, geralmente, reflexo dos avanços internos e dificilmente consegue se sustentar sem lastro na realidade nacional. A agenda internacional de combate à fome e promoção da Segurança Alimentar e Nutricional (SAN) não foge a esse padrão, estando a atuação internacional de um Estado fortemente amparada nos resultados logrados no âmbito interno.

Os significativos avanços econômicos e sociais do Brasil nas últimas décadas, por meio da prioridade política conferida à erradicação da fome, aliada à estabilidade macroeconômica, credenciaram o país a fortalecer sua atuação internacional no combate à fome e na promoção da SAN, transformando um passivo histórico em ativo para a política externa. O desenvolvimento de marcos legais e políticas públicas integradas e consistentes resultou na redução drástica da população em insegurança alimentar: se, em 1990-1992,[1] 14,8% da população estava em estado de subalimentação, essa proporção passou a ser inferior a 5%[2] em 2004-2007, de acordo com relatório da FAO, Fida e PMA,[3] mantendo-se abaixo desse patamar desde então.

Em termos absolutos, o Brasil passou de 22,6 milhões de cidadãos subalimentados a cerca de 3,7 milhões na comparação entre 1990-1992 e 2004-2007. A queda, no período, foi de aproximadamente 83,6%, taxa bastante superior à média global, bem como da América Latina e Caribe, região que apresentou redução mais acelerada.

Número absoluto de habitantes em insegurança alimentar				
	(em milhões)	1990-02	2014-16	Redução (número absoluto)
1	China	299	133,8	155,2
2	Índia	210,1	194,6	15,5
3	Etiópia	37,3	31,6	5,7
4	Bangladesh	36	26,3	9,7
5	Indonésia	35,9	19,4	15,5
6	Vietnã	32,1	10,3	21,8
7	Paquistão	28,7	41,4	-12,7
8	Myanmar	26,8	7,7	19,1
9	Brasil	22,6	3,7	18,9
10	Nigéria	20,8	12,9	7,9
11	Tailândia	19,8	5	14,8
12	Filipinas	16,7	13,7	3
	América Latina e Caribe	66,1	34,3	31,8
	Mundo	1010,6	794,6	216

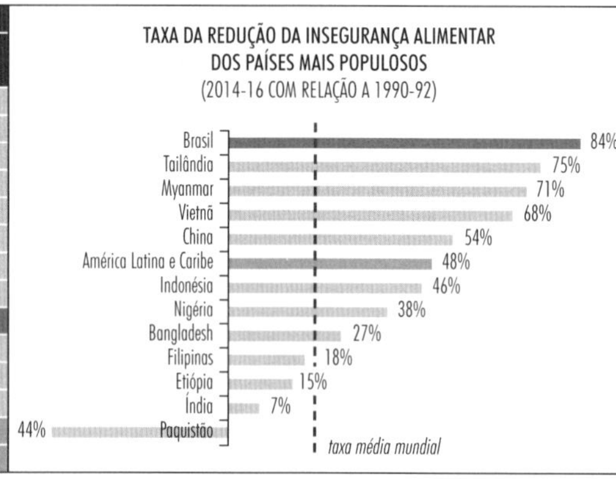

Fonte: FAO, 2015.

Em 2013, o Brasil foi reconhecido pela FAO por ter alcançado antecipadamente a meta 1c dos Objetivos de Desenvolvimento do Milênio (ODM), de redução à metade da incidência da fome. Em 2014, o Brasil saiu do Mapa da Fome[4] e recebeu prêmio da FAO por ter alcançado a mais ambiciosa meta da Cúpula Mundial de Alimentação de reduzir à metade o número absoluto de subalimentados.

Ou seja, se em 1990 o Brasil era parte do problema da fome no mundo (ocupando o nono lugar entre os países de maior população absoluta subalimentada), hoje se coloca como parte da solução no âmbito internacional, mudança de todo expressiva. Pode-se assim dizer que o Brasil "renovou suas credenciais" em termos sociais no início do século XXI – em analogia ao processo de redemocratização brasileira e utilizando-se da expressão cunhada pelo embaixador Gelson Fonseca Jr.[5]

As transformações do quadro nacional de SAN atraíram o interesse de países em desenvolvimento e de organizações internacionais na experiência brasileira, abrindo novas frentes de atuação para nossa diplomacia. Embora a agenda de combate à fome e à pobreza não seja de todo nova na política externa brasileira (PEB), estando, em maior ou menor grau, presente no discurso, o novo contexto permitiu que o país fosse mais além, não apenas denunciando a problemática da fome e a necessidade de ação internacional, mas propondo novos conceitos e iniciativas concretas, alicerçados no Direito Humano à Alimentação Adequada (DHAA). Tal fato esteve certamente associado ao contexto internacional – que, após o fim da Guerra Fria e com a chamada "Década das Conferências",[6] abriu espaço para o tratamento de temas sociais na agenda global – e também à plataforma política nacional, que, a partir de 2002, teve o combate à fome como prioridade política, com reflexos na PEB.

Sob esse prisma, o presente texto busca analisar criticamente – embora não de forma exaustiva – a política externa do Brasil em SAN nos últimos anos, a partir de sua linha de atuação em foros multilaterais especializados. Serão abordados os principais avanços, seus agentes propulsores e suas limitações, bem como os riscos de reveses frente à atual crise econômica e política nacional. Com a premissa de que o poder brando é a principal fonte de poder do Brasil no cenário global, argumenta-se que a política externa em SAN tem contribuído para fortalecer as credenciais internacionais do país e apresenta elevado potencial de adensamento de suas relações com países em desenvolvimento, por representar forma efetiva de cooperação Sul-Sul.

Por ser parte dos "novos temas" da ampla agenda global, a SAN não ocupa na PEB o mesmo lugar que os temas tradicionais – segurança, comércio, desenvolvimento, integração, relações bilaterais – quando, na realidade, tem a contribuir em todas essas vertentes: por exemplo, na própria revisão do que se entende por desenvolvimento (estando integrado no conceito de desenvolvimento sustentável), de como estruturar sistema de comércio internacional que responda ao objetivo primário de redução da pobreza e da fome, ou de como forjar integração regional e parcerias bilaterais que reforce esse objetivo.

Logo, embora se tenha focado, para fins deste artigo, no panorama da PEB em SAN nos foros multilaterais especializados, é importante ter presente a integração da SAN nas diversas esferas de atuação da diplomacia brasileira. Os desenvolvimentos da PEB em SAN, intrinsecamente ligada à redução da pobreza, devem-se aprofundar, com verdadeiro potencial de se tornar um de seus pilares, não de forma isolada ou restrita aos foros especializados, mas integrada às demais agendas internacionais do país.

ENQUADRAMENTO INTERNACIONAL

O combate à fome na agenda internacional ganhou expressão com a constituição da FAO em 1945, cujo mandato original compreendia o aumento do nível da nutrição e dos padrões de vida dos povos, passando a incorporar, a partir da emenda de 1965, o objetivo de libertar a humanidade da fome.[7] A Declaração Universal dos Direitos Humanos (1948) plasmou o reconhecimento da alimentação como direito humano.[8] Não obstante as iniciativas levadas a cabo desde então,[9] foi, sem dúvida, a Cúpula Mundial da Alimentação em 1996 - em meio ao contexto internacional de consagração de temas sociais da década de 1990[10] - que impulsionou uma verdadeira agenda global em SAN. Mais adiante, a crise de volatilidade dos preços de alimentos de 2008 contribuiria para maior atenção a essa agenda.

A inclusão da erradicação da fome nos Objetivos de Desenvolvimento do Milênio e, em 2015, a incorporação, nos Objetivos de Desenvolvimento Sustentável (ODS), da erradicação da fome, do alcance da segurança alimentar e da melhoria da nutrição denotam a evolução no tratamento da SAN no cenário internacional.

Ao mesmo tempo, também a arquitetura global ao longo das décadas que se seguiram à criação da FAO sofreu alterações significativas, com diversos órgãos nas Nações Unidas empenhados no combate à fome e na promoção da SAN, como o Conselho Econômico e Social das Nações Unidas (Ecosoc), o Programa Mundial de Alimentos das Nações Unidas (PMA) e o Fundo Internacional para o Desenvolvimento Agrícola das Nações Unidas (Fida), Conselho de Direitos

Humanos (CDH) e Escritório das Nações Unidas para a Coordenação de Assuntos Humanitários (Ocha). Para evitar a fragmentação do tratamento do tema e promover a ação coordenada, a reforma do Comitê de Segurança Alimentar Mundial (CSA) em 2009 colocou-o como principal plataforma inclusiva internacional para assegurar a SAN.[11]

Outros foros internacionais têm, ademais, incorporado a SAN em suas agendas, como, recentemente, o G20, com a adoção do Quadro de Segurança Alimentar e Nutrição do G20 (2014) e de seu Plano de Implementação (2015). Regionalmente, os países têm igualmente avançado em objetivos ambiciosos, sustentados por esforços conjuntos, tal como demonstra o compromisso da Comunidade de Estados Latino-Americanos e Caribenhos (Celac) em erradicar a fome até 2025,[12] apoiado pelo Plano para a Segurança Alimentar, Nutrição e Erradicação da Fome da Celac 2025 (aprovado em 2015), e compromisso semelhante da União Africana em 2014.[13]

O Brasil tem atuado de forma coerente em todos esses foros, globais e regionais. O próximo capítulo busca delinear as principais linhas de atuação, com foco nas agências especializadas das Nações Unidas, que se reproduzem em grande medida nas demais instituições. Também se buscará apresentar os principais fatores e agentes propulsores que permitiram à PEB assumir posição ativa na agenda global de SAN.

POLÍTICA EXTERNA BRASILEIRA EM SAN

Conforme mencionado, os avanços observados no plano interno colocaram o Brasil como ator respeitado no debate de políticas de promoção da SAN nos foros multilaterais especializados. Não seria exagero dizer que o país passou a ser visto como "caso de sucesso", por conseguir, sob o amparo de regime democrático, produzir profundas transformações em sua estrutura social e reduzir drasticamente a miséria[14] e a fome.

Atualmente, são inúmeras as citações às políticas brasileiras de combate à fome e promoção da SAN em publicações de organizações internacionais. Por exemplo, o principal informe sobre a fome no mundo, o "The State of Food Insecurity in the World", publicado anualmente pelos três órgãos das Nações Unidas em Roma, passou a mencionar a experiência brasileira quase em todas as edições a partir de 2003, inclusive com apresentação de 6 estudos de caso sobre políticas de SAN no Brasil nos últimos 13 informes.

No PMA, o Brasil manteve baixo perfil de atuação até 2009, quando voltou à junta executiva do programa - após ausência de quase uma década - e começou a prestar cooperação humanitária de forma mais estruturada, para figurar, em 2012, entre os dez principais países parceiros doadores da organização.[15]

A própria eleição do professor José Graziano da Silva, um dos formuladores da Estratégia Fome Zero, como diretor-geral da FAO em 2011, pode ser em parte atribuída ao reconhecimento dos avanços nacionais em SAN - embora se deva reconhecer que eleições em foros multilaterais vão muito além de argumentos racionais, para envolverem uma série de compromissos e arranjos entre diferentes interesses dos Estados.

A prioridade conferida à luta contra a fome pelo ex-presidente Luiz Inácio Lula da Silva, desde o início de seu primeiro mandato em 2003, viria a ter reflexos na PEB, não apenas no contexto da busca do desenvolvimento econômico e social, mas com a progressiva estruturação de uma agenda externa autônoma em SAN. Essa agenda teve respaldo no conceito de "não indiferença" propalado pelo então chanceler Celso Amorim, que constituiu a diretriz humanista da PEB nos últimos anos.

Logo, há de se notar que, se o quadro de transformações internas foi condição necessária para maior inserção internacional do Brasil em SAN, não seria suficiente sem o deliberado esforço em PEB. A China, por exemplo, país que logrou retirar da fome mais de 155 milhões de habitantes - de longe o maior sucesso em termos absolutos - não fez disso plataforma para aumentar seu papel na agenda global de promoção da SAN.

* * *

Nos foros multilaterais, o Brasil tem adotado, sob o amparo da Constituição federal e da legislação nacional, posições baseadas em direitos, reforçando o Direito Humano à Alimentação Adequada (DHAA)[16] como fundamento de políticas para SAN. O DHAA apresenta consequências fundamentais em políticas de SAN, pois, ao posicionar o Estado como ator responsável em garantir esse direito a seus cidadãos, institui sua exigilibilidade[17] – contrastando-se, dessa forma, à visão "assistencialista". Apesar de consagrado em instrumentos internacionais – como a Declaração Universal dos Direitos Humanos, o Pacto Internacional sobre Direitos Econômicos, Sociais e Culturais e as Diretrizes Voluntárias para o DHAA[18] –, a centralidade do DHAA enfrenta resistência de muitos países (como EUA, Canadá e Rússia, por exemplo), daí a importância de posicionamento forte do Brasil nos foros multilaterais, ao lado de outros países que compartilham visão semelhante (notadamente países latino-americanos e caribenhos, União Europeia e países nórdicos). A atuação brasileira foi fundamental tanto nas negociações das diretrizes voluntárias para o DHAA, quanto para a avaliação de seu progresso dez anos depois.

Outro conceito basilar das posições brasileiras é o reconhecimento da multidimensão da fome[19] e de sua intrínseca relação com a pobreza, isto é, o tratamento do tema como fenômeno social, resultado de estruturas econômico-sociais e políticas, conforme já propunha Josué de Castro.[20] Como corolário da multidimensionalidade da fome, entende-se que seu combate passa necessariamente por políticas intersetoriais e integradas, cujos resultados serão tão mais efetivos quanto o nível de articulação entre a garantia de amplos direitos, como o direito à saúde, saneamento básico, desenvolvimento, educação, moradia etc. Essa visão, deve-se dizer, já se vê aceita na comunidade internacional atualmente, contrastando-se com o enfoque produtivista que predominou ao longo da maior parte do século XX.

Com base nesses pilares conceituais e também na experiência nacional, o Brasil tem contribuído para colocar no centro da agenda internacional o reconhecimento do papel do Estado na implementação de políticas públicas para SAN. Em particular, programas de transferência condicionada de renda, políticas de desenvolvimento rural e apoio à agricultura familiar, programas de alimentação escolar, bem como sua formulação, implementação e monitoramento integrados, já são hoje reconhecidos pelos organismos internacionais como os principais propulsores da redução da insegurança alimentar no mundo. Tanto em foros negociadores quanto em projetos de cooperação, o Brasil tem buscado reforçar a centralidade dessas políticas e disseminar sua experiência, com destaque para programas integrados,[21] como a vinculação entre o Programa Nacional de Alimentação Escolar (PNAE) e o Programa de Aquisição de Alimentos (PAA), verdadeira "vitrine" da vasta política nacional de SAN.

A PEB tem também sido vocal na defesa de políticas que atendam às necessidades específicas das populações vulneráveis - mulheres, população indígena e quilombolas, comunidades tradicionais, entre outros -, visto serem esses grupos as principais vítimas de violações de direitos, inclusive do DHAA. De fato, no Brasil, a parcela da população que ainda enfrenta situação de insegurança alimentar é majoritariamente pertencente a esses grupos, aos quais o Estado tem dificuldade em atender. O reconhecimento explícito de sua condição, portanto, é de fundamental importância para que sejam direcionados esforços adicionais para a garantia de seus direitos, posição esta que tende a gerar forte resistência por parte de alguns países (notadamente do Canadá na questão indígena, por exemplo).

Outro importante aspecto da atuação brasileira nesse campo tem sido a vinculação da agenda de SAN com aquela ambiental, em linha com os três pilares de desenvolvimento sustentável e com a integralidade e indivisibilidade dos ODS. A inclusão, no debate global de SAN, de temas como padrões sustentáveis de produção e consumo, combate ao desperdício de alimentos e principalmente a promoção da agroecologia[22] como modelo sustentável de produção agroalimentar tem orientado a PEB nos foros multilaterais. No que se refere ao combate ao desperdício, nota-se que se carece, ainda, de linha de atuação internacional mais precisa, que possa refletir a experiência brasileira em tema que tem ganhado cada vez mais atenção na agenda tanto ambiental quanto de SAN.

Não se pode deixar de mencionar o aspecto da nutrição, que o Brasil entende como parte integral do conceito de segurança alimentar. A realização da II Conferência Internacional de Nutrição em 2014[23] (conjuntamente organizada pela FAO e OMS, 12 anos depois de sua primeira edição) impulsionou renovado compromisso político da comunidade internacional para promover a nutrição, sob bases mais atuais, incluindo suas diversas facetas: desnutrição, sobrepeso, obesidade e outras doenças crônicas não transmissíveis decorrentes da má alimentação. Nessa seara, o Brasil participou ativamente da II Conferência Internacional de Nutrição e foi um dos atores centrais para fortalecer o mandato da FAO e do CSA no tema, além de ter apresentado a proposta, junto a outros trinta países copatrocinadores, da Década de Ação sobre Nutrição 2016-2026 das Nações Unidas.[24]

Com abordagem avançada que atenta para além da desnutrição, reforçando a necessidade de se promover alimentação saudável em todas as etapas da vida[25] - e não apenas o consumo de quantidade suficiente de alimentos -, o Brasil tem sido reconhecido como uma das lideranças dessa agenda. Diante dos crescentes índices de sobrepeso e obesidade, tanto no âmbito global quanto nacional,[26] a atuação externa brasileira tem sido relevante para, em conjunto com países latino-americanos e europeus, vencer a resistência de países que, não obstante enfrentem desafios internos semelhantes, tendem a ser refratários a recomendações internacionais que possam ir de encontro com os interesses da indústria de alimentos. Tem preconizado, dessa forma, soluções que abarquem todo o sistema de produção de alimentos, no entendimento de que, se por um lado intervenções nutricionais pontuais são necessárias para determinados casos críticos (como reduzir a mortalidade infantil, por exemplo), por outro, a alimentação saudável pode apenas ser sustentada com sistemas produtivos que sejam conducentes à melhor nutrição, incluindo-se aí o debate sobre modelos de produção, distribuição, processamento e consumo.

Entre as iniciativas internacionais que levaram à maior atenção ao tema da nutrição na agenda global de SAN, vale mencionar especificamente a Nutrição para o Crescimento (N4G),[27] dado que o Brasil esteve entre seus organizadores, junto com o Reino Unido e com a organização não governamental Children's Investment Fund Foundation. O envolvimento brasileiro no N4G em Londres e o compromisso aí assumido em sediar sua segunda edição no contexto dos Jogos Olímpicos de 2016, embora importante para reforçar o papel do país como promotor da nutrição, deu-se de forma um tanto "improvisada", antes que debate interno sobre o tema pudesse amadurecer. Tal fato parece estar na gênese das dificuldades enfrentadas durante o processo preparatório do N4G no Rio de Janeiro em agosto de 2016, agravadas ainda pelo conturbado cenário político nacional e pelas mudanças nos quadros responsáveis por sua organização às vésperas do evento. De certo, o N4G no Rio de Janeiro obteve sucesso em dar visibilidade ao tema da nutrição, porém tal oportunidade poderia sem dúvida ter sido mais bem explorada para reforçar o papel internacional do Brasil e suas diretrizes em nutrição, em meio a momento de todo estratégico na configuração da arquitetura global para o tratamento do tema.

Os aspectos já mencionados representam apenas alguns elementos que permeiam a PEB em SAN, não sendo obviamente exaustivos. Diversos outros temas igualmente importantes mereceriam mais detida atenção – como a questão de gênero, acesso a recursos produtivos, direitos dos povos indígenas, agenda humanitária, redução de risco de desastres, entre outros. Além dessas temáticas, coloca-se como especialmente relevante a atuação brasileira no que concerne a arquitetura global para SAN.

Nesse campo, a PEB tem tido orientação clara e coerente, colocando o país como um dos maiores propulsores da formação de espaços internacionais inclusivos, que permitam a participação da sociedade civil no debate e formulação de diretrizes regionais ou globais. Os principais exemplos dessa linha política são, em nível regional, a criação da Reunião Especializada sobre Agricultura Familiar do Mercosul (Reaf)[28] e do Conselho de Segurança Alimentar e Nutricional da CPLP (Consan-CPLP),[29] amplamente sustentados pela PEB. Em nível global, a atuação brasileira foi decisiva para que a Reforma de 2009 do CSA permitisse a participação da sociedade civil, movimento sociais e setor privado nesse foro, não sem enfrentar significativa resistência de países ciosos em mantê-lo restrito aos Estados. Atualmente, o CSA é reconhecido como modelo de governança nas Nações Unidas por seu caráter inclusivo, resultado de intenso processo negociador.

A formação de espaços internacionais inclusivos para o tratamento da SAN responde, por um lado, ao princípio de democratizar os foros globais, de modo a incluir os "novos atores" internacionais e dar voz aos grupos que representam as populações mais vulneráveis que sofrem com a fome. Por outro, decorre do entendimento de que a ampla participação tende a gerar políticas mais efetivas, tanto por incluir a visão daqueles que operam diretamente com a problemática no terreno, quanto por forjar parcerias que facilitam sua disseminação e implementação.

Essa posição tem respaldo no histórico nacional de participação de movimentos sociais no combate à fome (como o movimento Ação da Cidadania contra a Fome, a Miséria e pela Vida), que ganhou sua maior expressão com o restabelecimento, em 2003, do Conselho Nacional de Segurança Alimentar e Nutricional (Consea), primeiro criado em 1993 e extinto dois anos depois.

Daí a valorização conferida pelo Brasil ao CSA, principal plataforma global para SAN, e a ativa participação brasileira em todos os processos negociadores nesse âmbito, inclusive com a presidência de um de seus grupos de trabalho: o Grupo de Trabalho Aberto para o Marco Estratégico Global para Segurança Alimentar e Nutrição.

Por fim, embora não seja o foco deste artigo, vale citar o aprofundamento das possibilidades de cooperação internacional do Brasil em SAN, seja bilateral ou trilateral, com demanda crescente de países em desenvolvimento em conhecer a experiência nacional.[30] O setor agrícola – que inclui tanto técnicas de produção quanto políticas de apoio à agricultura familiar e de redução da fome e pobreza – é o principal segmento da cooperação técnica para países em desenvolvimento do Brasil (cerca de 19% dos projetos e atividades).

Certamente, contribuiu para esse cenário o maior engajamento dos órgãos brasileiros cooperantes na agenda internacional, interessados em compartilhar suas políticas públicas e apoiados por disponibilidade orçamentária. O MDS, por exemplo, desenvolveu 17 projetos de cooperação e firmou mais de 30 acordos internacionais de 2004 a 2011, além de organizar eventos de troca de experiências como o Seminário Internacional de Políticas Sociais para o Desenvolvimento – que, em sua 11ª edição (2016), reuniu 66 países em Brasília.

Organismos internacionais, principalmente a FAO e o PMA, atuaram também como catalisadores desse processo. O estabelecimento, em 2011, do Centro de Excelência contra a Fome do PMA em Brasília, justamente com o objetivo de promover a troca de experiências no marco da cooperação Sul-Sul – ou cooperação horizontal – tem funcionado como espécie de "cartão de visita" das políticas brasileiras em SAN, particularmente das políticas integradas de alimentação escolar e compras públicas da agricultura familiar. Com enfoque inovador, que busca conferir inspiração e apoio às políticas nacionais, além de construir capacidades locais, o Centro de Excelência contra a Fome acolheu, em seus cinco anos de existência, cerca de 48 delegações, com apoio continuado a 37 países da América Latina, África e Ásia, atuando também em parceria com a União Africana para o desenvolvimento de estratégia continental para alimentação escolar.

No âmbito da FAO, a presença de diretor-geral brasileiro, além de promover impulso político para o direcionamento de recursos orçamentários a projetos sob o guarda-chuva da organização, tornou mais fluido o diálogo entre esta e os órgãos nacionais, expandindo o espectro de projetos de cooperação brasileira.

Além de condizente com a diretriz de não indiferença da PEB e com o papel de liderança que o Brasil busca na comunidade internacional, a cooperação em SAN tem significativos impactos nas relações bilaterais com países em desenvolvimento. Principalmente com aqueles cuja agenda bilateral apresenta pouca densidade, e para os quais a vontade política de aproximação carece de áreas concretas para incremento das relações que tragam resultados tangíveis. Os países desenvolvidos utilizam de seu poder econômico para estreitar relações comerciais e de investimentos nos países em desenvolvimento, além de atuarem como importantes doadores em projetos de cooperação – situação que os coloca como atores políticos relevantes, principalmente em países de menor desenvolvimento relativo, muitos dos quais dependem financeiramente de ajuda internacional. No caso do Brasil, país de recursos financeiros limitados, projetos de cooperação humanitária e em SAN – uma das áreas de reconhecida *expertise* nacional – apresentam grande potencial de adensamento de relações políticas bilaterais com países em desenvolvimento, que podem gerar dividendos políticos.[31] A expansão da cooperação brasileira tem, ainda, motivado convites para que o país participe, nos países parceiros receptores, de comitês nacionais de doadores, "clube seleto" usualmente dominado por países desenvolvidos.

Ainda que pequena com relação à cooperação prestada por países desenvolvidos, a brasileira apresenta o diferencial de promover outro tipo de relação com o parceiro receptor, no que se tem comumente chamado de cooperação horizontal, com enfoque na troca de experiências e construção de soluções nacionais, tendo em conta os desafios compartilhados por países em desenvolvimento.

AGENTES TRANSFORMADORES DA PEB EM SAN

Se a construção de uma agenda de política externa em SAN ganhou impulso com o compromisso político no mais alto nível e com a visão de "não indiferença" da diplomacia, sua operacionalização foi apenas possível com a formação de espaços de diálogo com atores nacionais, responsáveis pela formulação da posição brasileira nos foros internacionais. A criação, em 2004, da Coordenação-Geral de Ações Internacionais de Combate à Fome (CGFOME) permitiu ao Itamaraty a coordenação e o diálogo estruturado com atores nacionais - entre os quais se destaca os Ministério do Desenvolvimento Agrário (MDA), Ministério do Desenvolvimento Social e Combate à Fome (MDS), Ministério da Saúde (MS), Ministério da Agricultura, Pecuária e Abastecimento (Mapa), Ministério do Planejamento, Orçamento e Gestão (MPOG), Ministério da Educação (ME) e Consea. O engajamento desses atores tornou possível o desenvolvimento de posições sólidas e consensuais, a partir de leitura estratégica do cenário internacional. Permitiu, assim, que o Brasil assumisse participação ativa, sob claras diretrizes, em diversas negociações de instrumentos internacionais.

Isso não é dizer que a formação das posições brasileiras sempre tenha ocorrido de modo coeso, sem interesses conflitantes. Ao contrário; as contradições do modelo produtivo agrícola brasileiro - de políticas para o agronegócio coordenadas pelo Mapa e para a agricultura familiar, pelo MDA - geraram tensões e dissensos internos sobre o posicionamento a ser assumido pelo país nas instâncias negociadoras internacionais. A agenda de SAN é indissociável da agricultura, embora esteja claro que o principal desafio atual da fome é o acesso a alimentos, mais do que sua oferta, uma vez que se produzem alimentos suficientes para alimentar adequadamente toda a população.

Nos anos recentes, essas contradições na agricultura brasileira pareceriam ter se acomodado, ao menos temporariamente, na condução simultânea de dois modelos agrícolas distintos,[32] que buscam seus espaços no mercado interno e externo, com apoio de medidas do Estado direcionadas a cada tipo de produção. Até que ponto essa coexistência é sustentável vai além do escopo deste artigo. Fato é que os modos de produção agrícola no Brasil assentam-se sob bases distintas e apresentam interesses muitas vezes divergentes em questões internacionais. Embora ambos os setores estejam envolvidos na formação da posição brasileira sobre SAN, a atuação do MDA no tema vinha sendo mais proeminente, enquanto o Mapa e as associações privadas do agronegócio têm priorizado sua ação internacional em temas comerciais, fato que parece condizente com as principais demandas de cada setor.

O engajamento de diversidade de atores nacionais nos debates globais, além de garantir alinhamento das posições brasileiras, também tem favorecido que os instrumentos acordados tenham relevância para seguir avançando internamente. Isto é, a ampla participação durante os processos negociadores tende a evitar que os acordos internacionais tornem-se "letra morta" - apenas para o deleite de diplomatas e acadêmicos -, para cumprir sua função como orientadora de formulação de políticas nacionais. Tal fato é de particular importância tendo em conta a natureza voluntária das decisões internacionais em SAN.

O Consea tem atuado como forte "caixa de ressonância" das decisões do CSA no debate interno, contribuindo para trazê-las ao contexto nacional. Outros órgãos também tem favorecido a implementação de instrumentos internacionais no Brasil, como por exemplo os esforços do MDA para analisar as lacunas na legislação agrária brasileira com base nas Diretrizes Voluntárias para a Governança Responsável para a Posse da Terra, Recursos Pesqueiros e Florestais (adotado pelo CSA em 2012) e promovê-las. No entanto, ainda é baixo o conhecimento interno sobre as decisões internacionais em SAN, permanecendo restrito a círculo de atores que participaram da formulação da posição nacional e das negociações. Tal participação deve ser ampliada e promovida, de modo a aumentar a massa crítica para a efetiva aplicação interna dos instrumentos internacionais, favorecendo que esforços negociadores sejam traduzidos em resultados concretos para aprimorar as políticas nacionais.

No entanto, se, internamente, o Brasil avançou na coordenação dos órgãos nacionais relevantes para SAN, o mesmo não se tem mostrado realidade no campo da cooperação internacional. Não obstante os esforços de centralização da cooperação internacional pela Agência Brasileira de Cooperação (ABC), permanece, ainda, visão fragmentada e atuações "em silos", em que diferentes órgãos governamentais desenvolvem projetos no mesmo país e com finalidades semelhantes de forma apartada e carente de coordenação, a fim de resguardar o enfoque peculiar de cada órgão. Tampouco se verifica o mesmo diálogo com outros atores, como a sociedade civil e movimentos sociais, na construção da política de cooperação, havendo potencial a ser explorado no que tange a projetos conjuntos desenvolvidos por organizações da sociedade civil brasileiras com suas parceiras em outros países. Certamente, a criação de mecanismos institucionais que promovam a participação social na cooperação do Brasil em SAN poderia servir para maior transparências dos projetos e ações executados, bem como para maior efetividade e coordenação desse rol de atividades.

A separação da cooperação humanitária (a cargo da CGFOME, até sua recente extinção) e cooperação técnica em SAN (a cargo da ABC), embora possa responder a questões operacionais, não parece condizente com a própria política e posição brasileira de integração dos pilares humanitário e de desenvolvimento, impondo limitações à coordenação de projetos brasileiros no terreno. Tal situação é agravada pela crescente dificuldade em se diferenciar esses tipos de cooperação, uma vez que é amplamente reconhecido que ações humanitárias requerem, para serem verdadeiramente efetivas, soluções duradouras voltadas para a construção de resiliência mirada no longo prazo.

OLHANDO PARA O FUTURO

A ativa participação brasileira nos foros multilaterais especializados das Nações Unidas para SAN e o reconhecimento dos avanços internos colocaram o país como um dos principais "players" na agenda internacional de combate à fome. Com posições marcadamente progressistas, o Brasil tem sido ator relevante tanto para a formulação de políticas quanto para a construção da arquitetura global para SAN.

Certamente, o aprofundamento da PEB em SAN dependerá da capacidade em prosseguir nos avanços internos, com políticas sustentáveis para a promoção da alimentação saudável e para retirar da insegurança alimentar e nutricional as populações mais vulneráveis que, nos "bolsões de pobreza" do país, seguem convivendo com o flagelo da fome. A promoção da SAN internamente requer constante esforço de aprimoramento e compromisso político sustentado. Ao contrário, o que se tem verificado nos últimos meses aponta para o desmonte do aparato institucional e de políticas sociais, conduzido por um governo de questionável legitimidade, sem a detida análise e o amplo debate que se requerem.

Nesse quadro, é preocupante a recente extinção do MDA, com sua agenda parcialmente incorporada ao MDS e à Casa Civil, tendo em conta o papel que aquele Ministério vinha desempenhando na construção da agenda de SAN interna bem como externa. A supressão da pasta também implicou na ausência de representação da agricultura familiar na Câmara de Comércio Exterior; resta saber como este segmento se fará presente nas negociações internacionais para SAN, às quais vinha contribuindo ativamente.

Conforme assinalado anteriormente, os espaços de diálogos internos - tão essenciais para a formulação de posição brasileira coesa nos foros internacionais - devem não apenas ser preservados, como ampliados, de modo a garantir ampla representatividade, além de maior alcance das recomendações dos foros globais na esfera nacional.

Não obstante as limitações orçamentárias, é preciso ter presente que uma política externa ativa demanda alocação de recursos humanos e financeiros condizentes, não apenas para sustentar a participação nos foros negociadores regionais e internacionais, como para permitir a continuação de projetos de cooperação brasileira. As restrições às contribuições financeiras internacionais do Brasil, bem como sua falta de previsibilidade, prejudicam a continuidade de projetos e programas em SAN, cujos resultados dependem de compromisso sustentado e de médio prazo. O potencial de cooperação horizontal brasileira em SAN, brevemente tratado anteriormente, pode apenas ser concretizado a partir de investimentos no setor.

Em termos de política externa, mais do que tudo, a agenda de SAN deve-se consolidar como diretriz de PEB para além de clivagens políticas internas, por se constituir em verdadeira agenda positiva em que o Brasil pode exercer papel de protagonista, com muito a contribuir para medidas globais e para a redução da insegurança alimentar e nutricional em seu entorno regional e em outros países em desenvolvimento. Trata-se de efetivo instrumento de poder brando de que dispõe a PEB, que, integrado a outros conceitos norteadores da atuação internacional do país, reforça a construção de foros democráticos internacionais e pode expandir sua esfera de influência, sua parceria com países em desenvolvimento e com organismos internacionais.

Contrariamente, o que se observa recentemente são medidas que, embora seja ainda cedo para avaliar seus impactos, vão de encontro com o fortalecimento da SAN na PEB, como a extinção da CGFome, sem que as áreas do Itamaraty que passaram a incorporar seu grande rol de atividades tivessem seus recursos humanos proporcionalmente reforçados. A medida parece eminentemente motivada por questões políticas nacionais, no bojo de uma agenda interna de supressão de direitos, em que o combate à fome não figura como prioridade política. Traz, por conseguinte, significativo prejuízo para a articulação da PEB em SAN e aponta para uma reversão de curso na proeminência da diplomacia brasileira na agenda internacional nesse tema.

É necessário, portanto, que se possa avaliar, *sina ira et studio*, os benefícios para o país da sua política externa em SAN. Tal fato parece particularmente importante em momento de polarização política interna, em que se busca promover rupturas sem o devido debate interno sobre o interesse nacional e sobre os ganhos para o país em termos de consolidação de seu espaço no cenário global.

NOTAS

1 Período de referência para os Objetivos de Desenvolvimento do Milênio.

2 A FAO utiliza o indicador "Prevalência de Subalimentação" para monitorar a segurança alimentar em diferentes países, permitindo comparações e avaliações de tendências globais. A metodologia empregada estabelece o patamar de 5% como limite estatístico, abaixo do qual se considera que um país superou o problema da fome.

3 Organização das Nações Unidas para Alimentação e Agricultura (FAO), Fundo Internacional de Desenvolvimento Agrícola (Fida) e Programa Mundial de Alimentos (PMA), The State of Food Insecurity in the World 2015, 2015.

[4] Em 2014, a FAO publicou dados revisados do Brasil, que indicaram que o país já havia reduzido a subalimentação abaixo de 5% em período anterior, daí a retirada do Mapa da Fome somente em 2014.

[5] Gelson Fonseca Jr., *A legitimidade e outras questões internacionais: poder e ética entre as ações*, São Paulo, Paz e Terra, 1998.

[6] José Augusto Lindgren Alves, *Relações internacionais e emas sociais: a década das conferências*, Brasília, Ibri, 2001.

[7] A Declaração da Conferência de Hot Springs (1943), que assentou as bases para a criação da FAO, inicia-se com a frase "A Conferência, reunida em meio a maior guerra já ocorrida, e na convicção da vitória, considerou os problemas mundiais da alimentação e agricultura e declara sua crença de que a meta de liberdade de não passar necessidade de alimentos adequados para a saúde e fortalecimento de todas as pessoas pode ser atingida" (tradução do autor). FAO, FAO: *Its Origins, Formation and Evolution 1945-1981*, 1981.

[8] *Declaração Universal dos Direitos Humanos*, artigo 25, 1948.

[9] Dentre essas iniciativas, vale citar, como exemplo, a campanha da FAO "Freedom from Hunger" de 1960, que logrou conferir ampla visibilidade à fome e à má nutrição que afligiam mais da metade da população mundial na época. Já na década de 1970, diante da crise de alimentos do período, criou-se o Comitê de Segurança Alimentar da FAO (que em 2009 se tornaria o Comitê de Segurança Alimentar Mundial), primordialmente com enfoque na produção de alimentos. As dimensões do acesso a alimentos, como fundamental para a SAN, e posteriormente de estabilidade, foram apenas incorporadas nas décadas seguintes.

[10] A Cúpula Mundial sobre o Desenvolvimento Social, a chamada Cúpula de Copenhague, de 1995, "foi o foro que colocou em evidência internacional a discussão sobre desenvolvimento social, tornando-a oficial". Pio Penna Filho, Estratégias de desenvolvimento social e combate à pobreza no Brasil, em *Relações Internacionais do Brasil: temas e agendas*, São Paulo, Saraiva, v. 2, 2006.

[11] Até então, o CSA era integrado apenas pelos Estados membros da FAO e vinha atuando com pouca efetividade, apresentando baixo acompanhamento de suas decisões. A Reforma de 2009 foi essencial para reativar seu papel e posicioná-lo no centro do debate de SAN, tornando-se plataforma conjunta dos três organismos das Nações Unidas em Roma (FAO, Fida e PMA), sendo abrigado pela FAO e reportando ao Ecosoc.

[12] Primeiro no marco da Iniciativa América Latina e Caribe sem Fome 2025 e posteriormente reiterado pelas Cúpulas da Celac de 2013 e 2014.

[13] Declaração de Malabo, 2014, que estabeleceu estratégia de implementação complementar à iniciativa "Comprehensive Africa Agriculture Development Programme" (CAADP).

[14] Segundo dados do pnud, a pobreza extrema no Brasil passou de 25,5% em 1990 para 3,5% em 2012.

[15] Tal posição, entretanto, não se manteve de forma sustentada até o presente, por uma série de dificuldades em institucionalizar a cooperação humanitária brasileira.

[16] De acordo com relatório da FAO, ao menos 28 países protegem explicitamente o direito à alimentação em sua Constituição, e cerca de 40 reconhece-o de forma implícita, em provisões mais abrangentes. FAO, The Right to Food: Past Commitment, Current Obligation, further Action for the Future, 2014.

[17] "Exigibilidade é a possibilidade de exigir o respeito, a proteção, a promoção e o provimento de direitos perante os órgãos públicos competentes, sejam eles administrativos, políticos ou jurisdicionais, para prevenir ou reparar as violações a esses direitos. Além disso, no conceito de exigibilidade está incluído, além do direito de reclamar, o direito de ter uma resposta e ação por parte do poder público em tempo oportuno para a reparação da violação." Consea, *Comida de verdade no campo e na cidade*, 2015.

[18] FAO, Diretrizes voluntárias em apoio à realização progressiva do direito à alimentação adequada no contexto da segurança alimentar nacional, 2004.

[19] Segundo o Consea, "O Brasil entende a segurança alimentar e nutricional como um campo complexo que articula um conjunto de dimensões não lineares e não concorrentes para a organização de um sistema agroalimentar social e ambientalmente justo, que dialoga com

o sistema de produção, abastecimento, comercialização de alimentos, e ainda com os determinantes do consumo alimentar. Na prática, significa abordar de maneira articulada temas como a soberania alimentar, reforma agrária, agroecologia, agrobiodiversidade, etnodesenvolvimento, sociobiodiversidade, saúde, nutrição, educação, incluindo a perspectiva de gênero, étnica e geracional." Consea, *Comida de verdade no campo e na cidade*, 2015.

[20] Josué Castro, *A geografia da fome*, Rio de Janeiro, Antares, 1946.

[21] A estratégia Fome Zero, por sua visão multidimensional e integrada, teve amplo reconhecimento internacional inspirando o lançamento, pelo secretário-geral das Nações Unidas, do "Zero Hunger Challenge" em 2012, durante a Conferência das Nações Unidas sobre Desenvolvimento Sustentável (Rio+20).

[22] O Brasil, conjuntamente com a França, foi um dos maiores propulsores para a inclusão do debate acerca da agroecologia no âmbito da FAO, sempre reiterando seus impactos para a SAN e para o meio ambiente, não sem despertar a resistência de diversos países. A realização do Simpósio Internacional de Agroecologia para Segurança Alimentar e Nutrição pela FAO em 2015 foi um marco nesse sentido, impulsionando a realização de seminários regionais e a colaboração entre os membros do grupo "Amigos da Agroecologia" (Brasil, China, Costa do Marfim, França, Hungria, Japão, Senegal, Suíça e Venezuela).

[23] A II Conferência Internacional de Nutrição foi particularmente importante para a reestruturação da arquitetura global em nutrição, que se via fragmentada por iniciativas diversas - a exemplo do Scaling Up Nutrition Movement, Global Alliance for Improved Nutrition, G8 New Alliance for Food Security and Nutrition - que careciam de mecanismos de governança verdadeiramente globais e democráticos, por serem resultado de iniciativa de grupo de países, fora das instâncias decisórias das Nações Unidas.

[24] A Declaração da Década de Ação sobre Nutrição 2016-2026, proclamada pela Assembleia Geral das Nações Unidas em abril de 2016, como um dos resultados da II Conferência Internacional de Nutrição, busca reunir iniciativas e esforços para erradicar a fome e prevenir todas as formas de má nutrição no mundo.

[25] O Guia Alimentar para a População Brasileira de 2014, elaborado com a participação de profissionais de saúde, educadores e representantes de organizações da sociedade civil de todas as regiões do Brasil, além de ter contado com ampla consulta pública, é reconhecido como instrumento inovador nessa abordagem integrada.

[26] Segundo dados da OMS, a prevalência da obesidade no mundo mais do que duplicou de 1980 a 2014. Atualmente, 39% da população adulta mundial tem sobrepeso e 13% é obesa, enquanto 41 milhões de crianças de até 5 anos apresentam sobrepeso ou obesidade. Se antes tal problemática era considerada fenômeno de países desenvolvidos, hoje atinge igualmente países em desenvolvimento, que abrigam 62% da população mundial com sobrepeso ou obesidade, conforme estudo da revista *The Lancet*.

[27] A primeira edição do N4G foi realizada em 2013, em Londres, resultando em compromissos expressos no documento Global Compact, assinado por cerca de 90 parceiros - governos, empresas, comunidade científica e organizações da sociedade civil.

[28] A Reaf foi estabelecida em junho de 2004, como espaço de diálogo regional, para o fortalecimento das políticas voltadas ao desenvolvimento da agricultura familiar no âmbito do Mercosul, reunindo, além dos governos dos países membros, representações da sociedade civil, tais como sindicatos, movimentos sociais, academia, redes e organizações não governamentais.

[29] A constituição, em 2012, do Consan-CPLP, como plataforma ministerial e multiatores (governos, sociedade civil, universidades ou instituições de ensino superior, setor privado, parlamentares e poder local), tem como objetivo "promover a interssetorialidade e a participação social na coordenação de políticas, legislação e programas de ações para a segurança alimentar e nutricional e, por esta via, contribuir para materializar a prioridade, estabelecida na Esan-CPLP, de combate à fome, má nutrição e pobreza na Comunidade, através da concretização progressiva do Direito Humano à Alimentação nos Estados membros (www.cplp.org).

[30] A cooperação técnica do Brasil assistiu a um significativo incremento, passando de 67 atividades e projetos executados em 2004 ao pico de 783 em 2011, desde então se reduzindo, até chegar a 385 em 2014, segundo os dados da ABC (www.abc.gov.br).

31 Pedro Henrique Batista Barbosa analisa haver "evidências da influência da CTPD [Cooperação Técnica entre Países em Desenvolvimento], com destaque para a agrícola, sobre a posição dos países parceiros de apoiar ou não os interesses do Brasil", reconhecendo a cooperação como "instrumento válido e de ação diplomática". O autor cita o Balanço de Política Externa 2003-2010: "A cooperação técnica desenvolvida pelo Brasil foi ampliada seguindo as diretrizes da política de adensamento do diálogo sul-sul, como instrumento da política externa do governo Luiz Inácio Lula da Silva. Essa cooperação visa fortalecer as relações bilaterais do Brasil com o restante do mundo, elevando o perfil do país no cenário mundial. Como resultado do crescimento econômico recente, o país vem assumindo posição de maior protagonismo nas discussões internacionais e capitaneando o movimento pela integração e fortalecimento dos países em desenvolvimento. Nesse sentido, a cooperação técnica tem sido um dos mais importantes elementos da política externa brasileira". Pedro H. Barbosa, "O viés instrumental da cooperação técnica horizontal brasileira, em *Tempo do Mundo*, 4(1), 2012, p. 139.

32 Reconhece-se que tais modelos não são estanques ou operam isoladamente, muitas vezes interagindo na cadeia de produção de alimentos. O que se quer ressaltar aqui é a existência de interesses divergentes, tanto internos quanto externos.

REFERÊNCIAS

ALVES, José Augusto Lindgren. "Relações internacionais e temas sociais: a década das conferências". *IBRI*. 2001.

BARBOSA, Pedro H. "O viés instrumental da cooperação técnica horizontal brasileira". *Tempo do Mundo*. 4(1), 2012, pp. 121-53.

CASTRO, Josué. *A geografia da fome*. Rio de Janeiro: Antares, 1946.

CONSEA. Comida de verdade no campo e na cidade. *Relatório final da 5ª conferência nacional de segurança alimentar e nutricional*, Brasília, 2015. Disponível em: <*http://www4.planalto.gov.br/consea/eventos/conferencias/5a-conferencia-nacional-de-seguranca-alimentar-e-nutricional*>. Acesso em: 11 jan. 2017.

FAO. *FAO*: Its Origins, Formation and Evolution 1945-1981. Rome: FAO, 1981.

______. Diretrizes voluntárias em apoio à realização progressiva do direito à alimentação adequada no contexto da segurança alimentar nacional. Rome: FAO, 2004. Edição em português disponível em: <http://www.fao.org/3/b-y7937o.pdf>.

______. The Right to Food: Past Commitment, Current Obligation, Further Action for the Future. Rome: FAO, 2014. Disponível em: <http://www.fao.org/3/a-i4145e.pdf>.

FONSECA JR., Gelson. *A legitimidade e outras questões internacionais*: poder e ética entre as nações. São Paulo, Paz e Terra, 1998.

PENNA FILHO, Pio. Estratégias de desenvolvimento social e combate à pobreza no Brasil. In: *Relações internacionais do Brasil*: temas e agendas. São Paulo: Saraiva, v. 2, 2006.

Com recessão, inflação perde
fôlego e fica em 0,35% em junho
Taxa é metade
TRAJETÓRIA DOS PREÇOS
FEIJÃO E LEITE PUXAM PREÇOS
O desafio agora diante
de nós é: qual a melhor

EM DEFESA DO DESENVOLVIMENTO SUSTENTÁVEL

Por um novo paradigma: a diplomacia brasileira para o desenvolvimento sustentável

Roberta Lima

Nunca se falou tanto em sustentabilidade, seja nos acordos e documentos negociados bilateralmente, entre países, seja no âmbito multilateral, nas Nações Unidas ou em outras organizações regionais ou internacionais, que operam dentro ou fora do sistema ONU. O adjetivo "sustentável" tornou-se quase obrigatório na definição de novas ações de natureza econômica, social e/ou ambiental – mesmo que, muitas vezes, falte clareza sobre como essa qualidade será transposta do papel ao mundo real. De todo modo, sua difusão como valor universal, ou mesmo como princípio do direito internacional,[1] resulta de uma necessidade concreta: manter a capacidade do nosso planeta de sustentar a vida – humana, nesse caso – das gerações atuais e futuras. A combinação entre crescimento populacional e padrões insustentáveis de produção e consumo tende a intensificar a pressão sobre os recursos naturais até seu possível esgotamento, comprometendo também os meios de vida e desenvolvimento humano, sobretudo dos mais pobres. E, nesse cenário, os esforços para a consolidação do paradigma do desenvolvimento sustentável,[2] mais do que uma aspiração coletiva, são um imperativo de sobrevivência.

Para enfrentar tamanho desafio e com o senso de urgência necessário, a comunidade internacional adotou, em cúpula à margem da 70ª sessão da Assembleia Geral das Nações Unidas, em 2015, o documento de orientação política "Transformando nosso mundo: a Agenda 2030 para o desenvolvimento sustentável".[3] A Agenda 2030 reúne 17 objetivos de desenvolvimento sustentável (ODS), notadamente ambiciosos, integrados e indissociáveis, a serem perseguidos por cada país individualmente, e alcançados no seu conjunto - o que lhes confere um caráter universal, não obstante o reconhecimento dos diferentes níveis de desenvolvimento e capacidades nacionais.[4]

Pela Agenda 2030, nossas nações se comprometeram a erradicar a fome e a pobreza, conciliar o crescimento econômico com a conservação do planeta e seus recursos naturais, combater as desigualdades dentro e entre países, construir sociedades pacíficas, justas e inclusivas, proteger os direitos humanos e promover a igualdade de gênero e o empoderamento das mulheres, defender o trabalho decente e a partilha da prosperidade. E fazer tudo isso com o compromisso de que "ninguém seja deixado para trás".

Outro avanço importante da comunidade internacional em 2015 foi o Acordo de Paris sob a Convenção-Quadro das Nações Unidas sobre Mudança do Clima (UNFCCC). Acordado por 195 países,[5] o novo instrumento superou as expectativas tanto pela ambição quanto pela rapidez com que entrou em vigor. Por meio dele, os países concordaram não apenas em limitar a média do aquecimento global a "bem abaixo" de 2°C em relação aos níveis pré-industriais, como também em buscar que esse aumento não ultrapasse 1,5°C.[6] O Acordo reforçou o vínculo entre mudança do clima e desenvolvimento sustentável, descartando o tratamento exclusivamente ambientalista do assunto. O custo relativo do esforço global foi redistribuído entre países desenvolvidos e em desenvolvimento, refletindo responsabilidades e capacidades "à luz de suas diferentes circunstâncias nacionais". Desse modo, elevou o nível de compromisso dos países em desenvolvimento do porte do Brasil, em particular na mitigação das emissões de gases de efeito estufa (GEE), mas também reiterou a responsabilidade principal dos desenvolvidos em arcar com os investimentos de implementação. O Acordo de Paris entrou em vigor em 4 de novembro de 2016, tornando-se, assim, juridicamente vinculante para as suas partes - incluídos os dois principais emissores mundiais de GEE - Estados Unidos e China -, bem como o Brasil, que ratificou o instrumento em 12 de setembro de 2016.[7]

Em linha com proposta brasileira, o Acordo de Paris introduziu um novo elemento: a atualização regular das sucessivas contribuições determinadas nacionalmente (as NDC) e a revisão periódica dos compromissos assumidos globalmente - que, pelas estimativas das pretendidas contribuições apresentadas antes da Conferência das Partes da Convenção-Quadro das Nações Unidas para a Mudança do Clima (COP) de Paris, estariam ainda muito aquém do necessário para conter o aquecimento ao limite ambicionado. Essa abordagem dinâmica e *country driven* faz do Acordo de Paris um documento inovador e inteiramente diverso do modelo adotado pelo Protocolo de Kyoto, em 1997.[8]

A Agenda 2030 e o Acordo de Paris, juntamente com a Agenda de Ação de Adis Abeba, sobre financiamento ao desenvolvimento,[9] compõem o arcabouço que deverá orientar as políticas, estratégias e ações para o desenvolvimento sustentável nos próximos anos.[10] Embora instantaneamente celebrados como sucessos recentes do multilateralismo, esses instrumentos precisam ser ainda submetidos à prova da implementação, na qual descobriremos em que medida será possível traduzi-los em avanços concretos. Nesse sentido, sua efetividade no enfrentamento dos desafios globais a que fazem face depende, sobretudo, da vontade política dos Estados e da mobilização de suas sociedades. No domínio da diplomacia, porém, já é possível extrair algumas conclusões sobre como chegamos a esses dois promissores documentos e o que nos aguarda pela frente.

A primeira conclusão é que a Agenda 2030 e o Acordo de Paris foram construídos sobre os erros e acertos do passado, em trajetórias e processos que, embora distintos a partir de certo ponto, estão conectados em sua origem, nos esforços para a superação da resistente dicotomia entre meio ambiente e desenvolvimento. E o Brasil, com enormes reservas de recursos naturais (florestas, biodiversidade e água doce, entre outros),[11] cioso de seu direito soberano de utilizá-las em nome do desenvolvimento nacional, mas também cada vez mais consciente da necessidade de preservá-las, esteve, desde sempre, no centro desses debates.

A segunda conclusão, derivada da primeira, refere-se ao papel determinante - mas nem sempre reconhecido - que a Conferência Rio+20 exerceu na evolução recente dos debates sobre sustentabilidade, ao lançar o processo de definição dos objetivos de desenvolvimento sustentável (ODS) como parte central de uma nova agenda de desenvolvimento para o século XXI - que viria chamar-se Agenda 2030. Concebidos em 2012 a partir de proposta brasileira, com importante contribuição colombiana no processo de consultas, os ODS foram desenvolvidos em dois anos de negociações, de 2013 a 2015. Por meio deles, a aspiração de integrar, com equilíbrio, as três dimensões do desenvolvimento sustentável ganhou corpo e forma, a partir das áreas temáticas identificadas no documento final da Rio+20.

A terceira conclusão diz respeito aos processos negociadores que levaram à Agenda 2030 e ao Acordo de Paris. A natureza intergovernamental de ambos, beneficiada pelas contribuições recebidas de diferentes segmentos da sociedade civil, permitiu aos países se envolverem mais intensamente nos debates, desenvolvendo o sentido de apropriação (*ownership*) e de responsabilidade indispensáveis para uma efetiva internalização de seus resultados, em âmbito nacional. Essa é, por exemplo, uma diferença fundamental entre as negociações que levaram aos ODS e a abordagem *top-down* adotada em 2000, na definição dos objetivos de desenvolvimento do milênio (ODM). À época, a principal contribuição esperada dos países era seu endosso aos ODM, produzidos, a portas fechadas, por um grupo de especialistas e consultores da ONU. De forma análoga, pode-se dizer que o êxito da COP de Paris começou a ser construído a partir das lições aprendidas com o fracasso da COP de Copenhague, em 2009 - quando a presidência dinamarquesa tentou impor aos países a adoção de um texto que não se fundamentava em maior esforço prévio de aproximação entre as diferentes posições nacionais.

No plano interno, é importante registrar que a dinâmica de construção das posições brasileiras também foi aperfeiçoada nos anos recentes. A partir da experiência adquirida - e seu saldo positivo - na preparação da Conferência Rio+20, o Itamaraty promoveu uma ampla articulação interministerial para as negociações da Agenda 2030 e dos ODS, que incluiu consultas a diversas partes interessadas (movimentos sociais, instituições científicas e acadêmicas, setor privado, órgãos municipais), em todas as etapas do processo. As contribuições recebidas dos diferentes órgãos do governo e representantes da sociedade civil foram reunidas e consolidadas em documento de orientação aos negociadores brasileiros em Nova York.

Processo semelhante - conduzido pelo Itamaraty e o Ministério do Meio Ambiente - ocorreu na preparação nacional para a COP-21 da Convenção do Clima, que resultaria no Acordo de Paris. Foram realizadas, de maio de 2014 a abril de 2015, consultas abertas - virtuais e presenciais, com transmissão pela internet - às diversas partes interessadas brasileiras. As reuniões abordaram três grandes conjuntos temáticos (adaptação e saúde pública; energia, indústria, transporte e cidades; agricultura, florestas e uso da terra), bem como questões de interesse do empresariado, das instituições de pesquisa e ensino, dos órgãos públicos e do terceiro setor. Seus resultados não apenas serviram de insumo à definição das posições nacionais levadas a Paris como fortaleceram o respaldo geral da sociedade civil à ambição pretendida pelo Brasil para o regime multilateral sobre mudança do clima.[12]

Para avançar nas considerações apresentadas anteriormente, caberia antes recordar a evolução dos debates sobre meio ambiente, desenvolvimento e sustentabilidade. Os avanços e impasses dessa trajetória estão na genealogia da Agenda 2030, possivelmente o principal legado do documento final da Conferência Rio+20 - como o este capítulo buscará demonstrar. De maneira mais conceitual, essas mesmas questões estão presentes nas negociações de clima, com seus embates sobre atribuição de responsabilidades e distribuição de custos - aos quais o Acordo de Paris buscou oferecer resposta original. Dada a complexidade do tema, porém, análise específica da atuação da diplomacia brasileira na agenda climática restará para uma próxima oportunidade.

ESTOCOLMO-RIO-JOANESBURGO

Limitada inicialmente a movimentos localizados e a discussões em foros técnicos e científicos,[13] a questão ambiental passou a ser, ao longo das últimas décadas, tratada na ONU em conjunto com os temas políticos, econômicos e sociais, inserindo-se gradualmente no quadro mais amplo da sustentabilidade. Determinante, nesse sentido, foi o amadurecimento dos debates no âmbito multilateral, nas Conferências de Estocolmo, Rio de Janeiro e Joanesburgo[14] - culminando na Conferência Rio+20. Mas, se o mundo desenvolvido levou o crédito de haver introduzido os temas de meio ambiente na agenda das Nações Unidas (embora segundo ótica e interesses próprios), coube aos países em desenvolvimento - incorporando, muitas vezes, as posições brasileiras - elevar tais discussões ao nível em que poderiam receber a atenção adequada.[15]

A Conferência de Estocolmo, em 1972, foi a primeira grande reunião da ONU a concentrar-se nos problemas ambientais, em resposta ao crescente descontentamento, sobretudo nas sociedades industrializadas, com os efeitos da poluição sobre sua vida e bem-estar, e à demanda internacional pela preservação da natureza. Na época, ganhavam evidência as teses neomalthusianas que propunham conter o crescimento econômico e populacional para evitar o esgotamento dos recursos naturais. Como resultado do embate entre ambientalistas e desenvolvimentistas, a Conferência introduziu alguns princípios e temas relevantes para a construção de uma agenda para o meio ambiente e ajudou a disseminar a preocupação geral com o assunto, mas as diferenças de posição entre países desenvolvidos e em desenvolvimento (reunidos no Grupo dos 77)[16] em assuntos como controle populacional e degradação ambiental eram notáveis.

Mais quinze anos seriam necessários para que conceito de desenvolvimento sustentável fosse introduzido nos debates das Nações Unidas. O "Relatório Brundtland",[17] ou "Nosso futuro comum", de 1987, criticou o modelo de desenvolvimento adotado pelos países industrializados e reproduzido pelas nações em desenvolvimento, ressaltando os riscos do uso excessivo dos recursos naturais sem considerar a capacidade de suporte dos ecossistemas. O desenvolvimento sustentável surgia ali como proposta para conciliar crescimento econômico e conservação ambiental, levando em conta as necessidades das gerações futuras.

Dois anos após a publicação do "Relatório Brundtland", a Assembleia Geral da ONU convocaria a Conferência das Nações Unidas sobre Meio Ambiente e Desenvolvimento, aceitando a oferta brasileira para sediar o evento, no Rio de Janeiro.[18] Foi em ambiente de grandes expectativas, em que o fim da Guerra Fria parecia anunciar a formação de uma ordem internacional multipolar, com mais colaboração e menos conflito, que se realizou a Conferência do Rio. Efetivamente, a nova conjuntura mundial, bem como o reingresso do país anfitrião no regime democrático, favoreceria as negociações, contribuindo para transformar a Rio 92 num marco na agenda multilateral.

Essa Conferência marcaria a conclusão de alguns importantes processos iniciados nos anos precedentes, como a adoção das convenções sobre biodiversidade e sobre mudança do clima – dando também mandato político para se criar uma convenção sobre desertificação.[19] Outros importantes documentos então aprovados foram a Declaração do Rio sobre Meio Ambiente e Desenvolvimento, a Declaração de Princípios sobre Florestas e a Agenda 21.

Outro legado da Conferência do Rio foi a intensa participação da sociedade civil, brasileira e mundial - em nível até então inédito para um evento das Nações Unidas. Foram os grupos não governamentais que, mobilizados em manifestações e debates, protagonizaram os principais momentos fora da agenda oficial. Além disso, com o discurso renovado da diplomacia brasileira, o Brasil começou a reverter sua imagem de grande "vilão" ambiental.[20] O país apresentou-se ao mundo mais consciente de que a soberania sobre seus recursos naturais implicava também responsabilidade no seu uso. E, reconhecendo enfrentar grandes desafios - nas florestas, nos campos e nas cidades -, mostrou-se aberto ao debate e disposto a aperfeiçoar suas políticas e ações, com o apoio da cooperação e do financiamento internacionais.

A Conferência do Rio não só difundiu o conceito de desenvolvimento sustentável, como definiu seus princípios orientadores e sua abrangência temática: combate à pobreza, mudança dos padrões de consumo e produção, manejo de ecossistemas, conservação e uso sustentável da biodiversidade, combate ao desmatamento e à desertificação, proteção dos oceanos, gestão dos recursos hídricos, desenvolvimento rural e agrícola sustentável, manejo de resíduos perigosos e substâncias tóxicas, promoção da saúde humana, entre outros. Reconheceu também o papel das mulheres, dos jovens, dos povos indígenas e das comunidades tradicionais, encorajando a maior participação da sociedade civil.

Na diplomacia brasileira, consolidou-se a percepção de que os resultados alcançados no Rio de Janeiro em 1992 se deveram às circunstâncias especialíssimas então vigentes, e que não teriam sido possíveis em qualquer outro momento histórico recente. A Agenda 21, por exemplo, representava amplo programa de políticas públicas, muito avançadas, que requereriam atitude firme dos Estados para sua aplicação, o que não se coadunava com o ambiente predominantemente neoliberal que prevaleceu nas décadas seguintes a sua aprovação. Pode-se considerar que era um documento adiantado demais para o momento, o que explicaria sua relativamente fraca implementação.

Por sua vez, a Cúpula de Joanesburgo, em 2002, foi convocada com o propósito de estabelecer um plano de implementação para os programas aprovados na Conferência do Rio - que permaneciam pendentes de financiamento. Joanesburgo consolidou o conceito de desenvolvimento sustentável como princípio orientador para o desenvolvimento mundial, cujos três pilares interdependentes - econômico, social e ambiental - devem reforçar-se mutuamente e de maneira equilibrada. Também amadureceu o entendimento sobre a relação cada vez mais estreita entre as agendas globais de comércio,[21] financiamento e meio ambiente.

No entanto, o Plano de Ação de Joanesburgo não logrou resultados substantivos na mobilização de recursos financeiros novos e adicionais destinados a concretizar as recomendações do Rio, nem foi persuasivo ao ponto de convencer os países desenvolvidos a efetivamente transferir tecnologia para os países em desenvolvimento. Na prática, aqueles se limitavam a apoiar agendas seletivas, que tendiam a corroborar uma visão ainda fragmentada sobre os temas ambientais, sociais e econômicos.

Seria novamente no Rio de Janeiro, em 2012, em que a tarefa inacabada de consolidar o desenvolvimento sustentável como o novo paradigma de desenvolvimento para um futuro comum retornaria à pauta - e com maior senso de urgência. Era preciso redefinir a estrutura institucional da ONU e elevar o perfil do tema na agenda da Organização, identificar áreas e ações prioritárias, bem como assegurar maior compromisso com os meios de implementação. Embora, dessa vez, num contexto de forte crise econômica e política no sistema internacional, e de desilusão com o multilateralismo. Os ventos tinham mudado...

DE VOLTA AO RIO

Realizada de 13 a 22 de junho de 2012, a Conferência Rio+20[22] veio consolidar um processo iniciado em 1972, em Estocolmo, e que evoluiu com a Conferência do Rio e a Cúpula de Joanesburgo. Para o Brasil, sediar e presidir uma nova grande reunião em 2012 representaria a oportunidade de mostrar ao mundo o progresso realizado nos três pilares do desenvolvimento sustentável: um país que vinha combinando estabilidade e crescimento econômicos com redução da pobreza e diminuição do desmatamento florestal (na Amazônia).

Começando pelo que lhe deu maior visibilidade mundial, cumpre dizer que, se a Rio 92 foi pioneira em mobilização social durante uma Conferência da ONU, a Rio+20 superou todas as grandes reuniões que lhe precederam.[23] Estima-se que, no total, quase 50 mil pessoas tenham participado de sua programação oficial e paralela - em torno de 500 eventos. Somente a Cúpula dos Povos reuniu cerca de 25 mil pessoas de vários países, organizações e movimentos sociais, da cidade e do campo, estimulando o diálogo e o intercâmbio de experiências. Por sua vez, os Diálogos para o Desenvolvimento Sustentável, divididos em dez painéis temáticos,[24] engajaram 63 mil pessoas em discussões presenciais e eletrônicas, ajudando a elaborar 30 recomendações dirigidas aos líderes mundiais presentes à Conferência. A plataforma - bem-sucedida ao integrar a sociedade civil ao processo multilateral - foi considerada modelo para futuras grandes reuniões da ONU.

Para a equipe - relativamente pequena - de diplomatas brasileiros chamados a negociar o documento final da Conferência, o trabalho de preparação da Rio+20 começou bem antes da festa da Cúpula dos Povos, instalada no Aterro do Flamengo, zona sul do Rio de Janeiro. Desde 2010, haviam ocorrido três rodadas formais de negociação: duas em Nova York[25] e a última já no Rio de Janeiro, de 13 a 15 de junho de 2012. Em iniciativas de apoio ao processo formal, vários países promoveram reuniões de consulta, a fim de buscar entendimento sobre os temas principais. Apesar disso, o tempo dedicado às negociações preparatórias da Conferência ficou muito aquém daquele destinado à Rio 92 – e essa limitação do processo coordenado pela ONU pôs em sério risco os resultados da Rio+20.

Quando o Brasil assumiu a condução das negociações, apenas quatro dias antes do Segmento de Alto Nível que presidiria, quase 2/3 do texto a ser aprovado pelos chefes de Estado e de governo permaneciam sem acordo.[26] Justificava-se, portanto, o temor crescente de que a Rio+20 chegasse ao fim sem um documento final, ou com texto apoiado por poucos países e cuja legitimidade seria inevitavelmente questionada – tal como acontecera na 15ª Conferência das Partes da Convenção sobre Mudança do Clima, realizada na capital da Dinamarca, em 2009. O "fantasma de Copenhague" rondava o Riocentro, local em que ocorriam as negociações, na zona oeste carioca – e, na condição de presidente da Conferência, ao Brasil caberia exorcizá-lo.[27]

Para concluir, em tão pouco tempo, um documento que não havia sido acordado em dois anos, a delegação brasileira explorou os limites de um consenso possível. Fundamental nessa tarefa seria o conhecimento previamente adquirido sobre as posições de cada país, a relevância atribuída a diferentes pontos do texto e suas opções de redação. A delegação trabalhou sobre o rascunho recebido da ONU, fez as escolhas políticas necessárias em cada parágrafo, a fim de apresentar uma versão limpa e equilibrada do texto.

A proposta brasileira, muito bem acolhida pelo Grupo dos 77, sofreu, de início, resistência de alguns países europeus em questões pontuais. O Brasil empreendeu rodada final de consultas, nas quais as delegações apresentaram sua visão sobre a versão limpa do texto.[28] Com diálogo franco e condução objetiva, foi possível flexibilizar posições. Feitos alguns ajustes precisos, o Brasil alcançou o improvável: fechar o documento em dois dias e meio. Levado ao Segmento de Alto Nível, "O futuro que queremos" foi adotado na íntegra e por consenso.

A sessão foi presidida pela presidenta da República, Dilma Rousseff, e contou com a presença do secretário-geral da ONU, Ban Ki-moon. Encerrava-se ali mais um capítulo da história recente do multilateralismo.

Uma negociação multilateral é como reunião de condomínio:[29] cada um tem uma rusga pessoal, um desafeto de longa data, uma reclamação a fazer (do cachorro do vizinho, da infiltração na parede, da algazarra de madrugada). Imagine, então, se o síndico anuncia que, para realizar a prometida reforma estrutural do prédio, todos devem pagar uma taxa extra? Obviamente, ninguém fica satisfeito; do locatário do conjugado ao proprietário da cobertura, todos reclamam de sua cota e acham que o vizinho deveria pagar mais em seu lugar. Pois, na série de grandes conferências das Nações Unidas, a Rio+20 foi exatamente isso: um chamado para os países arcarem com seu quinhão de responsabilidade na implementação do desenvolvimento sustentável. Ela veio cobrar os meios de execução da obra prometida há vinte anos, na Rio 92. E coube ao Brasil, presidente da Conferência (o síndico!), buscar o entendimento comum.

Naturalmente, nos pontos em que não se chega a um acordo, a alternativa para não fechar as portas é abrir processos; e, se a Conferência de 1992 serviu de ponto de chegada para uma série de negociações já maduras, a Rio+20 foi, como vimos, o ponto de partida para novos e importantes processos - alguns até mais ambiciosos do que se imaginava à época.

"O FUTURO QUE QUEREMOS"

Se a Rio 92 buscou a conciliação entre meio ambiente e desenvolvimento, a Rio+20 reconheceu a importância da dimensão social do desenvolvimento sustentável e da integração entre economia, sociedade e meio ambiente. "O futuro que queremos"[30] afirma, no preâmbulo, que a erradicação da pobreza é o maior desafio mundial, e que sua superação, bem como a promoção de padrões sustentáveis de produção e consumo e a melhoria da gestão dos recursos naturais, constitui os objetivos primordiais e requisitos essenciais do desenvolvimento sustentável. Em 2015, a Agenda 2030 resgataria tais reflexões em seu texto preambular.

Nas seções operativas, os 193 países presentes à Conferência concordaram em iniciar o processo negociador que resultaria nos Objetivos de Desenvolvimento Sustentável;[31] criar o (agora já estabelecido) Fórum Político de Alto Nível, de caráter universal e intergovernamental, para integrar as estratégias sociais, econômicas e ambientais; fortalecer o Programa das Nações Unidas para o Meio Ambiente (PNUMA); adotar o Plano Decenal de Programas sobre Padrões de Consumo e Produção Sustentáveis (aguardado desde a Cúpula de Joanesburgo); reduzir a sobrepesca, a poluição e a acidificação dos oceanos, bem como lançar processo, no âmbito da Convenção das Nações Unidas sobre o Direito do Mar, que deverá resultar em instrumento internacional vinculante sobre a conservação e o uso sustentável da biodiversidade marinha em áreas além das jurisdições nacionais.

Sobre os meios de implementação, foi reforçada a necessidade de esforços adicionais, por parte dos países desenvolvidos, para o cumprimento de seus compromissos relativos à Ajuda Oficial ao Desenvolvimento, e iniciado processo para o estabelecimento de um mecanismo de facilitação para a promoção do desenvolvimento e a transferência e disseminação de tecnologias limpas e ambientalmente responsáveis, criado em 2015.[32] Os países encomendaram também uma estratégia para financiamento do desenvolvimento sustentável - concluída em 2014 -, com opções para a mobilização e o uso efetivo de recursos na realização dos ODS.

"O futuro que queremos" constituiu, assim, a base de lançamento de uma agenda global para o desenvolvimento sustentável, a ser implementada nos próximos anos e décadas. A adoção, por consenso, de um documento abrangente, conceitual e operativo, apesar do contexto internacional desfavorável, significou a revitalização dos processos multilaterais, sobretudo daqueles relativos ao desenvolvimento sustentável, que já davam sinais claros de desgaste desde a COP do Clima de Copenhague.[33] E mesmo não se tratando de uma conferência sobre meio ambiente, a Rio+20 refletiu toda a complexidade que o tema adquiriu nas últimas décadas, bem como a importância que a questão ambiental assumiu para diversos setores da sociedade brasileira.

DO RIO A NOVA YORK: A AGENDA 2030

A Agenda 2030 para o Desenvolvimento Sustentável contém 17 objetivos e 169 metas, apoiadas por um conjunto de indicadores. Os ODS contemplam temas como pobreza, nutrição, saúde, educação, igualdade, direitos humanos, crescimento econômico, energia, mudança do clima e proteção do meio ambiente. À diferença dos objetivos de desenvolvimento do milênio (ODM) – que agora substituem – os objetivos do desenvolvimento sustentável devem ser alcançados por todas as nações, desenvolvidas e em desenvolvimento. Constituem, assim, plano de ação mundial para a efetiva implementação de um modelo de desenvolvimento equilibrado, em que aspectos ambientais, sociais e econômicos devem ser promovidos de forma integrada e com o propósito principal de erradicar a pobreza.

Embora tenham ajudado a estabelecer as prioridades de desenvolvimento nos últimos 15 anos, os ODM eram limitados aos temas sociais e aplicavam-se apenas aos países em desenvolvimento, sobretudo aos menos desenvolvidos. E padeciam de um grave vício de origem: foram concebidos por um grupo de especialistas sem consulta prévia aos principais interessados: os países que deveriam implementá-los. Com os ODS ocorreu o inverso: foram os Estados membros que decidiram, na Conferência Rio+20, iniciar processo intergovernamental, amplo e transparente para a elaboração de um novo conjunto de metas que seriam válidas para todas as nações, e não apenas para as do Sul.

Pelo seu alcance universal e sua natureza integrada e indissociável, os ODS representam uma verdadeira mudança de paradigma[34] no desenho das estratégias de desenvolvimento; mas aportam novos desafios de implementação. A arquitetura de governança necessária para orientar e acompanhar a implementação da Agenda 2030 e seus ODS vem sendo coordenada pelo Fórum Político de Alto Nível, estabelecido pela Conferência Rio+20.[35] O Fórum, de natureza intergovernamental e universal, encarrega-se ainda das questões de financiamento para o desenvolvimento, conforme estabelecido pela Agenda de Ação de Adis Abeba. O Brasil vem defendendo que o órgão não se limite a funções de seguimento e revisão dos resultados nacionais relativos aos ODS, mas constitua espaço efetivo de liderança política, capaz de orientar os países na promoção do desenvolvimento sustentável.

A incorporação da Agenda 2030 pelas instâncias regionais será também essencial para sua implementação integrada e equilibrada. O recém-criado Fórum dos Países da América Latina e do Caribe para o Desenvolvimento Sustentável, por exemplo, acompanhará o desenvolvimento dos indicadores para avaliação de progresso e apoiará a adaptação da Agenda 2030 às particularidades da região, facilitando sua internalização pelos países e promovendo o compartilhamento de experiências.

No campo diplomático, a Agenda 2030 representa a superação da lógica tradicional de que o crescimento econômico teria prevalência sobre questões como proteção ambiental ou igualdade e justiça social. Ela propõe caminhos para uma necessária reforma na nossa relação com o planeta e a sociedade neste século XXI. Seus ODS – se efetivamente encampados pelos países – poderão transformar-se em poderoso instrumento a orientar a integração dos pilares econômico, social e ambiental, nas esferas da política pública e da iniciativa privada nacionais. Por essa razão, ao mesmo tempo em que resulta do documento final da Rio+20, a Agenda 2030 já é, com todo crédito e justiça, maior do que o texto que lhe deu origem.

* * *

Costuma-se dizer que uma negociação multilateral é a arte do consenso possível, sendo bem-sucedida quando todos ficam igualmente (in)satisfeitos com seu resultado. Isso demonstraria que os países alcançaram um documento equilibrado, cujos compromissos não deixam de refletir aspirações e necessidades distintas. Acordos multilaterais decorrentes de processos negociadores legítimos proporcionam ganhos coletivos cuja dimensão apenas o tempo é capaz de revelar.

Os mesmos jornais brasileiros que, em 1992, noticiavam o "fracasso" da Conferência do Rio, duas décadas depois recordavam o evento, em tom nostálgico, como um notável sucesso. Se os resultados da Rio 92, na forma de acordos concluídos, não foram facilmente capturados à época, o que dizer então daqueles apresentados ao fim da Rio+20? Como explicar, por exemplo, que os mandatos para abrir novos processos negociadores, numa críptica linguagem diplomática, eram já uma conquista importante? No mínimo, o êxito da Conferência não parecia tão óbvio - sobretudo para quem imaginava que aquela seria (apenas) uma reunião ambiental. Mas, em 2015, com a adoção da Agenda 2030 em Nova York e o avanço de outros processos derivados da Rio+20,[36] ficou claro que aquele novo encontro no Rio de Janeiro não só havia consolidado princípios importantes, como continuava a dar resultados - e outros, mais concretos, ainda são esperados nos próximos anos e décadas, com a implementação dos ODS. Talvez a Agenda 2030 seja, assim, um instrumento mais condizente com as circunstâncias atuais do que o foi a Agenda 21 em seu próprio tempo.

No entanto, se a Agenda 2030 confirmou a centralidade das Nações Unidas nos debates sobre desenvolvimento sustentável, sua natureza interssetorial constitui desafio particular às engessadas estruturas do sistema ONU. Por isso, na implementação dos ODS, é preciso experimentar novos modelos, arranjos e coalizões, com vista a evitar - nos planos nacional e internacional - o tratamento dos temas em silos. Foi esse, por exemplo, o equívoco que por tanto tempo confinou os debates sobre meio ambiente ao domínio dos especialistas, sem maior acesso a formuladores de políticas públicas ou fontes de financiamento capazes de adotar ações efetivas para o enfrentamento dessas questões. De modo análogo, é preciso superar a lógica assistencialista "Norte-Sul", consagrada nos objetivos do milênio e ainda perpetuada nas estruturas e métodos de trabalho das instituições tanto nacionais quanto multilaterais.

OPORTUNIDADES PARA O BRASIL

O Brasil, sob qualquer aspecto - pelo peso de sua economia, por suas dimensões continentais, pelas riquezas naturais, mas também pelas assimetrias regionais e injustiças sociais -, é um ator importante nos debates sobre desenvolvimento sustentável. E será sempre alvo de atenção por parte da comunidade internacional.

As duas Conferências realizadas no Rio de Janeiro ajudaram a despertar o interesse da população pela sustentabilidade. Mas as contradições brasileiras também se refletem nas questões internas de desenvolvimento sustentável. Alcançamos avanços consideráveis em áreas como indústria, agricultura, ciência e tecnologia nas últimas décadas, mas que não reduziram, e por vezes acentuaram, as desigualdades brasileiras - as quais somente em alguns aspectos, e por breve período de nossa história recente, foram enfrentadas pela força de políticas públicas específicas. E se uma pequena parte da sociedade brasileira se encontra em nível similar às sociedades desenvolvidas, devendo, como elas, concentrar-se na revisão de seus padrões de consumo e produção para torná-los mais sustentáveis, a maioria, não tendo ainda atendidas as suas necessidades econômicas e sociais mais básicas, não pode efetivamente considerar a dimensão ambiental do desenvolvimento entre as suas preocupações imediatas.

Deve-se reconhecer que o Estado brasileiro avançou consideravelmente na criação de legislação e no fortalecimento das instituições públicas voltadas às áreas social e ambiental, apesar das evidentes deficiências em implementação e fiscalização. A sociedade civil também contribuiu, ao trazer ao tabuleiro as questões concretas e prementes das comunidades locais, nos centros urbanos e nos meios rurais. Em contrapartida, as demandas geradas pelas grandes questões de ordem econômica, social e ambiental decorrentes da mudança do clima vão exigir de todos os países, individual e conjuntamente, a redefinição de suas prioridades, sobretudo na alocação de recursos financeiros, humanos e tecnológicos. E a mesma lógica se estende a outros desafios emergentes neste século – como a urbanização acelerada, as transformações estruturais no mundo do trabalho, e a escalada das migrações forçadas e dos refugiados –, que merecem ser igualmente tratados sob a perspectiva do desenvolvimento sustentável.

A fim de controlar os rumos de seu desenvolvimento sob o paradigma da sustentabilidade, o Brasil precisa aprofundar a reflexão sobre os fatores que deverão impactar, de maneira diferenciada, os diversos setores produtivos do país – identificando suas oportunidades inerentes e elevando a ambição e escala das ações de fomento à produção e ao consumo sustentáveis.[37] Precisa continuar fortalecendo as instituições nacionais de proteção e desenvolvimento social, a fim de apoiar os mais vulneráveis e estimular a reorientação estratégica da sociedade diante das rápidas e profundas transformações em curso. Precisa ainda estimular ativamente a produção científica brasileira, em todas as áreas do conhecimento, como condição essencial de quem almeja ser partícipe – e não apenas espectador – dos avanços da ciência (básica e aplicada), com todos os seus riscos e possibilidades.

O conhecimento cientificamente embasado sobre as dinâmicas naturais, por exemplo, tem prestado valioso apoio ao planejamento de ações – públicas e privadas – que visam ou contemplam a prevenção, redução e correção de impactos negativos ao meio ambiente e à coletividade. O progresso nacional com tais políticas vem sendo acompanhado por indicadores de sustentabilidade e mecanismos de monitoramento cada vez mais numerosos e refinados - o que, por outro lado, constitui desafio à capacidade técnica e institucional dos países menos desenvolvidos. Mas, diante de tais avanços, fica cada vez mais difícil para um país do porte do Brasil alegar desconhecimento sobre os riscos ambientais e sociais de uma ação, inação ou padrão de comportamento notadamente insustentável.

Na frente diplomática, a atuação brasileira, capitaneada pelo Itamaraty, evoluiu substancialmente com a maior participação nos debates de outros Ministérios e órgãos governamentais, das comunidades científica e acadêmica, do empresariado, das ONG e dos movimentos sociais. Conjuntamente, seja concordando ou divergindo, essas vozes contribuem para uma melhor definição do chamado "interesse nacional". Esse conceito, tão caro a diplomatas e militares sob todas as bandeiras - e, por vezes, aplicado para justificar o injustificável, sem permitir questionamento -, deveria aproximar-se ao máximo de uma síntese das justas aspirações dos diferentes segmentos sociais, ainda que seja necessário, em certos momentos, eleger quais grupos terão seus interesses privilegiados na construção de uma posição que reflita e interprete, em dada circunstância, o interesse nacional.

E qual seria o interesse do Brasil em se desenvolver com sustentabilidade? As dimensões interna e externa da política de um país são inseparáveis. O engajamento brasileiro nesse debate se justifica pelos vários interesses - coexistentes e, por vezes, contraditórios - que são de algum modo afetados pela agenda internacional. O Brasil vem enfrentando a sua grande dívida social e, não obstante percalços políticos e econômicos circunstanciais, reúne as condições necessárias para dar um salto qualitativo em diversos campos e tornar-se um dos países de vanguarda do desenvolvimento sustentável. Vários exemplos dados pela sociedade civil e pelo setor privado demonstram isso. No combate à mudança do clima, por exemplo, o Brasil dispõe de instituições, capacidade técnica e respaldo político para avançar com ambição. E, à medida que aumenta a compreensão sobre o que se busca com o desenvolvimento sustentável - crescimento econômico, com inclusão social e proteção ambiental -, amplia-se a base de apoio à ideia da sustentabilidade nos diferentes setores econômicos e categorias sociais do país.

O Brasil já demonstrou que é capaz de articular construtivamente as suas ambivalências e contradições, e tem todas as condições para ampliar a discussão interna sobre como adaptar, de forma realista e pragmática, o seu projeto de desenvolvimento a padrões efetivamente sustentáveis. Mas é essencial, para tanto, prover os estímulos corretos, e de maneira duradoura, para o maior engajamento das instituições dedicadas à pesquisa científica e tecnológica, dos governos estaduais e municipais, dos setores privado, acadêmico e da sociedade de maneira ampla. Nesse sentido, também os veículos de comunicação poderiam ser envolvidos nas campanhas de informação, conscientização e mobilização públicas - em seus diferentes níveis e aspectos.[38]

A diplomacia tem um papel importante nesse projeto de desenvolvimento nacional. Ela deve contribuir para que Estado e sociedade identifiquem, num mundo em transformação, as novas possibilidades para o país. Deve abrir espaços, aproveitar janelas de oportunidade e explorar mecanismos externos de financiamento[39] e cooperação que ampliem o peso e a capacidade nacionais. Além disso, sendo um grande país em desenvolvimento, o Brasil tem o dever moral e o interesse pragmático de agir consoante seu próprio discurso e contribuir com os países menos desenvolvidos, compartilhando tecnologias e experiências adquiridas por meio de iniciativas de cooperação Sul-Sul.

Ao servir de exemplo - mais próximo e acessível - a outras nações em desenvolvimento, com o diferencial de compreender melhor suas dificuldades técnicas, legais e institucionais, o Brasil aumenta substantivamente seu *soft power* e, em alguns casos, ainda abre mercados e exporta tecnologias nacionais. Não é por outra razão que o professor queniano Calestous Juma, grande personalidade da área de ciência, tecnologia e inovação para o desenvolvimento sustentável, teria dito certa vez ao então chanceler Celso Amorim que "para cada problema africano existe uma solução brasileira".[40]

Apesar dos significativos avanços alcançados na construção mais democrática das posições brasileiras levadas aos foros e negociações internacionais, ainda há muito espaço para ampliar e institucionalizar os canais com outros órgãos do governo, da administração pública e do Estado brasileiros, e também com os diferentes setores da sociedade, por meio de entidades representativas. Todos ganhariam se as práticas de consulta e coordenação, que já têm apoiado a preparação do país para as grandes conferências da ONU, fossem estendidas, tanto quanto possível e com os necessários ajustes, a outras reuniões das Nações Unidas e de organismos internacionais relevantes, bem como a seus temas e questões mais recorrentes.[41]

Essa prática, além de mais democrática e transparente, permitiria à sociedade brasileira conhecer aspectos importantes do ofício diplomático. Em contrapartida, possibilitaria aos diplomatas refletir melhor sobre "qual" Brasil estará a defender - uma vez que nem sempre existe um interesse comum aos diversos "Brasis" e cada escolha implica uma exclusão. Nesse ponto, sejamos claros: o maior interesse nacional, num país ainda tão desigual como o Brasil, não pode ser outro que o de buscar o desenvolvimento com justiça social e atenção aos mais vulneráveis. O desenvolvimento sustentável poderá constituir, assim, oportunidade única de considerar os custos ambientais e sociais de nosso modelo econômico e promover os ajustes necessários, com o espírito transformador que o tamanho do desafio nos exige.

NOTAS

1 Cresce a percepção de que o fundamento doutrinário do desenvolvimento sustentável, com suas dimensões econômica, social e ambiental, o transforma em princípio integrador no direito internacional. A respeito, ver Christina Voigt, *Sustainable Development as a Principle of International Law: Resolving Conflicts Between Climate Measures and WTO Law*, Leiden/Boston: Martinus Nijhoff Publishers, 2009.

2 Definido como "o desenvolvimento que satisfaz as necessidades do presente sem comprometer a capacidade das gerações futuras de satisfazerem as suas próprias necessidades" (Comissão Mundial sobre Meio Ambiente e Desenvolvimento, 1987), o desenvolvimento sustentável surgiu como o princípio orientador para o desenvolvimento mundial no longo prazo. Sustenta-se sobre três pilares interdependentes - econômico, social e ambiental -, que devem reforçar-se mutuamente e de maneira equilibrada.

3 "Transforming Our World: The 2030 Agenda for Sustainable Development" foi adotado em 25 set. 2015 (Resolução 70/1 da AGNU), durante a Cúpula das Nações Unidas sobre o Desenvolvimento Sustentável, em Nova York.

4 O princípio da universalidade com diferenciação pressupõe que todos os países têm desafios a superar para alcançar o desenvolvimento sustentável, mas suas capacidades nacionais para tanto são distintas.

5 Durante a 21ª Conferência das Partes da Convenção, realizada na capital francesa, de 30 de novembro a 11 de dezembro de 2015.

6 Essa meta, defendida sobretudo pelos pequenos Estados insulares, é aparentemente incompatível com a decisão de deixar para depois de 2050 a descontinuação de combustíveis fósseis, ainda que referência a energias renováveis sinalize a uma reorientação dos investimentos.

7 O Acordo de Paris está previsto para vigorar a partir de 2020, mas já superou, com folga, a exigência da ratificação de pelo menos 55 países que sejam responsáveis por, no mínimo, 55% das emissões de gases de efeito de estufa (GEE); em fins de 2016, mais de 110 países tinham ratificado o instrumento.

8 O Protocolo de Kyoto definiu metas de redução de emissões, por meio de "quantidades atribuídas", para os países desenvolvidos e os que, à época, apresentavam economia em transição para o capitalismo - considerados os responsáveis históricos pela mudança atual do clima. Foi aberto para assinaturas em dezembro de 1997, mas só entrou em vigor em fevereiro de 2005, devido à demora - ou recusa, no caso dos EUA - dos maiores emissores históricos em ratificá-lo. O Acordo de Paris, por sua vez, adota abordagem baseada em resultados para o conjunto da economia. Sua rápida ratificação pelos principais emissores fez com que entrasse em vigor quase dois anos antes do previsto.

9 A Agenda de Ação de Adis Abeba é resultante da Conferência das Nações Unidas sobre Financiamento ao Desenvolvimento, realizada em julho de 2015, na capital etíope. A Conferência buscou definir mecanismos e modalidades inovadoras para compartilhar a conta do desenvolvimento sustentável, do combate à fome e à pobreza extrema no mundo, da adaptação à mudança do clima e da transição para modelos de produção e consumo mais sustentáveis.

10 De certa forma, o êxito do Acordo de Paris está intrinsecamente associado à implementação exitosa da Agenda 2030; e o alcance das metas e compromissos assumidos em ambos dependem da adequação das políticas públicas, financiamento e incentivos à revisão dos padrões correntes de produção e consumo.

11 O país possui metade do território coberto por florestas, o maior reservatório de biodiversidade do planeta e um dos maiores de água doce (apesar de desigualmente distribuído e utilizado), extensa costa marinha, além de grande quantidade de riquezas minerais e outros recursos estratégicos.

12 Artigo de diplomatas negociadores da delegação brasileira à COP de Paris, publicado pouco antes da reunião, oferece ótima síntese sobre as negociações de clima - os interesses em jogo e a perspectiva brasileira: José Antônio Carvalho, Raphael Azeredo e Everton Lucero, "A diplomacia da mudança do clima: interseção entre ciência, política e desenvolvimento", em Cadernos de Política Exterior, Brasília, Funag, v. 1, n. 2, out. 2015.

13 Atribui-se, em geral, a origem da dialética entre meio ambiente e desenvolvimento às manifestações pacifistas contrárias à proliferação nuclear, durante a Guerra Fria, e aos movimentos "hippies" de valorização da natureza e crítica ao consumismo, nos anos 1960 - contemporâneos, nos Estados Unidos, das denúncias de cientistas sobre os danos causados pelo uso de pesticidas. A comunidade científica também exerceu liderança ao convocar, em 1968, a Conferência da Biosfera, primeiro grande foro internacional dedicado ao pro-

blema da poluição, mas ali a questão ambiental era ainda tratada em nicho, sem o alcance que lograria nas décadas seguintes.

14 Conferência das Nações Unidas sobre o Meio Ambiente Humano, em 1972; Conferência das Nações Unidas sobre Meio Ambiente e Desenvolvimento, em 1992; e Cúpula Mundial sobre Desenvolvimento Sustentável, em 2002.

15 Sobre os processos e resultados das referidas conferências à luz dos interesses e posições brasileiras, recomenda-se a leitura de André Aranha Corrêa do Lago, *Conferências de desenvolvimento sustentável*, Brasília, Funag, 2013. Várias questões tratadas de maneira sintética neste capítulo são aprofundadas pelo embaixador Correia do Lago, experiente negociador das reuniões sobre desenvolvimento sustentável e mudança do clima.

16 Coalizão de países em desenvolvimento, formada em 1964 por 77 membros (atualmente são 134), com o propósito de elevar o peso conjunto dos "países do Sul" nas negociações das Nações Unidas. Coordena-se, sobretudo, nos temas econômicos internacionais e para promover a cooperação Sul-Sul para o desenvolvimento. Quando alcança uma posição comum, fala em nome de mais de 80% da população do planeta.

17 Em reconhecimento ao empenho da primeira-ministra norueguesa Gro Harlem Brundtland, que chefiou a Comissão Mundial sobre o Meio Ambiente e Desenvolvimento, encarregada de preparar o documento.

18 O Brasil foi, efetivamente, quem apresentou à agnu a proposta de realização da Conferência, a qual foi recepcionada pelos Estados membros da ONU por meio da Resolução 44/228, de 22 dez. 1989.

19 A Convenção sobre Diversidade Biológica (CBD) e a Convenção-Quadro das Nações Unidas sobre Mudança do Clima (UNFCCC). Em 1994, seria criada a Convenção das Nações Unidas para o Combate à Desertificação (UNCCD) - completando a tríade das "convenções do Rio".

20 Imagem para a qual corroboravam as queimadas na Amazônia, o então recente assassinato do seringueiro Chico Mendes e as denúncias feitas mundo afora por lideranças indígenas e ambientalistas.

21 Os países em desenvolvimento - sobretudo os grandes exportadores de produtos básicos, como o Brasil - são especialmente atentos ao risco de criação de barreiras comerciais não tarifárias, fundamentadas em critérios ambientais.

22 Os dois temas centrais da Conferência Rio+20 - "Economia verde no contexto do desenvolvimento sustentável e da erradicação da pobreza" e "Estrutura institucional para o desenvolvimento sustentável" - foram definidos na Resolução 64/236 da AGNU. Além deles, a Rio+20 discutiria a proposta de criação de objetivos de desenvolvimento sustentável, lacunas de implementação dos compromissos previamente assumidos e desafios novos e emergentes, como segurança alimentar e agricultura, água, energia, cidades, transportes, oceanos, biodiversidade, produção e consumo sustentáveis, gênero, saúde e emprego.

23 Três anos depois, a COP de Paris reuniria cerca de 40 mil participantes, dos quais 20 mil credenciados; ao receber 150 chefes de Estado, ela superaria, nesse quesito, todas as conferências anteriores da ONU.

24 Os temas foram: 1 - Desemprego, trabalho decente e migrações; 2 - Desenvolvimento sustentável como resposta às crises econômicas e financeiras; 3 - Desenvolvimento sustentável para o combate à pobreza; 4 - A economia do desenvolvimento sustentável, incluindo padrões sustentáveis de produção e consumo; 5 - Florestas; 6 - Segurança alimentar e nutricional; 7 - Energia sustentável para todos; 8 - Água; 9 - Cidades sustentáveis e inovação; e 10 - Oceanos.

25 A primeira sessão do comitê preparatório ocorreu de 17 a 19 de maio de 2010, e a segunda, nos dias 7 e 8 de março de 2011, ambas na sede das Nações Unidas, em Nova York.

26 Essa condição expôs o malogro da ONU como coordenadora das negociações nos dois anos precedentes - o qual seria ainda mais flagrante quando contrastado ao êxito brasileiro em, efetivamente, salvar o documento final quando assumiu a condução dos trabalhos, nos últimos dias. Funcionário em cargo de direção na Organização confidenciou à autora,

em conversa informal, a dificuldade que até hoje enfrenta ao propor qualquer menção à Rio+20 nos documentos do Secretariado, fato que atribuiu a um certo constrangimento interno de recordar o processo.

[27] Alto funcionário da ONU diretamente envolvido com a Rio+20 relatou à autora que, dias antes do Segmento de Alto Nível, o secretário-geral das Nações Unidas, Ban Ki-moon, teria considerado cancelar sua vinda ao Rio de Janeiro, temendo que a Conferência fosse mais um fiasco, igual ou pior que a COP do Clima de Copenhague.

[28] Isto é, sem alternativas de redação - identificadas pelo uso de colchetes - que costumam refletir diferentes posições sobre o mesmo tema.

[29] Analogia que a autora ouviu de colega de delegação da Rio+20, diplomata experiente em reuniões multilaterais, ao fim de uma longa jornada de negociações do texto final.

[30] "The Future We Want", adotado em 27 jul. 2012 pela Resolução 66/288, da AGNU.

[31] Em abril de 2011, o Brasil decidiu introduzir na agenda das negociações a proposta de metas de desenvolvimento sustentável, que tinha sido originalmente apresentada no Painel de Alto Nível sobre Sustentabilidade Global, integrado pela então ministra do Meio Ambiente, Izabella Teixeira.

[32] Em seguimento ao mandato da Rio+20, foi constituído, em setembro de 2015, o Mecanismo de Facilitação Tecnológica para o alcance dos ODS.

[33] Vista em retrospectiva, a Conferência de Copenhague poderia servir de estudo de caso sobre como não fechar um acordo. Além da falta de habilidade diplomática atribuída à presidência dinamarquesa nas negociações, fora do centro de convenções foram usadas barricadas de concreto, cercas de arame farpado e até jaulas de aço para conter os manifestantes.

[34] Com a qual o Brasil colaborou decisivamente, dado que a redação de boa parte dos ODS e suas respectivas metas foi inspirada em bem-sucedidas políticas públicas nacionais.

[35] Criado em substituição à Comissão de Desenvolvimento Sustentável, o Fórum Político de Alto Nível se reunirá em nível de chefes de Estado a cada quatro anos, no âmbito da AGNU, e em nível ministerial no contexto das sessões do Conselho Econômico e Social das Nações Unidas (Ecosoc).

[36] Entre os quais cabe destacar as negociações relativas ao futuro instrumento jurídico internacional sobre conservação e uso sustentável da biodiversidade marinha em áreas além das jurisdições nacionais. O processo relativo a esse instrumento havia sido o último parágrafo "fechado" (no jargão diplomático) pelas delegações negociadoras do documento final da Rio+20; agora, ele deverá preencher lacuna normativa da Convenção das Nações Unidas sobre o Direito do Mar (Unclos) em matéria de biodiversidade marinha.

[37] É nessa direção que pretende avançar o segundo ciclo do Plano de Ação para Produção e Consumo Sustentáveis (ppcs 2016-2020). Coordenado pelo Ministério do Meio Ambiente, o PPCS deverá elevar o número e a escala das ações promovidas em seus dez eixos temáticos, identificados a partir da experiência adquirida com o primeiro ciclo (2012-2014), bem como explorar a transversalidade dos temas à luz dos Objetivos de Desenvolvimento Sustentável.

[38] Sobre os caminhos da sustentabilidade e o papel da comunicação na construção de uma sociedade sustentável, recomendam-se André Trigueiro, *Mundo sustentável 2: novos rumos para um planeta em crise*, São Paulo, Globo, 2012; e *Mundo sustentável: abrindo espaço na mídia para um planeta em transformação*, São Paulo, Globo, 2005.

[39] O objetivo coletivo de mobilizar ao menos US$ 100 bilhões anuais a partir de 2020 para financiar ações de combate à mudança do clima, com investimentos oriundos principalmente dos países ricos. Esse valor está longe dos trilhões em subsídios para fontes de energia fóssil, mas já representa um bom avanço.

[40] Conforme relato registrado em artigos e entrevistas do ex-chanceler brasileiro.

[41] Na verdade, diferentes áreas do Itamaraty costumam realizar reuniões de coordenação para colher elementos que possam orientar a delegação brasileira em determinada negociação. Mas essa é ainda uma prática discricionária, que muitas vezes contempla apenas alguns interlocutores da Esplanada, quando não se limita ao próprio MRE.

REFERÊNCIAS

CARVALHO, José Antônio; AZEREDO, Raphael; LUCERO, Everton. "A diplomacia da mudança do clima: interseção entre ciência, política e desenvolvimento". *Cadernos de Política Exterior*. Brasília: Funag, v. 1, n. 2, out. 2015.

LAGO, André Aranha Corrêa do. *Conferências de desenvolvimento sustentável*. Brasília: Funag, 2013, 202 p.

TRIGUEIRO, André. *Mundo sustentável*: abrindo espaço na mídia para um planeta em transformação. São Paulo: Globo, 2005.

______. *Mundo sustentável 2*: novos rumos para um planeta em crise. São Paulo: Globo, 2012.

VOIGT, Christina. *Sustainable Development as a Principle of International Law*: Resolving Conflicts Between Climate Measures and WTO Law. Leiden/Boston: Martinus Nijhoff Publishers, 2009, 426 p.

Obra de usina nuclear pode
O Ministério de Minas e Ener-
gia estuda a possibilidade de par-
ticipação de empresas estrangei-
ras na construção de futuras usi-
nas nucleares no Brasil. Segundo
o órgão, a alternativa será viável
se for comprovado o benefício
aos consumidores, com preços
aderentes ao mercado e respeito
à regulação. Além disso, as for-
mas de viabilização da expansão
da fonte nuclear estão sendo ava-
liadas sob diversos aspectos, co-
mo econômicos e ambientais.
"As opções a serem adotadas
podem incluir a possibilidade de
participação de empresas inter-
nacionais na construção dos em-
preendimentos, caso seja com-
provado o benefício para os con-
sumidores de energia, com pre-
ços aderentes ao mercado e res-
peito à regulação vigente. Refor-
çamos, porém, que o assunto ain-
da está em estudo", informou o
ministério em nota ao Valor.
Para o vice-presidente da ame-
ricana Westinghouse para a
América Latina, Carlos Leipner, a
proposta em estudo é interessan-
te. Segundo ele, é preciso criar
um modelo de negócio em que
uma empresa seja responsável
por todo o projeto, por meio de
um contrato de EPC
engenharia, suprimentos
"Acreditamos que o governo de-
ve focar no assunto [energia nu-
clear]. São decisões que afetam dez
anos à frente. Se queremos novas
nucleares até 2030, é imperativo
que decisões sejam tomadas nos
próximos dois anos, não só com
relação ao local, como o modelo de
comercialização", disse Leipner.
Na semana passada, a Associa-
ção Brasileira para Desenvolvi-
mento de Atividades Nucleares
(Abdan) apresentou ao ministério
uma alternativa
construção da usina de Angra 3,
cujas obras estão paralisadas des-
de setembro de 2015
tratos do projeto. A ideia é
tir que uma
lhões (valor atualizado em

O FUTURO DO REGIME CLIMÁTICO

Legitimidade por natureza: a política externa brasileira e o regime climático

Ilan E. Cuperstein

O Brasil tem exercido um papel de liderança no regime climático internacional nas últimas três décadas. O longo caminho da posição oposicionista e desenvolvimentista de Brasília na década de 1970 ao papel de protagonismo no processo de construção e institucionalização do regime climático a partir da década de 1990 merece uma reflexão. A necessidade de tal reflexão se dá primeiramente pelo fato de o regime climático representar posições e desafios mais gerais da política externa brasileira como o direito ao desenvolvimento, a busca por um papel mais relevante no sistema internacional e o respeito à soberania territorial. Em segundo lugar, a complexidade e destaque que o regime climático adquiriu nos últimos anos, nos esforços para se chegar a um acordo pós-Kyoto, oferece novos desafios e oportunidades para a agenda externa e interna do Brasil, demandando assim uma discussão mais aprofundada para além de posições e políticas já adotadas.

Este capítulo se dividirá em três partes. Na primeira, analisa-se brevemente a história do regime climático global e as estratégias adotadas pelo Brasil, desde a Conferência das Nações Unidas sobre o Meio

Ambiente Humano (UNCHE), ocorrida em Estocolmo em 1972 até a criação da Convenção Quadro das Nações Unidas sobre Mudança do Clima (UNFCCC, em inglês), no Rio de Janeiro em 1992. A segunda parte trata da política externa brasileira para o clima no âmbito das Conferências das Partes (COP, em inglês), âmbito maior de decisão da UNFCCC que se encontra anualmente para deliberações. Entre as COP realizadas, a maior ênfase será na participação brasileira na COP-15, em 2009 em Copenhague e na COP-21, em 2015 em Paris. O último capítulo discutirá o rumo da política externa climática diante dos novos desafios e oportunidades externos a partir da recém-assinada Convenção de Paris.

O REGIME CLIMÁTICO E O BRASIL

A internacionalização das questões ambientais inicia-se oficialmente em 1972, embora já houvesse amplo histórico de cooperação e conflito internacionais a partir de problemas ambientais como poluição do ar e desmatamento. A Unche é, portanto, tida como a data de nascimento do regime ambiental global, embora o clima não figurasse entre as questões inicialmente abordadas. Em Estocolmo, a Guerra Fria e a disparidade socioeconômica Norte-Sul fizeram com que o foco da Conferência fosse o relacionamento entre desenvolvimento e a preservação de recursos naturais. Os países mais ricos do chamado Norte global, responsáveis pela inserção da pauta ambiental nas discussões internacionais e pela própria Conferência em si, se surpreenderam com a postura oposicionista de países mais pobres durante o evento. O Brasil liderou, juntamente com a China, diversos países do Sul global em sua interpretação da institucionalização de um regime internacional ambiental com legislações e políticas internacionais de preservação de recursos naturais como ataque direto ao direito ao desenvolvimento e a tentativa de preservação do *status quo*, prejudicando assim países em desenvolvimento. Esta posição se pautava pela política desenvolvimentista brasileira, baseada no rápido crescimento industrial entre as décadas de 1950 e 1970 e na depleção de recursos naturais, ainda tidos como infinitos. O modelo nacional desenvolvimentista adotado pelo regime militar focada no crescimento econômico e defesa da soberania nacional considerava qualquer pressão internacional (ou nacional) por políticas ambientais mais robustas como ameaças ao regime e ao desenvolvimento do país. Neste cenário, a tentativa de se frear este crescimento era tida como um esforço dos países mais ricos de evitar o fortalecimento de países em desenvolvimento, gerando assim oposição radical de países como o Brasil.

Apesar de seguidas transformações da política brasileira que serão descritas adiante, é importante notar que esta primeira posição também se mantém no sentido da política climática ser proeminentemente determinada pelo Itamaraty e somente posteriormente pelo Ministério do Meio Ambiente e Ministério de Ciência e Tecnologia. Portanto, as mudanças climáticas são um tema de política externa e, por esta razão, a política climática brasileira é fortemente influenciada por ponderações políticas de inserção internacional do país e de temas perenes como a participação ativa em organizações internacionais, a busca por maior multipolaridade do sistema internacional e a defesa da soberania nacional.

A década de 1980 trouxe diversas transformações ao Brasil. Em primeiro lugar, uma rede de movimentos da sociedade civil relacionados a temas ambientais surgiu à medida que o regime militar conduzia um processo lento de democratização. Este movimento, descrito magistralmente por Hochstetler e Keck,[1] foi marcado pela união de temas ambientais e sociais, atrelando pautas ambientais como poluição, desmatamento e falta de saneamento à busca de justiça social, fato este que ainda se mantém até os dias de hoje. Além disso, a crescente internacionalização de temas ambientais aumentou a pressão internacional sobre o Brasil, sobretudo na questão de desmatamento e proteção da Amazônia.

Neste contexto, capitaneado pelo Ministério das Relações Exteriores (MRE), o Brasil se candidata a receber o que seria o maior encontro da ONU até então para discutir o desenvolvimento sustentável e desenhar a arquitetura de diversos regimes ambientais como clima e florestas. O processo de democratização e o espaço que este abriu para a discussão de tópicos ambientais na sociedade e a preocupação em colocar o Brasil estrategicamente como um ator positivo do regime ambiental levaram o Rio de Janeiro a ser o anfitrião da Conferência das Nações Unidas sobre o Meio Ambiente e o Desenvolvimento (Unced), conhecida também como Rio-92. Entre os diversos resultados da Unced, destaca-se a criação da UNFCCC, convenção que tem como maior objetivo a estabilização da concentração de gases de efeito estufa (GEE) na atmosfera em níveis que evitem impactos perigosos nos diversos sistemas climáticos do planeta.

A posição do governo brasileiro durante a Rio-92 baseou-se em dois princípios. "Em primeiro lugar, de que os problemas ambientais globais eram relevantes e deveriam ser tratados de maneira prioritária pela comunidade internacional; em segundo, de que a responsabilidade se diferenciava tanto pela causa quanto pela solução dos problemas ambientais globais, o que aumentava o custo dos países ricos".[2] O Brasil despontava assim como um dos maiores defensores do princípio de "responsabilidades comuns mas diferenciadas", que enxergava a questão climática como um desafio a ser abordado por todos os países, mas que os países desenvolvidos devem reduzir suas emissões antes dos demais e devem se responsabilizar pelos mecanismos financeiros e tecnológicos para auxiliar países mais pobres a implementar projetos de mitigação e adaptação.

O princípio das responsabilidades comuns, mas diferenciadas tornou-se um valor norteador do Protocolo de Kyoto, tratado assinado em 1997 para balizar as ações de países signatários para a redução de emissões de GEE. O tratado é marcado pela diferenciação entre países do Anexo I, com metas objetivas de reduções e países não anexo I, formados por países em desenvolvimento que não tinham metas obrigatórias. O outro princípio norteador do Protocolo são os mecanismos de mercado como solução mais efetiva para os países alcançarem suas metas. O comércio de emissões visava criar um mercado a partir de "quantidades atribuídas", ou o máximo de emissões a que cada país do Anexo I teria direito. Caso o país emitisse menos do que o volume a que tinha direito, poderia comercializar o restante para outros países que ainda não tivessem alcançado suas metas. O outro principal instrumento era o Mecanismo de Desenvolvimento Limpo, através do qual países do Anexo I poderiam adquirir certificados de emissões reduzidas de investimento em um ou mais projetos de redução de emissões em um país em desenvolvimento. Ambos os mecanismos mostraram severas limitações, devido ao baixo preço do carbono que inviabilizava a sua comercialização nos níveis necessários e os problemas inerentes com a contabilização e definição de projetos de redução de emissões em países em desenvolvimento. Neste primeiro momento, a estratégia brasileira, ainda fortemente baseada na posição de país em desenvolvimento, tinha duas grandes metas: a diferenciação de responsabilidades históricas entre países desenvolvidos e demais Estados; e a garantia de que países desenvolvidos seriam responsáveis por financiar eventuais projetos de redução de emissões em países mais pobres. À luz destes objetivos, o Tratado de Kyoto representou em grande medida uma vitória para a posição da política externa brasileira; posição esta também consistente com os princípios de multilateralismo e soberania territorial Além disto, desde a Unced, o Brasil consegue se colocar como "ponte" entre países desenvolvidos e em desenvolvimento, os dois grupos claramente demarcados na primeira fase do regime climático global.

A não ratificação do Tratado de Kyoto pelos Estados Unidos, maior emissor de GEE do planeta, alguns problemas com as "quantidades atribuídas", exageradamente altas para a Rússia, por exemplo, e a pouca efetividade dos mecanismos de mercado mencionados anteriormente fizeram com que as metas de Kyoto não fossem alcançadas e atentou para a necessidade de um novo mecanismo para melhor reger as mudanças climáticas no âmbito global.

O BRASIL ENTRE COPENHAGUE E PARIS

No início de seu mandato, em 2003, Lula aumenta a visibilidade da pauta ambiental ao apontar Marina Silva, política e ambientalista conhecida nacionalmente, para o Ministério do Meio Ambiente. Esta maior visibilidade da pauta ambiental, mesmo com a saída de Marina em 2008 alegando pressão intensa de grupos do agronegócio contra políticas ambientais, Viola e Franchini[3] identificam os últimos anos do governo Lula (2008-2010) como uma virada reformista da política climática nacional. Três pilares caracterizaram essa virada: a trajetória decrescente de emissões, a adoção de políticas domésticas e o perfil das negociações internacionais, especialmente no âmbito da UNFCCC.

Primeiro, o perfil de emissões do país mudou dramaticamente no período através, sobretudo, de políticas florestais bem-sucedidas que causaram uma redução substancial na taxa anual de desmatamento.[4] Consequentemente, o Brasil diminuiu suas emissões em 20% entre 2005 e 2012, gradualmente se caracterizando por um perfil de emissões mais similar a outros países em desenvolvimento com PIB *per capita* similar, em que as maiores fontes de emissões são energia, indústria e transporte. O regime climático passou também a ser enxergado como agenda potencial para a nova inserção internacional do Brasil como ator relevante no sistema global em posição de maior liderança independente. Esta interpretação, aliada aos resultados positivos das reduções de emissões, fez o Brasil adotar posição surpreendentemente ambiciosa na COP-15 em Copenhague, no qual seria desenhado o regime pós-Kyoto. No mesmo ano, o Brasil se tornou o primeiro grande país em desenvolvimento a adotar metas voluntárias de redução de 36,1% a 38,9% das emissões até 2020 comparadas às emissões de 1990. Apesar de esta meta voluntária representar uma ruptura com a posição tradicional brasileira de que os países mais ricos deveriam iniciar os esforços para somente depois os países mais pobres também determinarem suas metas, os princípios gerais da política externa se mantiveram. Isso porque o Brasil manteve sua oposição a inclusão de metas vinculativas a países em desenvolvimento no texto de um eventual tratado.

COP-21: O ACORDO DE PARIS

Depois de anos de negociações para um regime pós-Kyoto, ficou evidente a necessidade de engajamento de um número maior de países na tentativa de diminuir as desconfianças entre países desenvolvidos e em desenvolvimento. Os Estados Unidos, por exemplo, deixaram claro que não estavam dispostos a negociar outro acordo em que a China, maior emissor de gases de efeito estufa do mundo desde 2006, não tivesse nenhuma obrigação ou meta. Para alcançar esta universalidade, a forma encontrada foi introduzir maior flexibilidade. E o instrumento para esta flexibilidade foram os chamados INDC (Intended Nationally Determined Contributions), que deveriam ser apresentados por todos os países antes das negociações e em diversas formas – metas absolutas, projetos específicos ou implementação de políticas públicas específicas. Na prática, os INDC seguiram a proposta brasileira de "diferenciação concêntrica", na qual países convergiriam progressivamente para obrigações mais ambiciosas e precisas. Esta proposta representou continuação da posição nacional de defesa inegociável do direito ao desenvolvimento, colocando maiores expectativas de metas ambiciosas para países ricos e permitindo às nações mais pobres a proteção ambiental sem risco de sacrifício ao tão necessário crescimento socioeconômico.

Como líder, o Brasil deu exemplo ao ser o primeiro país em desenvolvimento a declarar metas absolutas de redução de emissões em seu INDC. O Brasil se comprometeu a reduzir 37% das emissões até 2025 e 43% até 2030 comparado a 2005, destacando-se por não usar projeções de emissões ou emissões por unidade do PIB, como a maioria dos países em desenvolvimento. Além disto, o Brasil também não condicionou o alcance das metas ao acesso a financiamento internacional, deixando claro que as metas se tornaram política pública abrangente, e não somente questão a ser tratada no âmbito internacional. Vale ressaltar também que a meta em si é ambiciosa ao objetivar maior uso de energias renováveis (45% até 2030) em uma matriz já considerada limpa e a continuação do bem-sucedido programa de reflorestamento e combate ao desmatamento da floresta amazônica, que foi reduzido em 82% de 2004 a 2014.

A meta do INDC brasileiro que mais gerou críticas foi a de eliminação do desmatamento ilegal até 2030. Isto não só causa estranheza pela admissão explícita de que a lei ainda não é cumprida, como é um retrocesso posto que o Plano Nacional sobre Mudança do Clima de 2007 determinava como prazo para o fim do desmatamento ilegal o ano de 2015.

O Acordo de Paris foi considerado um sucesso para a diplomacia brasileira por materializar as posições mais importantes defendidas pelo país nas negociações além de seguir as linhas básicas que norteiam a política externa nacional como preferência por negociações multilaterais, defesa da soberania e uma interpretação mais flexível a respeito de responsabilidades comuns, porém diferenciadas. No entanto, esse relativo sucesso levanta algumas questões sobre qual o papel que o Brasil deve almejar no regime climático.

VÍTIMA DO SUCESSO?

O novo desenho do regime climático é um sucesso diplomático para o Brasil, que mais uma vez atuou como ponte construtiva e logrou imprimir muitos de seus princípios na nova arquitetura do Acordo de Paris. No entanto, a liderança global brasileira não se aplica à liderança regional. O Itamaraty, que procurou no Basic (Brasil, África do Sul, China e Índia) o bloco norteador de suas posições nas negociações, acabou não conseguindo gerar um papel de liderança entre países da América do Sul, seja entre aqueles com posturas a favor de um regime com metas vinculativas (Colômbia), seja entre aqueles que adotam posturas mais radicais antissistêmicas (Bolívia, Venezuela).[5] Assim, agora cabe à diplomacia brasileira buscar ser uma ponte também entre países da região, e não somente entre países desenvolvidos e países em desenvolvimento, visto que a complexidade do regime de mudanças climáticas hoje demanda maiores nuances nas negociações. A diferenciação concêntrica é um passo positivo para lidar com estes novos desafios.

Além disso, a crescente mobilização da sociedade civil através de ONGs e movimentos, a atuação mais marcante de entes subnacionais e a internalização de questões climáticas nas pautas de outros Ministérios abre um debate mais profundo sobre a política climática do país. Este debate diz respeito ao modelo de desenvolvimento que o Brasil deseja seguir. O debate mais profundo sobre o desenvolvimento sustentável deve perpassar o fim de diversas práticas insustentáveis do setor agropecuário, a diminuição da dependência de *commodities* e o incentivo a práticas de baixo carbono nas áreas de transporte, planejamento urbano, tratamento de resíduos, eficiência energética entre outras. O Itamaraty tem papel fundamental neste debate, que deve ser feito com a sociedade brasileira e que deve buscar na política externa estratégias que beneficiem novas opções de desenvolvimento para o país.

NOTAS

1 Kathryn Hochstetler e Margaret Keck, *Greening Brazil*, Durham, Duke University Press, 2007.
2 Eduardo Viola, "O regime internacional de mudança climática e o Brasil", em *Revista Brasileira de Ciências Sociais*, 17 (5), 2002, pp. 25-46.
3 E. Viola e M. Franchini, "Brasil na governança global do clima, 2005-2012: a luta entre conservadores e reformistas", em *Contexto Internacional*, 35(1), 2013, pp. 43-76.
4 Inpe, 2011.
5 Guy Edward e Timmons Roberts, *A Fragmented Continent*, Cambridge, MA, MIT Press, 2015.

REFERÊNCIAS

Edwards, Guy; Timmons Roberts, J. *A Fragmented Continent*. Cambridge, MA: MIT Press, 2015.

Estevo, Jefferson. "Política externa brasileira para mudanças climáticas". *Proceedings of the III Enabri*. São Paulo, 2011. Disponível em: <http://www.proceedings.scielo.br/pdf/enabri/n3v2/a33.pdf>. Acesso em: 12 jan. 2017.

Hochstetler, Kathryn; Keck, Margaret. *Greening Brazil*. Durham: Duke University Press, 2007.

Isa. Observatório do Código Florestal, 2015. Disponível em: <http://www.socioambiental.org/PT-°©-br/tags/observatorio--do--codigo-florestal>. Acesso em: 12 jul. 2016.

Ministério do Meio Ambiente. Política Nacional de Mudanças Climáticas, 2015. Disponível em: <http://www.mma.gov.br/clima/politica-°©-nacional-°©-sobre-mudanca-do--clima>. Acesso em: 10 jul. 2016.

Roberts, J.; Parks, B. *A Climate of Injustice*. Cambridge: MIT Press, 2007.

Rodriguez, Elze. A atuação internacional do Brasil para as mudanças climáticas: as COP de 2009 a 2015. São Paulo, 2016. Dissertação (mestrado em Relações Internacionais) - Unesp/Unicamp/PUC-SP.

Viola, Eduardo. "O regime internacional de mudança climática e o Brasil". *Revista Brasileira de Ciências Sociais*. 17 (5), 2002, pp. 25-46.

______. "Transformations In Brazilian Deforestation and Climate Policy Since 2005". *Theoretical Inquiries in Law*. 14.1, 2013.

______; Franchini, M. "Brasil na governança global do clima, 2005-2012: a luta entre conservadores e reformistas". *Contexto Internacional*, 35(1), 2013, pp. 43-76.

mudar
foco
onde estão
oportunidades
PERFORMANCE
ALTO IMPACTO
TIC

A DIPLOMACIA ORÇAMENTÁRIA NAS NAÇÕES UNIDAS

Dívidas e dividendos: o Brasil e a área administrativa e orçamentária das Nações Unidas

Fernando Zelner

Em setembro de 2015, a Assembleia Geral das Nações Unidas adotou a Agenda 2030 para o Desenvolvimento Sustentável, a Agenda de Ação de Adis Abeba sobre Financiamento para o Desenvolvimento e o Acordo de Paris sobre a Mudança do Clima, instrumentos de cunho predominantemente político e de relevância histórica que deverão guiar os esforços de todos os países - desenvolvidos e em desenvolvimento - rumo ao desenvolvimento econômico, social e ambiental pelos próximos anos. Nos três casos, os documentos aprovados refletem o equilíbrio resultante de processos intergovernamentais de negociação, caracterizados por concessões, avanços e recuos necessários para viabilizar o alcance de posições consensuais entre os países do mundo.

Um fato menos divulgado é que, passadas as cerimônias de adoção e os discursos de chefes de Estado, inicia-se outra batalha, desta vez no âmbito da 5ª Comissão - instância responsável pelos assuntos administrativos e orçamentários da ONU - sobre como financiar o apoio da Organização aos seus membros para implementarem, no plano nacional, os acordos políticos obtidos. Ou seja, na 5ª Comissão serão definidos os volumes de recursos - financeiros, humanos e materiais - necessários para dar expressão prática às diretrizes políticas. De acordo com o que for decidido pelos diplomatas que representam seus países na Comissão, determinados elementos dos acordos poderão vir a ser priorizados em detrimento de outros, podendo comprometer o equilíbrio negociado.

À luz da prioridade que o Brasil atribui ao desenvolvimento sustentável, o exemplo citado evidencia a importância da área administrativa e orçamentária das Nações Unidas para o avanço do interesse nacional. Outros temas prioritários para o Brasil na 5ª Comissão incluem o orçamento anual da Minustah, missão de paz no Haiti liderada pelo exército brasileiro, a negociação da escala de contribuições para estabelecer a parcela do orçamento da Organização que caberá a cada país, assim como assuntos administrativos, como políticas de pessoal e recrutamento, cuja formulação e aplicação influenciam diretamente a entrada de funcionários brasileiros nas Nações Unidas.

O orçamento da ONU disponibiliza cerca de 2,7 bilhões de dólares, anualmente, para gastos em seus três pilares: desenvolvimento, paz e segurança, e direitos humanos. A esse montante, somam-se outros 8 bilhões de dólares para custear operações de manutenção da paz, como a Minustah. Esses valores acabam por mobilizar ainda mais recursos na forma de parcerias e doações provenientes do setor privado, da filantropia, da academia e dos próprios Estados membros. O emprego de tais recursos gera aquisições de cerca de 3 bilhões de dólares anuais. Contratam-se serviços, consultores e pessoal, adquirem-se materiais, constroem-se sedes e bases, enfim, o que for necessário para prover meios adequados à Organização com vistas a habilitá-la a cumprir os mandatos outorgados pelos países.

Não é difícil perceber o valor estratégico de uma atuação coesa e planejada na gestão de tais recursos. Na medida em que, de acordo com as regras da Organização, toda decisão que envolva o dispêndio de recursos, em qualquer área de atuação, deve passar pelo crivo e aprovação da 5ª Comissão, o órgão constitui ferramenta essencial para avançar o interesse nacional.

Historicamente, o Brasil sempre atuou de forma intensa nos assuntos administrativos e orçamentários da ONU. Ao presidir, em 1946, a primeira sessão da Assembleia Geral, o brasileiro Osvaldo Aranha já tinha presente a importância de tais questões no equacionamento de problemas de índole política. Não é à toa que, por intermédio de Oscar Niemeyer, integrante do grupo de arquitetos de renome internacional escolhido pelos Estados membros, o Brasil esteve envolvido no planejamento e construção da sede da ONU, em Nova York. Desde então, a presença brasileira tem sido marcante, seja a título nacional, seja com o conjunto dos países em desenvolvimento, com os quais compartilha afinidades naturais. Com assento frequente no Conselho de Segurança e praticamente permanente no Conselho Econômico e Social (Ecosoc), o Brasil sempre zelou para assegurar apoio administrativo e orçamentário aos projetos de seu interesse.

Em anos recentes, a contribuição brasileira à ONU aumentou significativamente, de 1,6% do orçamento regular, em 2010, para 3,8%, em 2016. Nesse período, o Brasil subiu de 14º a 7º maior contribuinte da Organização, ultrapassando países como Rússia, Itália e Canadá, entre outros. Paralelamente, a recente crise econômica que o país atravessa impôs sacrifícios fiscais que resultaram em dificuldade de pagamento das dívidas com organismos internacionais. Em fevereiro de 2016, foi criada a Comissão Interministerial de Participação em Organizações Internacionais (Cipoi), integrada pela Casa Civil e pelos Ministérios do Planejamento, Relações Exteriores e Fazenda, cujo mandato envolve o acompanhamento, do ponto de VISTA orçamentário e financeiro, da participação do Brasil em organismos internacionais. Tais desdobramentos apontam para a necessidade de maior atenção, por parte do Brasil, aos assuntos administrativos e orçamentários da ONU, a fim de aprimorar a transparência e prestação de contas à sociedade a respeito dos recursos destinados pelo país à Organização, e também de colher mais e melhores frutos da participação brasileira.

Este capítulo busca, a partir da experiência pessoal do autor, tecer argumentos favoráveis a tal curso de ação. Comenta, ainda, de forma não exaustiva, iniciativas na área administrativa que poderiam contribuir de forma mais tangível para o avanço dos interesses do país em outras áreas da Organização.

* * *

Inicialmente, cabe descrever, de forma simplificada, o quadro parlamentar e a configuração de forças entre os principais grupos e países que configuram o contexto político-econômico no âmbito da 5ª Comissão.

O Brasil atua no âmbito do Grupo dos 77 (G-77), que congrega a grande maioria dos países em desenvolvimento. Criado na década de 1960, originalmente com 77 membros, seu propósito é ampliar o poder de negociação dos países em desenvolvimento em foros internacionais da área econômica, embora, ocasionalmente, adote posições comuns em relação a outras questões, sobretudo aquelas ligadas ao desenvolvimento. O G-77 reúne uma enorme gama de países, desde os pequenos, mais pobres, cuja contribuição ao orçamento regular da ONU não chega a 30 mil dólares anuais, até países como Brasil, China e Índia, 7º, 3º e 24º maiores contribuintes, respectivamente, e que juntos pagam cerca de 310 milhões de dólares por ano.

Do outro lado desse espectro, situam-se os países desenvolvidos, incluindo, essencialmente, Estados Unidos, União Europeia, Japão e Coreia do Sul, atuando, quase sempre, de forma coordenada e coesa. Segundo o tema em pauta, somam-se a esse grupo, ocasionalmente, com maior ou menor grau de coesão e ativismo, delegações como Canadá, Austrália, Nova Zelândia, Suíça, e Noruega. Turquia e México buscam trilhar caminhos próprios, defendendo interesses pontuais e frequentemente abstendo-se em debates conflituosos que opõem diametralmente os países desenvolvidos e o G-77. Raramente montam oposição às posições defendidas pelos países desenvolvidos.

A Rússia, por sua vez, age de forma mais autônoma, buscando preservar seu poder de membro permanente do Conselho de Segurança e resguardar seus interesses sistêmicos, em áreas como aquisições e pessoal, entre outras. Segundo as circunstâncias, pode apoiar o G-77 ou, em alguns casos, os países desenvolvidos.

Devido a seu peso no orçamento da Organização e a seus interesses políticos e econômicos, os países desenvolvidos tendem a controlar a agenda da Comissão. Nesse sentido, são os principais agentes dos debates e buscam constantemente implementar iniciativas administrativas e orçamentárias com vistas a instrumentalizar a ONU em favor de seus interesses em política externa.

Carência de pessoal, de capacidade técnica ou ausência de interesses sistêmicos acerca da política interna da Organização leva a maioria dos países em desenvolvimento a interagir com o Secretariado - nome dado ao corpo de funcionários da ONU - apenas durante as sessões da 5ª Comissão, períodos formais em que a Organização presta conta de suas atividades e os Estados membros tomam decisões. Com menos limitações, as delegações de países desenvolvidos usualmente acompanham de perto o trabalho do Secretariado, inclusive nos períodos intersessionais. Participam, assim, mais diretamente, do próprio desenho dos projetos que visam implementar os mandatos aprovados pelos Estados. Não por coincidência, é comum que tais projetos reflitam desproporcionalmente a visão ou experiência daqueles países. Resta, então, aos países em desenvolvimento, atuar de forma reativa para conferir maior equilíbrio às propostas dos países desenvolvidos e buscar avançar suas próprias ideias, propostas e prioridades.

Tal contexto marcadamente desigual agravou-se, em anos recentes, como resultado do impacto da crise econômico-financeira de 2008. Confrontados com políticas nacionais de retração fiscal, os países desenvolvidos, principais contribuintes ao orçamento da Organização, passaram a defender reformas administrativas e reformulação dos métodos de trabalho com vistas a efetuar cortes de despesas e aumentar a eficiência no uso de recursos escassos. Tais medidas não representam necessariamente, *a priori*, pontos de controvérsia ou oposição. Afinal, todos, em princípio, favorecem a eficiência no uso de recursos. A dificuldade surge quando cortes de gastos e reformas são utilizados para priorizar certos mandatos em detrimento de outros, como atividades de apoio ao desenvolvimento. A disputa claramente abandona a arena técnica e retorna ao campo da política. Diante disso, os países em desenvolvimento, que já se encontravam na defensiva, voltaram-se quase que exclusivamente para a contenção de danos.

A fim de competir nesse ambiente restritivo e, às vezes, até inóspito, o Brasil deve intensificar seu envolvimento com os temas administrativos e orçamentários da Organização. A partir da definição política de objetivos essenciais, a articulação do interesse nacional requer a elaboração de uma estratégia efetiva de ação para concentrar esforços na implementação dos temas eleitos como prioritários. A formulação de uma política nacional sobre como se espera que as Nações Unidas contribuam para a realização dos objetivos da política externa brasileira fortaleceria a atuação do país em foros como a 5ª Comissão, além de conferir maior transparência ao uso do dinheiro público.

Obviamente, qualquer estratégia de ampliação da influência brasileira na ONU passa, antes de mais nada, pelo cumprimento das obrigações financeiras ora em atraso. A prolongada inadimplência gera prejuízos de imagem ao país e erode a legitimidade do pleito brasileiro por maior influência política na Organização. O pagamento em dia das contribuições do Brasil deve constituir a pedra fundamental da inserção do país, sem o que é difícil projetar imagem de membro responsável da comunidade de nações, comprometido com o progresso das relações entre os países.

Uma vez quitados seus compromissos financeiros, o Brasil deve concentrar esforços em aumentar sua representação nos quadros da Organização. Com base em fórmula que leva em conta dimensões geográficas, população e contribuição à Organização, as regras de procedimento da ONU estabelecem um número ideal de funcionários para cada país. De acordo com tal cálculo, há menos brasileiros trabalhando no Secretariado do que corresponderia ao país. O problema se acentua nos níveis mais altos da hierarquia: não há um brasileiro sequer entre os cerca de quarenta integrantes do primeiro escalão do secretário-geral Ban Ki-moon, a despeito da posição do Brasil como 7º maior contribuinte da ONU.

A presença de funcionários brasileiros na Organização enseja benefícios claros para o Brasil. No nível operacional, promove a formação de recursos humanos, facilita o acesso de representantes governamentais ao Secretariado e amplia a rede de contatos diplomáticos do país nas sedes da ONU. Nos níveis hierárquicos mais elevados, pode-se traduzir em influência direta nos processos administrativos e decisórios da Organização, além de trazer ganhos de imagem e prestígio, não desprezíveis para um país tão dependente de *soft power* como o Brasil. Nesse contexto, a correção do quadro de sub-representação deve constar como prioridade da estratégia nacional do Brasil.

No âmbito intergovernamental, medidas contundentes seriam necessárias com vistas a implementar reformas na política de contratação de pessoal da ONU, que não promove de forma eficaz a superação dos desequilíbrios existentes. A questão da representação geográfica equitativa constitui prioridade perene do G-77 na 5ª Comissão. Contudo, a forte resistência dos países desenvolvidos em reduzir as distorções significa que o assunto acaba por ser tratado de forma protocolar, por meio da mera reafirmação do compromisso coletivo com a solução do problema, mas sem a tomada de decisões concretas que alterem o *status quo*. A fim de destravar o impasse, seria necessária campanha de alto nível por parte dos países sub-representados. O Brasil, por seu ativismo político e capacidade de mobilização, tanto de países pobres quanto ricos, teria condições de liderar iniciativa nesse sentido.

No âmbito nacional, poderia considerar-se campanha de conscientização e preparação de brasileiros para a carreira de funcionário público internacional. O Ministério das Relações Exteriores poderia intensificar sua interação com o meio acadêmico a fim de alcançar alunos de cursos como Relações Internacionais, Direito, Economia e outras áreas em demanda na ONU. O próprio Secretariado oferece apoio a tais iniciativas, organizando, periodicamente, missões a países sub-representados a fim de divulgar as oportunidades existentes a estudantes, recém-formados e mesmo a profissionais mais experientes.

Diversos países, inclusive o Brasil, possuem programas de apoio ao ingresso de seus nacionais no Secretariado, os quais tomam diversas formas. Algumas das representações do Brasil com a ONU, como a de Nova York, contam com programas de capacitação acadêmica que funcionam, em alguns casos, como trampolim de jovens brasileiros para estágios ou mesmo cargos no Secretariado. Entretanto, esses programas, assim como os estágios oferecidos pelas Nações Unidas, não são remunerados, o que torna o acesso pouco democrático. Alternativas poderiam ser analisadas para proporcionar maior apoio, inclusive por meio de bolsas de estudos, a potenciais candidatos a cargos em organismos internacionais.

Um dos principais obstáculos que dificultam a entrada de brasileiros nos organismos internacionais é a falta de qualificação, especialmente em relação ao domínio de idiomas estrangeiros. Por meio do Instituto Rio Branco, o Itamaraty poderia considerar a formação de parcerias com escolas de idiomas e cursos preparatórios buscando a organização de programas específicos para os processos seletivos da ONU. O apoio governamental a candidatos brasileiros contribuiria, sem dúvida, para aumentar o número de candidatos a cargos no Secretariado, fortalecer seus currículos e promover maior sensibilidade aos objetivos da política externa brasileira.

Paralelamente, as representações brasileiras junto a organismos internacionais poderiam ser mobilizadas para reunir com mais frequência os brasileiros a serviço daqueles órgãos, apresentando as prioridades do país e explorando meios para maximizar as oportunidades de colaboração. Em contrapartida, seria necessário, naturalmente, ampliar o apoio político e engajamento do governo em prol da progressão profissional dos funcionários nacionais. O brasileiro a serviço do Secretariado deve sentir-se também parte do contingente que representa o Brasil.

Tal configuração de parceria observa-se com frequência na relação entre os países desenvolvidos e seus nacionais, os quais, muitas vezes, alternam cargos governamentais e no Secretariado. De maneira semelhante, poderiam examinar-se as vantagens de formulação de política de cessão de diplomatas brasileiros ao Secretariado, uma vez que esses servidores têm familiaridade com as prioridades de política externa do país, dominam idiomas estrangeiros e conhecem o funcionamento da Organização. Para tanto, contudo, seria necessário criar dispositivos que permitissem aos diplomatas assumir cargos fora da estrutura governamental sem prejudicar as perspectivas de sua ascensão profissional, o que ainda não existe.

Nessa mesma linha de ideias, uma eventual candidatura brasileira à presidência do G-77 constituiria oportunidade singular de ampliar a influência política do país nas negociações intergovernamentais na área administrativa da ONU. Como maior grupo negociador da Organização, com 134 membros, ou dois terços do total, o G-77 detém poder considerável na 5ª Comissão, o que lhe permite bloquear consensos e rejeitar medidas propostas pelo Secretariado ou por outros países. A capacidade de influenciar as posições do Grupo, portanto, constitui instrumento essencial para promover o próprio interesse nacional.

Desde 1970, ano em que foi instituída a Presidência anual do G-77, o Brasil nunca exerceu o cargo. Entre os latino-americanos e caribenhos, países como Jamaica, Bolívia e México, este antes de sua saída do Grupo, em 1994, ocuparam a vaga em duas ocasiões distintas cada um. Fora da região, África do Sul, Índia e Egito fizeram o mesmo, enquanto a Argélia já comandou o Grupo em três ocasiões. Segundo os critérios estabelecidos pelos membros, aplica-se a rotatividade geográfica, o que significa que a cada três anos a vaga compete a um país da América Latina ou Caribe (as outras regiões são África e Ásia/Oriente Médio). Em 2017, o Equador ocupará o cargo. A Presidência seguinte da região será em 2020.

O Brasil desempenha papel de protagonista no G-77, não apenas em razão de seu peso relativo enquanto 7º maior contribuinte, mas sobretudo devido ao caráter sistêmico de seus interesses. A delegação brasileira adota posicionamento próprio com relação a todos os temas mais importantes da 5ª Comissão e atua com frequência em nome do Grupo nas negociações. Frequentemente, a perspectiva brasileira fornece a base para formulação da posição do G-77, sempre em coordenação com delegações como China e Índia, representantes do grupo africano e países latino-americanos.

Seria possível argumentar que países de grande peso político, como o Brasil, podem prescindir de cargos como a Presidência do G-77 para promoverem seus interesses. De certa forma, o argumento faz sentido. O Brasil já se destaca no Grupo, moldando suas posições sem precisar comprometer seus negociadores com atividades ligadas à coordenação, atribuição que recai sobre a delegação presidente. Ademais, o cargo exige capacidade mediadora e certa dose de altruísmo, na medida em que, em determinadas situações, impõe abdicar da própria posição nacional em favor do consenso.

Por outro lado, a Presidência do G-77 confere prestígio e evidência ao país que a exerce. Vale ressaltar que o cargo não se limita apenas à 5ª Comissão, mas cobre também foros como a 2ª Comissão, que trata de temas econômicos e desenvolvimento sustentável, e o Conselho Econômico e Social, em que a atuação do Grupo também é relevante. Como contraponto à obrigação de incentivar o consenso entre os membros, a Presidência concede à delegação que a ocupa certa margem de manobra para promover soluções de compromisso ou sugerir linhas de ação, influenciando a agenda dos países em desenvolvimento e da própria Organização.

Em anos recentes, países que exerceram a função auferiram ganhos notáveis de "*soft power*". A Bolívia, último representante latino-americano, ocupou a presidência durante o cinquentenário do G-77, em 2014. Em conferência comemorativa organizada em Santa Cruz de la Sierra, logrou incluir princípios andinos de sua política externa na declaração política do Grupo, elevando seu perfil nas Nações Unidas. A Tailândia, atual presidente, utilizou o cargo como parte de sua recente campanha por uma vaga não permanente no Conselho de Segurança.

Caso constituísse parte de planejamento mais abrangente de ampliação do papel do Brasil, tanto com relação ao tratamento dos temas substantivos nas Nações Unidas quanto de maior influência nos aspectos administrativos da Organização, a presidência do G-77 poderia proporcionar plataforma adequada para avançar os interesses do país. O Brasil poderia, por exemplo, promover debates sobre a atualização das principais posições do Grupo, a redefinição de prioridades e interesses sistêmicos a respeito do futuro da ONU, a implementação da supracitada Agenda de Desenvolvimento Sustentável ou mesmo, como aventado anteriormente, o lançamento de campanha em prol da melhoria da representação dos países sub-representados e em desenvolvimento no Secretariado.

A incapacidade crônica das Nações Unidas de oferecer resposta às principais questões enfrentadas pela humanidade, tanto no campo da paz e segurança quanto em relação ao desenvolvimento sustentável em seus pilares econômico, social e ambiental, e à proteção dos direitos humanos é tema recorrente de inúmeros debates e estudos em relações internacionais. Não se pode negar o fato de que as estruturas de poder na Organização refletem configuração no mínimo anacrônica, em que os países desenvolvidos gozam de representação desproporcional e desequilibrada, particularmente no Conselho de Segurança.

Não obstante essa realidade, pouco se contesta a afirmação de que, em um mundo cheio de incertezas e crises de toda natureza, as Nações Unidas representam um conjunto de regras e práticas que possibilitam aos países interagirem de forma pacífica e buscarem soluções para seus conflitos. Para países como o Brasil, dotado de relativamente menos recursos de poder do que os países desenvolvidos, a importância dessas regras - e de influenciar sua elaboração - reside justamente nos controles que elas impõem à atuação arbitrária dos países mais poderosos e ao primado da força. Participar ativamente da definição e preservação desse arcabouço significa, antes de mais nada, lutar por espaço adequado para a promoção dos interesses dos países em desenvolvimento, os quais, afinal, constituem cerca de dois terços da Organização.

Muito mais poderia ser dito sobre a importância da atuação do Brasil em relação a temas administrativos e orçamentários no âmbito da ONU. A participação das Forças Armadas em missões de manutenção da paz, por exemplo, tema que sequer foi tocado, encerra diversas oportunidades para ampliação da influência política do Brasil. No que diz respeito a aquisições, iniciativas para aumentar as vendas de produtos brasileiros poderiam ser ampliadas. Este capítulo buscou demonstrar, de forma não exaustiva, como iniciativas na área administrativa da ONU poderiam contribuir para a consecução dos objetivos nacionais de política externa. Para tanto, o cumprimento sem ressalvas das obrigações financeiras do país constituiria o primeiro passo.

Em perspectiva mais abrangente, os mesmos argumentos apresentados aqui sobre a relevância dos temas administrativos e orçamentários na ONU são aplicáveis a outras organizações internacionais das quais o país é membro, muitas delas, a propósito, sujeitas aos regulamentos administrativos definidos pela 5ª Comissão. Diversos organismos podem agregar valor aos esforços em prol do desenvolvimento nacional, como a Organização das Nações Unidas para Alimentação e Agricultura (FAO), a Organização Mundial do Comércio (OMC) ou a Conferência das Nações Unidas para o Comércio e Desenvolvimento (Unctad), entre outros.

Por sua pujança econômica, peso político e recursos diplomáticos, o Brasil detém legitimidade e meios para participar com destaque em quaisquer debates sobre a configuração das principais organizações internacionais.

Maior proatividade trará, certamente, respostas mais concretas e transparentes à sociedade brasileira sobre o emprego dos recursos destinados pelo país aos organismos internacionais dos quais é membro, como também, inegavelmente, e em termos mais amplos, ganhos tangíveis para a política externa nacional.

O IMPACTO DA
Ambientes externo e interno
US$ 3 BILHÕES
ALTA PERFORMANCE

GOVERNANÇA DA INTERNET

Do marco civil às resoluções da ONU sobre privacidade digital: a política externa brasileira para a governança da internet como um jogo de dois níveis

Bruno de Moura Borges e Maurício Santoro

Ao longo da década de 2010, o Brasil se firmou como um líder do processo de definição das regras globais da governança da internet. Essa liderança é algo inusitado para um país em desenvolvimento, que não esteve envolvido com o processo de criação da rede e nem se destaca na indústria mundial de tecnologia de informação. Contudo, o Brasil realizou diversas ações de impacto na área: copatrocinou com a Alemanha duas resoluções na Assembleia Geral da ONU, sediou duas conferências importantes (NETMundial e Fórum de Governança da Internet) e aprovou a inovadora legislação doméstica do Marco Civil, que se tornou rapidamente uma referência internacional.

Este capítulo examina a política externa brasileira para a governança da internet da perspectiva do que Robert Putnam[1] chamou de "jogo de dois níveis", no qual diplomacia e conjuntura interna se reforçam mutuamente. O argumento é que a liderança exercida pelo Brasil foi possível graças a uma combinação de fatores como as denúncias de Edward Snowden sobre a espionagem da NSA e a existência de uma rede articulando funcionários governamentais e ativistas digitais no Brasil, que remonta à formulação das políticas de software livre da década de 2000, e que durante a crise alavancou seus projetos de reforma da regulamentação da web.

Dada a peculiaridade desse arranjo de forças, as posições brasileiras ainda não estão consolidadas, sujeitas às mudanças da instável política nacional.

O IMPACTO DE SNOWDEN E AS AÇÕES INTERNACIONAIS DO BRASIL

Desde os atentados de 11 de setembro de 2001 houve significativa expansão do sistema de espionagem americano, com ênfase na capacidade de inteligência de sinais, como interceptação de mensagens eletrônicas e telefônicas. Esse crescimento acompanhou o desenvolvimento tecnológico da internet e da telefonia celular, com a ampliação das oportunidades para vigiar o comportamento individual on-line. Acadêmicos, ativistas e jornalistas abordaram os riscos desse aparato para os direitos humanos e o debate ganhou forte impulso com as denúncias feitas em 2013 por funcionário terceirizado da Agência de Segurança Nacional (NSA) dos Estados Unidos, Edward Snowden.

Snowden era um técnico especializado em informática que se assustou com o que viu na NSA e decidiu deixar a instituição e o país, terminando por se exilar na Rússia. Ele contatou o jornalista Glenn Greenwald e a cineasta Laura Poitras para contar o que sabia, e o resultado foi uma série de reportagens e um documentário de repercussão mundial, premiados, respectivamente, com o Pulitzer e o Oscar. As denúncias tiveram consequências políticas particularmente fortes no Brasil: Greenwald reside no país há vários anos e fala português fluentemente. Por meio de parcerias com a imprensa brasileira, apresentou as revelações de Snowden aos brasileiros em sua própria língua, no horário nobre da TV e em artigos jornalísticos.

As denúncias apontaram para amplas atividades da NSA no Brasil, desde espionagem econômica contra a Petrobras até a vigilância das comunicações individuais da presidente Dilma Rousseff. Sob pressão da opinião pública para reagir, a mandatária adiou a visita que faria aos Estados Unidos e tornou o tema da vigilância e da privacidade o centro de seu discurso de abertura da 68ª Assembleia Geral da ONU.

Em sua fala às Nações Unidas, a presidente destacou que não se tratava de um problema bilateral entre Brasília e Washington, mas da necessidade de estabelecer "propostas para o estabelecimento de um marco civil multilateral para a governança e uso da internet e de medidas que garantam uma efetiva proteção dos dados que por ela trafegam".[2] Essas iniciativas se basearíam em princípios como proteção da privacidade, da liberdade de expressão, da diversidade cultural e da neutralidade da rede.

A ação brasileira visava a preencher a lacuna global na regulamentação da internet - tema de intensas disputas diplomáticas ao longo das décadas de 1990 e 2000, quando o estabelecimento do acesso comercial à rede e o início da exploração de seu potencial econômico levou diversos países a questionar seu modo de funcionamento. Ele dava aos Estados Unidos papel preponderante na definição de suas regras, com poder de veto sobre o principal órgão regulador, Internet Corporation for Assigned Names and Numbers (ICANN), que opera por meio de contrato de gestão com o Departamento de Comércio daquele país.[3]

Brasil e Alemanha desempenharam o papel-chave na Assembleia Geral da ONU, copatrocinando duas resoluções sobre "privacidade na era digital" (68/167 e 69/166, em 2013 e 2014). Ambos os documentos seguem as diretrizes lançadas no discurso da presidente e estabelecem parâmetros para que os Estados protejam on-line os direitos de seus cidadãos. A segunda resolução é mais abrangente e inclui discussão sobre metadados, as grandes quantidades de informação acerca de dados individuais que ainda são mal definidas nas legislações domésticas e quase nunca gozam da mesma proteção dedicada, por exemplo, à correspondência ou ligações telefônicas.

Embora os textos da Assembleia Geral sejam *soft law*, não vinculantes, são o primeiro passo na elaboração do que pode vir a ser um futuro tratado internacional sobre a internet. O Brasil também contribuiu nesse processo apoiando uma série de ações no Conselho de Direitos Humanos da ONU, como a definição de um relato ao direito à privacidade. O ímpeto brasileiro e alemão no tema se explica em grande medida pela pressão de suas respectivas sociedades: pesquisa mostrou ambos os povos como os mais preocupados com as revelações sobre as atividades da NSA.[4]

Outro elemento importante da atuação diplomática brasileira foi sediar duas conferências multistakeholders, reunindo ativistas, acadêmicos e funcionários governamentais. A NETMundial em São Paulo (2014) e o Fórum de Governança da Internet em João Pessoa (2015) discutiram os temas expressos nas preocupações brasileiras e afirmaram compromisso com as propostas, ainda que a linguagem de suas resoluções seja um tanto menos enfática do que a dos pronunciamentos oficiais do Brasil.

O ESTADO BRASILEIRO E A TECNOLOGIA DE INFORMAÇÃO

O Estado brasileiro tem longo histórico de políticas ativas para a área de tecnologia. Considerada há décadas como área central ao desenvolvimento, a preocupação com a tecnologia de informação deve ser vista como parte integrante de um projeto de avanços e recuos que vem desde a década de 1970. A tentativa de criar capacidade autônoma de produção de hardware com a política de informática legou ao Estado brasileiro uma experiência importante no que toca as possibilidades políticas e econômicas de produção de tecnologia de ponta e a preocupação com a criação de políticas públicas para a área de tecnologia de informação (TI).[5]

Criada ao longo da Ditadura Militar, a política de informática tinha como objetivo inicial a criação de tecnologia própria com um viés voltado para a segurança e para a autonomia. O que motivava o Estado brasileiro naquele momento era a possibilidade de aumentar o poder do país no sistema internacional e criar uma indústria doméstica que pudesse estabelecer uma base de conhecimento autóctone quanto ao desenvolvimento tecnológico. Vários engenheiros brasileiros foram mandados aos Estados Unidos, principalmente para as universidades do Vale do Silício, para treinar, voltar ao Brasil e multiplicar o conhecimento aqui.[6]

Embora o Brasil nunca tenha se transformado em grande produtor de tecnologia de hardware própria em nível internacional, a experiência na área gerou alguns legados que seriam explorados futuramente na criação de políticas públicas voltadas ao setor. Essas heranças eram tanto de cunho político (as dificuldades ou possibilidades para mobilizar apoio) quanto econômico (as implicações de uma economia aberta e mais integrada globalmente). A política de software livre desenvolvida nos anos 2000, por exemplo, apresentava soluções criativas para os problemas da política de informática anterior.

O primeiro legado da política de informática foi a percepção da necessidade de criação de coalizões para a manutenção de políticas públicas. Nas décadas de 1970 e 1980, a política de informática foi implementada sob um forte fechamento de importações e com a participação principal de uma empresa com capital estatal chamada Computadores Brasileiros (Cobra).[7] Vários fatores contribuíram para o fracasso da política de informática, mas, ao final, estava claro que não havia mais apoio interno ao fechamento de mercado e que quem defendia a indústria naquele momento era apenas um *lobby* que demandava proteção para a produção de clones de tecnologia de hardware ultrapassada. A perda de apoio amplo à política e sua falta de legitimidade foram decisivas para seu fracasso como estratégia.[8]

Com a política de adoção de software livre na década de 2000, a ancoragem do apoio dentro da sociedade civil foi bastante ampliada. Ao incorporar tanto ativistas digitais para a defesa de uma política pública quanto experiências prévias locais de implementação da política, a legitimidade e a resiliência do apoio foram substancialmente maiores.

O segundo legado da política de informática foi a compreensão de que desenvolver tecnologia autônoma significava pensar em hardware e software de modo integrado, sendo que o peso do último se tornava cada vez mais importante. Os últimos vinte anos mostraram, além disso, a relevância da internet como principal vetor e distribuidor dos programas.[9] A expansão da rede na década de 1990 e a criação da World Wide Web mudaram o paradigma centrado no hardware – agora, tanto a produção quanto a disseminação de dados apontavam para o peso cada vez maior da infraestrutura de rede e da criação de software de maneira aberta e integrada globalmente.

Isso significou que desde a década de 1990, os esforços para integrar o país em uma estrutura de governança global da rede e de cooperação na área geraram frutos que teriam grande impacto posterior. A criação do Comitê Gestor da Internet em 1995 para representar o Brasil nos fóruns de governança como ICANN e Latin American and Caribbean Internet Addresses Registry (LACNIC) foi passo imprescindível para consolidar o protagonismo brasileiro e influir nas decisões que já afetavam o uso acadêmico da rede e, logo, seu uso econômico.

O terceiro legado da política de informática foi explicitar que não só o modelo para a produção de tecnologia havia mudado, mas as condições sistêmicas da economia também. Desde a década de 1980, a proteção da propriedade intelectual tornou-se parte integrante dos acordos de liberalização do comércio internacional e estes passaram a ter condicionalidades impostas para o avanço da abertura de mercados, principalmente por países desenvolvidos como os Estados Unidos e Japão. O paradigma de produção de tecnologia de informação transformou-se (tornando-se cada vez mais complexo e modular), assim como a redução das possibilidades de produzi-la com fechamento de mercados sem ferir a propriedade intelectual das grandes empresas de tecnologia. Com isso, as políticas de TI passaram a ser feitas de modo a incorporar *know-how* internacional aberto (como no caso do software livre) e, ao mesmo tempo, tentar criar regras de governança para a estrutura da internet no Brasil e no exterior de forma a salvaguardar as possibilidades de acesso à rede no futuro. A internet passou a ser vista, tanto pelo Estado brasileiro quanto pela sociedade civil, como sendo o ponto focal do desenvolvimento tecnológico e de expansão científica e econômica.

A superação do modelo anterior fechado de produção de tecnologia, sem apoio da sociedade civil e com um foco apenas em hardware, levou o Estado brasileiro a modernizar suas posições na área e abriu um debate amplo em setores da sociedade civil sobre o papel do Estado diante de um desenvolvimento tecnológico acelerado, com impactos grandes sobre os cidadãos brasileiros. Essas preocupações e esse amadurecimento institucional serviram como contexto para a grande e aberta discussão sobre o Marco Civil que começou em 2007.

A CRIAÇÃO DO MARCO CIVIL E O PAPEL DA SOCIEDADE CIVIL

As discussões que levaram à criação do Marco Civil da internet expuseram as principais linhas divisórias quanto ao uso da tecnologia no Brasil. O debate também mostrava a fragilidade da legislação brasileira para a área, já que não havia regulação para o uso cada vez mais disseminado da rede no país.

Além disso, como uma das questões principais do debate, enquanto a velocidade e alcance da web aumentavam, a utilização e retransmissão de pacotes de dados de forma neutra colocava-se no centro de diversos potenciais problemas futuros. Todas essas implicações passam pelo fato inevitável de que qualquer discussão que envolva a rede mundial de computadores torna-se inerentemente importante para o país internacionalmente.

Criar leis que regulam tecnologia apresenta um dilema fundamental: a evolução tecnológica é muito mais rápida do que a sua codificação legislativa. À medida que a fronteira computacional se expande, a criação de legislação específica para determinado equipamento pode mostrar-se prejudicial a inovações futuras. Criar leis "à prova do futuro" que capturem em essência os direitos fundamentais (privacidade/segurança/proteção) tem sido um desafio cada vez maior internacionalmente.[10] Ademais, regular a internet - uma rede global - a partir de legislação interna deve ter em mente as dificuldades inerentes à sua natureza internacional, questão delicada por conta do equilíbrio entre o que se deseja regular internamente e a possibilidade real de cumprir seus objetivos.[11]

Uma das ironias presentes na criação do Marco Civil brasileiro é que sua ideia e a mobilização ampla da sociedade civil vieram da reação à um projeto de lei anterior sobre crimes cibernéticos. O PL 84/1999 proposto pelo Senador Eduardo Azeredo (PSDB-MG) tipificava e estabelecia punições para diversos crimes cometidos on-line, tanto na forma de multas quanto prisão. O projeto inicial estabelecia que os provedores deveriam catalogar e manter números de CPF de usuários, tornando as empresas corresponsáveis por quaisquer infrações. Os ativistas digitais viram no PL um potencial perigo para a privacidade e passaram a referir-se a ele como o "AI-5 Digital". Apesar de o projeto ser problemático quanto às suas implicações de vigilância, seus defensores tinham um ponto válido: o Brasil ainda não possuía legislação de crimes cibernéticos e estava claro que precisava de uma.

Sérgio Amadeu havia sido um dos artífices da política de software livre no governo Lula, presidindo o Instituto Nacional de Tecnologia de Informação (ITI). Ronaldo Lemos era então professor da Fundação Getulio Vargas (FGV) e responsável pelo Creative Commons Brasil. Ambos foram críticos vocais do PL de Azeredo e sugeriram maior papel para a sociedade civil na definição de uma lei geral de internet no Brasil, tanto para cobrir a questão de crimes cibernéticos quanto para a criação de uma estrutura legal de funcionamento da rede no país.[12]

Lemos particularmente advogava desde o início por um marco regulatório civil da internet, especialmente de forma a consagrar princípios de abertura e de neutralidade de rede na nova legislação.[13] A ideia exposta era trazer a sociedade para a discussão, dando legitimidade à lei e tornando-a resiliente, assim contrapondo-se a uma feroz contraofensiva de grupos de interesse empresarial que se formariam. Apesar da proposta de Lemos em 2007, a discussão só se iniciaria formalmente em 2009.

O governo federal, em parceria com a FGV, montou então um primeiro rascunho da legislação e a submeteu à consulta popular via internet, a partir de um blog para quem se dispusesse a contribuir ao texto, seguindo uma estratégia da comunidade do software livre. Os princípios iniciais do Marco Civil representavam uma visão aberta de internet, com ênfase em direitos civis, liberdade de expressão e privacidade, como Lemos já ressaltava em seu texto (2007). O Marco Civil buscava um meio-termo entre privacidade e segurança, definindo que provedores não seriam mais responsabilizados por crimes cometidos, mas deveriam manter endereços IP catalogados por um ano e estariam sujeitos a decisões judiciais que determinassem retirada de material criminoso.

Apesar de ampla participação de ativistas e de cidadãos na preparação do projeto de lei inicial, a parte mais contenciosa acabou sendo referente à neutralidade de rede, o que quase travou o processo de aprovação do Marco Civil. O projeto seria submetido ao Congresso apenas em 2011, já durante o governo Dilma Rousseff e depois de duas rodadas de discussões públicas sobre o rascunho. Apesar desses esforços, o projeto de lei parou no Congresso devido aos *lobbies* organizados das empresas de telecomunicações quanto ao componente de neutralidade de rede presente na proposta.[14]

Apenas as revelações de Edward Snowden em 2013 trariam de volta a discussão sobre o Marco Civil. Ao dar caráter de urgência à legislação, a Presidência retomou como simbólica a resposta brasileira à legislação de internet e reenergizou o ativismo em defesa da nova lei. O governo, naquele momento, podia argumentar com propriedade que o projeto havia sido discutido amplamente com a sociedade civil e contar com a apoio de grupos que o defenderam desde seu início.[15] Essa coalizão, formada por ativistas de direitos civis, de software livre, de direitos trabalhistas, acadêmicos e organizações não governamentais, provou-se fundamental para sustentar durante tanto tempo a relevância e a discussão sobre o Marco Civil. Inclusive, perto de sua aprovação, havia forte apoio internacional de instituições e personalidades como o criador do termo "neutralidade de rede", Tim Wu, e o inventor da World Wide Web, Sir Tim Berners-Lee.[16] Afirmar que essa coalizão se formou rapidamente ou de acordo com uma conveniência momentânea é desprezar os vários anos de constante desenvolvimento dessas redes e da preocupação com temas relatos.

Quando Snowden revelou documentos da NSA evidenciando espionagem no Brasil, o governo Dilma encontrou em sua resposta internacional uma coalizão de apoio já pronta, graças às tentativas em torno do projeto do Marco Civil. Ao mesmo tempo, o governo possuía força para aprovar legislação que era preparada há anos, assim como base doméstica legítima para as posições brasileiras nos fóruns internacionais sobre governança de internet. Uma das maiores iniciativas de política externa do governo Dilma foi fruto de uma combinação de uma crise com *timing* político, conectadas por anos de ativismo digital na área de tecnologia.

CONCLUSÕES

Desde 2013, o Brasil copatrocinou duas resoluções da ONU sobre privacidade no mundo digital, sediou conferências multilaterais sobre o tema e tomou importantes medidas para consagrar o tema como um direito humano no sistema das Nações Unidas. Mas seria difícil imaginar a força do ativismo brasileiro internacionalmente sem as revelações de Snowden.

O Brasil reforçou seu papel de referência global sobre o tema com a aprovação do Marco Civil. Seu impacto e suas possíveis reformulações serão avaliadas com seriedade e atenção pela comunidade internacional. Contudo, a privacidade digital, a neutralidade da rede e outros aspectos dessa legislação inovadora ainda não são valores consolidados na sociedade brasileira. Pelo contrário, a discussão sobre vigilância e o papel do Estado cresce domesticamente, bem como a controvérsia acerca do modelo de negócios de muitas empresas coletoras de informações e a persistência da fragilidade dos órgãos reguladores de telecomunicações.

As contradições que cercam a política digital brasileira são muitas, incluindo posições divergentes sobre o tema nos órgãos públicos. As Forças Armadas e as instituições internas de segurança, por exemplo, são as maiores defensoras de um endurecimento da lei e um aumento das capacidades de vigilância. A aproximação do governo com as empresas de captação de dados como o Facebook, por exemplo, pode colocar em risco o próprio princípio de neutralidade de rede.

Para a manutenção das conquistas realizadas ao longo dos últimos anos será importante a conexão entre o ativismo digital dos movimentos sociais brasileiros e as redes transnacionais, em particular no sistema de governança global da internet, com seus diversos espaços de participação para a sociedade civil. A web é um jogo de muitos níveis e o Brasil tem se mostrado um adepto talentoso de vários deles.

NOTAS

1 Robert Putnam, "Diplomacy and Domestic Politics: The Logic of Two-Level Games", em *International Organization*, v. 42, n. 3, Summer 1988.

2 Dilma Rousseff, "Discurso de abertura da 68ª Assembleia Geral da ONU", disponível em: <http://www2.planalto.gov.br/acompanhe-o-planalto/discursos/discursos-da-presidenta/discurso-da-presidenta-da-republica-dilma-rousseff-na-abertura-do-debate-geral-da-68a-assembleia-geral-das-nacoes-unidas-nova-iorque-EUA. 09/24/2013>, acesso em: 5 jan. 2017.

3 Everton Lucero, *Governança da internet: aspectos da formação de um regime global e oportunidades para a ação diplomática*, Brasília, Funag, 2011; e Milton Mueller, *Ruling the Root: Internet Governance and the Taming of Cyberspace*, Cambridge, MIT Press, 2004.

4 Anistia Internacional, "Pesquisa inédita indica preocupação dos internautas brasileiros com vigilância e privacidade na internet", 18 mar. 2015, disponível em: <https://anistia.org.br/noticias/pesquisa-inedita-indica-preocupacao-dos-internautas-brasileiros-com-vigilancia-e-privacidade-na-internet/>, acesso em: 5 jan. 2017.

5 Bruno de Moura Borges, "Desenvolvimento e autonomia: o Brasil e a tecnologia de informação em perspectiva histórica comparada", em *Desigualdade & Diversidade*, n. 8, jan./jul. 2011, pp. 77-100; e Peter Evans, *Embedded Autonomy: States & Industrial Transformation*, Princeton, Princeton University Press, 1995.

6 Bruno de Moura Borges, *Technology and Development: The Political Economy of Open Source Software*, Ph.D. Dissertation, Duke University, 2010.

[7] Peter Evans, op cit., p. 129.
[8] Tullo Vigevani, *O contencioso Brasil x Estados Unidos da informática: uma análise sobre formulação da política exterior*, São Paulo, Alfa Omega/Edusp, 1995.
[9] Yochai Benkler, *The Wealth of Networks: How Social Production Transforms Markets and Freedom*, New Haven, Yale University Press, 2006.
[10] Tim Wu, *The Master Switch: The Rise and Fall of Information Empires*, New York, Vintage, 2011.
[11] Yochai Benkler, op cit.
[12] Cultura Digital, "Opinião de especialista: Sérgio Amadeu e o marco civil da internet", 23 jun. 2014, disponível em: <http://culturadigital.br/marcocivil/2014/06/23/opiniao-de-especialista-sergio-amadeu-e-o-marco-civil-da-internet/>, acesso em: 5 jan. 2017.
[13] Ronaldo Lemos, "Internet brasileira precisa de marco regulatório civil", em UOL, 22 maio 2007.
[14] Câmara dos Deputados, "Alessandro Molon (PT-RJ) apresenta marco civil da internet", 11 abr. 2014, disponível em: <http://www2.camara.leg.br/camaranoticias/TV/materias/PALAVRA-ABERTA/465821-ALESSANDRO-MOLON-%28PT-RJ%29-APRESENTA-MARCO-CIVIL-DA-INTERNET.html>, acesso em: 5 jan. 2017.
[15] Luana Lourenço, "Dilma sanciona marco civil da internet", em *Agência Brasil de Notícias*, 23 abr. 2014, disponível em: <http://agenciabrasil.ebc.com.br/politica/noticia/2014-04/dilma-sanciona-marco-civil-da-internet>, acesso em: 5 jan. 2017.
[16] Joana Varon Ferraz, "Tim Wu, pai do conceito de neutralidade de rede, apoia o marco civil da internet no Brasil", em *O Globo*, 17 jun. 2013.

REFERÊNCIAS

Abdenur, Adriana; Gama, Carlos Frederico Pereira da Silva. "Triggering the Norms Cascade: Brazil's Initiatives to Curb Electronic Espionage". *Global Governance*. v. 21, 2015, pp. 455-74.

Angwin, Julia. *Dragnet Nation:* A Quest for Privacy, Security and Freedom in a World of Relentless Surveillance. New York: St. Martin Griffin, 2015.

Anistia Internacional. "Pesquisa inédita indica preocupação dos internautas brasileiros com vigilância e privacidade na internet". Disponível em: <https://anistia.org.br/noticias/pesquisa-inedita-indica-preocupacao-dos-internautas-brasileiros-com-vigilancia-e-privacidade-na-internet/ 03/18/2015>. Acesso em: 5 jan. 2017.

Assembleia Geral das Nações Unidas. "The Right to Privacy in the Digital Age. Resolution 68/167". 12/18/2013. Disponível em: <http://www.un.org/en/ga/search/view_doc.asp?symbol=A/RES/68/166>. Acesso em: 12 jan. 2017.

______. "The Right to Privacy in the Digital Age. Resolution 69/166". 11/19/2014. Disponível em: <http://www.un.org/en/ga/search/view_doc.asp?symbol=A/RES/69/166>. Acesso em: 12 jan. 2017.

Bamford, James. The Shadow Factory: The NSA from 9/11 to the Eavesdropping on America. New York: Anchor, 2009.

Benkler, Yochai. *The Wealth of Networks:* How Social Production Transforms Markets and Freedom. New Haven: Yale University Press, 2006.

Borges, Bruno de Moura. "Desenvolvimento e autonomia: o Brasil e a tecnologia de informação em perspectiva histórica comparada". *Desigualdade & Diversidade*. n. 8, jan./jul. 2011, pp. 77-100.

______. *Technology and Development*: The Political Economy of Open Source Software. Ph.D. Dissertation, Duke University, 2010.

Brasil. "Marco civil da internet". Disponível em: <http://www.planalto.gov.br/ccivil_03/_ato2011-2014/2014/lei/l12965.htm>. Acesso em: 5 jan. 2017.

Câmara dos Deputados. "Alessandro Molon (PT-RJ) apresenta Marco Civil da internet". 04/11/2014. Disponível em: <http://www2.camara.leg.br/camaranoticias/TV/materias/PALAVRA-ABERTA/465821-ALESSANDRO-MOLON-(PT-RJ)-APRESENTA-MARCO-CIVIL-DA-INTERNET.html>. Acesso em: 12 jan. 2017.

COMINO, Stefano; MANENTI, Fabio. "Government Policies Supporting Open Source Software for the Mass Market". *Review of Industrial Organization*. 26, 2005, pp. 217-40.

CULTURA DIGITAL. "Opinião de especialista: Sérgio Amadeu e o Marco Civil da internet". 23 jun. 2014. Disponível em: <http://culturadigital.br/marcocivil/2014/06/23/opiniao-de-especialista-sergio-amadeu-e-o-marco-civil-da-internet/>. Acesso em: 5 jan. 2017.

EVANS, Peter. *Embedded Autonomy*: States & Industrial Transformation. Princeton: Princeton University Press, 1995.

FERRAZ, Joana Varon. "Tim Wu, pai do conceito de neutralidade de rede, apoia o Marco Civil da Internet no Brasil". *O Globo*, 17 jun. 2013.

GREENWALD, Glenn. *No Place to Hide*: Edward Snowden, the NSA, and the U.S. Surveillance State. London: Picador, 2014.

KIM, Eugene. F. OSS Adoption in Brazil: The Growth of a National Strategy. In: KARAGANIS, J. and LATHAM, R. (eds.) *The Politics of Open Source Adoption*. New York: Social Science Research Council, 2005.

LEMOS, Ronaldo. "Internet brasileira precisa de marco regulatório civil". UOL, 22 maio 2007.

______. "WhatsApp e a fragilidade da rede". *Folha de S.Paulo*, 21 dez. 2015.

LOURENÇO, Luana. "Dilma sanciona Marco Civil da Internet". *Agência Brasil de Notícias*, 23 abr. 2014. Disponível em: <http://agenciabrasil.ebc.com.br/politica/noticia/2014-04/dilma-sanciona-marco-civil-da-internet>. Acesso em: 5 jan. 2017.

LUCERO, Everton. *Governança da internet:* aspectos da formação de um regime global e oportunidades para a ação diplomática. Brasília: Funag, 2011.

MUELLER, Milton. *Ruling the Root:* Internet Governance and the Taming of Cyberspace. Cambridge: MIT Press, 2004.

MUGGAH, Robert; GLENNY, Misha. "Brazil's Cybersecurity Conundrum". 12 jan. 2015. Disponível em: <http://blogs.cfr.org/cyber/2015/01/12/guest-post-brazils-cybersecurity-conundrum/>. Acesso em: 5 jan. 2017.

______; THOMPSON, Nathan. "Brazil's Digital Backlash". *New York Times*, 12 jan. 2016.

O'MALEY, Daniel. "How Brazil Crowdsourced a Landmark Law". *Foreign Policy*, 19 jan. 2016.

PUTNAM, Robert. "Diplomacy and Domestic Politics: The Logic of Two-Level Games". *International Organization*, v. 42, n. 3, Summer 1988.

ROUSSEFF, Dilma. "Discurso de abertura da 68ª Assembleia Geral da ONU". Disponível em: <http://www2.planalto.gov.br/acompanhe-o-planalto/discursos/discursos-da-presidenta/discurso-da-presidenta-da-republica-dilma-rousseff-na-abertura-do-debate-geral-da-68a-assembleia-geral-das-nacoes-unidas-nova-iorque-EUA. 09/24/2013>. Acesso em: 5 jan. 2017.

SANTORO, Maurício. "Brazil's Surprising Lead in Internet Regulation". *Deutsche Welle*, 30 jul. 2015. Disponível em: <https://thebobs.com/english/2015/5637/>. Acesso em: 5 jan. 2017.

______. "Privacidade é o novo nome da liberdade na internet". *Huffington Post Brazil*, 19 mar. 2015. Disponível em: <http://www.brasilpost.com.br/mauricio-santoro/privacidade-e-liberdade-internet_b_6901724.html>. Acesso em: 5 jan. 2017.

______. "Privacidade na internet: a nova fronteira dos direitos humanos". *Revista Fórum*, 20 mar. 2015.

______. "For Now, Brazil Appears Wronged". *New York Times*, 24 set. 2013.

SCHNEIER, Bruce. *Data and Goliath:* The Hidden Battles to Collect Your Data and Control Your World. New York: W. W. Norton and Company, 2015.

SELL, Susan. *Power and Ideas:* North-South Politics of Intellectual Property and Antitrust. New York: Sunny Press, 1998.

______. *Private Power, Public Law*: The Globalization of Intellectual Property Rights. Cambridge: Cambridge University Press, 2003.

VIGEVANI, Tullo. *O contencioso Brasil x Estados Unidos da informática:* uma análise sobre formulação da política exterior. São Paulo: Alfa Omega; Edusp, 1995.

WU, Tim. *The Master Switch:* The Rise and Fall of Information Empires. New York: Vintage, 2011.

OS AUTORES

Bruno de Moura Borges

Ph.D. em Ciência Política (Duke University), doutor em Ciência Política (Iuperj) e professor-adjunto do Departamento de Relações Internacionais da Universidade do Estado do Rio de Janeiro (UERJ).

Candice Sakamoto Vianna

Diplomata, mestre em Diplomacia pelo Instituto Rio Branco e bacharel em Administração pela Fundação Getulio Vargas. Trabalhou quatro anos na Representação Permanente do Brasil com as Agências das Nações Unidas em Roma, onde atuou como presidente do Grupo de Trabalho para o Marco Estratégico Global para Segurança Alimentar e Nutrição do Comitê de Segurança Alimentar Mundial. Atualmente é conselheira comissionada na embaixada do Brasil em Jacarta.

Dawisson Belém Lopes

Professor do Programa de Pós-Graduação em Ciência Política da Universidade Federal de Minas Gerais (UFMG).

Felipe Antunes de Oliveira

Bacharel em História (UFRJ), mestre em Diplomacia (IRBr) e doutorando em Relações Internacionais (Sussex University). Pesquisador do Centre For Global Political Economy. Diplomata desde 2010.

Felipe Krause

Diplomata, atualmente cursando Ph.D. em Ciência Política e Relações Internacionais na Universidade de Cambridge, Reino Unido.

Fernando Zelner

Bacharel em Ciência Política pela Universidade de Brasília (UnB) e diplomata de carreira desde 2007. Atualmente, está locado na Missão Permanente do Brasil com as Nações Unidas.

Flávio Campestrin Bettarello

Diplomata de carreira. Desde 2014, é o vice-observador permanente do Brasil com a Comissão Econômica e Social das Nações Unidas para a Ásia e Pacífico (UN-ESCAP) e conselheiro na embaixada do Brasil em Bangkok. Serviu na embaixada brasileira em Washington e foi professor titular de Economia Aplicada no Instituto Rio Branco. Concluiu programas de pós-graduação nas Universidades Johns Hopkins, LSE e UC Berkeley. Doutor em Ciências do Comportamento e mestre em Diplomacia.

Guilherme Casarões

Doutor e mestre pela Universidade de São Paulo (USP) e mestre pela Universidade Estadual de Campinas (Unicamp) (Programa SAN Tiago Dantas). Leciona Relações Internacionais na Escola Superior de Propaganda e Marketing de São Paulo (ESPM-SP)e na FGV-SP.

Gustavo Westmann

Diplomata desde 2007, bacharel em Direito (USP) e em Relações Internacionais pela Pontifícia Universidade Católica de São Paulo (PUC-SP). Mestre em Diplomacia (IRBr) e em Política Internacional (Luiss). Especialista em Direito Internacional Público pela UC Berkeley e pela The Hague Academy of International Law. Atuou como consultor jurídico na área de direito ambiental e nas áreas cultural, ambiental e comercial do Itamaraty. Foi chefe do setor comercial da embaixada do Brasil na Itália. Atualmente é chefe do setor econômico e comercial da embaixada do Brasil na Indonésia.

Hayle Gadelha

Adido cultural da embaixada do Brasil em Londres e doutorando pelo King's College London. Trabalhou na embaixada do Brasil em Pequim e no Departamento de América do Sul-II do Itamaraty.

Ilan E. Cuperstein

Assessor da C40 Cities Climate Leadership Group para a cidade do Rio de Janeiro. Antes da presente função, foi representante da Coppe/UFRJ no Centro Brasil China de Mudanças Climáticas e Tecnologias Inovadoras para Energia em Pequim por três anos. É formado em Relações Internacionais pela PUC/RJ e tem mestrado em Meio Ambiente e Desenvolvimento pela London School of Economics and Political Science.

Maurício Santoro

Doutor em Ciência Política (Iuperj). Professor-adjunto do Departamento de Relações Internacionais da UERJ.

Patrícia Campos Mello

Repórter especial e colunista da *Folha de S.Paulo*. Formada em Jornalismo pela USP e mestre em Business and Economic Reporting pela Universidade de Nova York. Foi correspondente em Washington do jornal *O Estado de S. Paulo* e repórter do *Valor Econômico* e da *Gazeta Mercantil*, pelo qual foi correspondente na Alemanha. Foi vencedora do Prêmio Folha e Prêmio Estado. Venceu o Troféu Mulher Imprensa 2016, categoria melhor repórter de jornal.

Roberta Lima

Diplomata brasileira, graduada em Jornalismo pela UFRJ e mestre em História Política/Relações Internacionais pela Universidade Federal do Rio de Janeiro (UERJ). No Itamaraty, tem-se dedicado principalmente a temas de meio ambiente, agricultura, desenvolvimento sustentável e cooperação internacional. Integrou a equipe negociadora da Conferência Rio+20.

Tiago Ribeiro dos Santos

Ingressou na carreira diplomática em 2007. É formado em Direito pela PUC-RJ e mestre em Políticas Públicas pela Harris School da Universidade de Chicago. Já esteve lotado nas Divisões de Nações Unidas e de Política Financeira do Ministério das Relações Exteriores e atualmente trabalha na embaixada do Brasil em Washington.

GRÁFICA PAYM
Tel. [11] 4392-3344
paym@graficapaym.com.br